工业和信息化普通高等教育
"十三五"规划教材立项项目

高等院校"十三五"
电子商务系列规划教材

ELECTRONIC
COMMERCE

电子商务法
法律法规与案例分析

微课版 第2版

温希波 邢志良 薛梅 ◎ 主编

张策 于雷 冯玲 谢蕙 ◎ 副主编

人民邮电出版社
北 京

图书在版编目（CIP）数据

电子商务法 : 法律法规与案例分析 : 微课版 / 温希波，邢志良，薛梅主编. -- 2版. -- 北京 : 人民邮电出版社，2021.2（2022.9重印）
高等院校"十三五"电子商务系列规划教材
ISBN 978-7-115-54297-7

Ⅰ. ①电… Ⅱ. ①温… ②邢… ③薛… Ⅲ. ①电子商务-法规-中国-高等学校-教材 Ⅳ. ①D923.99

中国版本图书馆CIP数据核字(2020)第112067号

内 容 提 要

本书根据新修订的电子商务相关法律法规而编写，通过案例分析介绍立法意义、法律法规内容和现状，内容简明扼要，注重应用性。

本书共 10 章，包括电子商务法概论、电子商务主体的法律法规、电子商务交易的法律法规、数据电文和电子签名的法律法规、电子商务认证的法律法规、电子合同的法律法规、网络支付结算的法律法规、互联网广告和跨境电子商务的法律法规、电子商务知识产权的法律法规、电子商务消费者权益保护的法律法规。

本书可作为高等院校电子商务、网络信息管理、法学、经济学等相关专业的教材，也可作为各类企事业单位电子商务法律法规的培训用书，还可作为电子商务、法律等从业人员的自学读物。

♦ 主　　编　温希波　邢志良　薛　梅
　　副主编　张　策　于　雷　冯　玲　谢　蕙
　　责任编辑　许金霞
　　责任印制　周昇亮

♦ 人民邮电出版社出版发行　　北京市丰台区成寿寺路 11 号
　　邮编　100164　　电子邮件　315@ptpress.com.cn
　　网址　https://www.ptpress.com.cn
　　固安县铭成印刷有限公司印刷

♦ 开本：787×1092　1/16
　　印张：14.25　　　　　　　　　2021 年 2 月第 2 版
　　字数：323 千字　　　　　　　2022 年 9 月河北第 6 次印刷

定价：49.80 元

读者服务热线：(010)81055256　印装质量热线：(010)81055316
反盗版热线：(010)81055315
广告经营许可证：京东市监广登字 20170147 号

前言 Preface

近年来，我国电子商务发展迅猛，取得了举世瞩目的成绩。电子商务在扩大内需、促进工艺品下乡和农产品进城、满足国内消费需求和跨境贸易等方面，显现出快速繁荣的景象。同时，电子商务活动中的纠纷、消费者投诉也迅速增加。在电子商务发展中，及时立法，严格执法，加强对电子商务平台、网站和网店的管理，促进电子商务平台自律，保护消费者的合法权益，促进电子商务规范、健康发展，是电子商务相关法律急需解决的问题，也是近年来备受关注的热点领域。

本书在立足新的电子商务立法信息的基础上，结合实务案例，将"学理"与"法理"相结合，力求做到术语阐释清晰、法理观点明确、叙述简明精练。本书主要特点如下。

（1）法理明确，通俗易懂。

针对电子商务法律用语和条文的特殊形式，以朴实的语言，简明、精练地解释相关法律法规，力求做到通俗易懂、表达准确。案例分析注重实用，简单明了，易教、易懂、易学。

（2）法律法规新，案例分析新。

本书按新的法律法规编写而成，所选案例资料都是相关部门发布的、从媒体和司法等方面得到的新案例，依据充分，具有代表性。

（3）法律法规与案例有机结合。

将新的法律法规与新的案例相结合，通过大量的案例分析，将电子商务法律的立法依据、法律条文与实际案例相结合，分析透彻、深入浅出，有利于读者全面领会当前电子商务法律法规的相关知识，并灵活运用。

（4）注重应用能力的提高。

每章结合实务分为若干知识点，每个知识点的讲解以大量的实务案例为主，并辅以一定的"数据摘要""法规简要""知识拓展""知识要点"。每章末附"关键术语""基本知识""思考讨论""案例分析"等内容，以帮助读者建立在电子商务活动中的法律法规意识，提高应用电子商务法律法规的能力。

本书所依据、引用的法律法规截止日期均为 2019 年 12 月。为便于深入学习、研究，主要的电子商务法律法规均配备二维码，扫码即可阅读更新、更详细的资料。

本书由山东科技大学财经学院温希波、邢志良、薛梅担任主编，山东科技大学财经学院张策和于雷、山东财经大学东方学院冯玲和谢蕙担任副主编，编写人员有温希波、邢志良、薛梅、张策、于雷、冯玲、谢蕙、侯学博、王宝玲、吴言忠、张岩和周辉。

另外，本书配有丰富的教学资料，主要包括教学大纲、教学计划、教学课件、试题库、参考答案等，授课教师可登录人邮教育社区（http://www.ryjiaoyu.com）免费下载。

本书在编写时，得到了山东科技大学财经学院的大力支持，在此表示衷心感谢。本书参考了大量文献资料，谨向相关作者表示谢意。

由于编者水平有限，不妥之处恳请读者批评指正。

编者

2020 年 1 月

目 录 Contents

电子商务法概论 | 第1章

【目标要求】

（1）掌握电子商务法的定义和特点。

（2）熟悉电子商务立法的意义。

（3）了解电子商务的定义和特点、电子商务立法概况。

【重点和难点】

（1）重点：电子商务法的定义和特点。

（2）难点：电子商务立法的意义。

1.1 电子商务发展概况

1.1.1 电子商务概述

1. 电子商务的定义

电子商务，是指运用现代电子信息技术手段，进行商品、服务、信息和其他交换的商务活动。

虽然在电子商务活动中运用了大量的现代电子信息技术手段，但从本质上讲，电子商务仍是一种商务活动。现代电子信息技术的范围主要包括电子设备

电子商务的定义

（如电话、电报、传真等）、数字通信技术（如电子数据交换、电子邮件、计算机数据联网等）、计算机网络（如企业内部网络、国内企业间网络、国际企业间网络、互联网等）。电子商务活动的范围主要是商品、服务、信息和其他交换的活动。

2. 电子商务的特点

（1）全球性。

电子商务与传统商务相比较，其最主要的特点是全球性。电子商务打破了传统商务的国家、地区等界限，能够实现交易的全球化。互联网几乎遍布世界各地，只要能够连接互联网，就能与世界任何地方的企业、个人进行电子商务交易。市场全球化、交易无国界、商务无差别、经济国际性等，是电子商务全球性的表现。但是，目前电子商务全球性还受各个国家、地区政策和法律的限制。

（2）便捷性。

电子商务通过现代信息技术手段（包括互联网、电子数据交换或其他途径）进行商务活动，使企业和个人足不出户就可以购物、消费和接受各种现代服务，方便快捷、省时省力，且费用低、效率高。

（3）技术性。

电子商务依赖于现代信息技术，并随着其发展而发展。不论是商家的电子商务网站，还是网络上的一般性广告、消费者购物，都是基于将现代的网络和信息技术作为工具和手段而实现的。现代信息技术在电子商务中起着支撑作用，不可或缺。

（4）直接性。

厂商和消费者可以直接进行交易，省去了很多中间环节。厂商与消费者之间建立直接的联系，不仅能够实现商品的直接交易——价格低、费用少，还能够建立更加融洽的长期合作关系。厂商的售后服务和消费者的信息反馈，都可以直接进行。

（5）开放性。

网络是开放的，市场是开放的，基于网络的电子商务交易也是开放的。不论交易的规模大小、产品类别、行业种类，电子商务都是可以选择的商务形式，是通用的。对于消费者来讲，通过电子商务的形式购物、消费，也是便捷的方式。

1.1.2 电子商务概况

1. 国际电子商务概况

在 20 世纪 60 年代，基于电子数据交换的电子商务产生。电子数据交换（Electronic Data Interchange，EDI）在 20 世纪 60 年代末期产生于美国，当时的贸易商们在使用计算机处理各类商务文件时发现，输入一台计算机中的数据 70% 是来源于另一台计算机输出的文件，由于过多的人为因素，降低了数据的准确性和工作效率，所以，他们开始尝试让数据能够在贸易伙伴之间的计算机上自动交换，EDI 就应运而生了。EDI 大大减少了纸张凭证的使用，降低了交易的费用，提高了贸易的效率，因此，人们也形象地称之为"无纸贸易"或"无纸交易"。但是 EDI 使用复杂，价格昂贵。

在 20 世纪 90 年代，基于互联网的电子商务产生，并得以快速发展。1969 年，美国国防部创建"高等研究计划局"（Advanced Research Projects Agency，ARPA）。1991 年美国政府宣布互联网向社会公众开放，1993 年万维网（World Wide Web）出现。20 世纪 90 年代中期后，国际互联网（Internet）迅速普及，逐步从大学、科研机构走向企业和居民家庭，其功能也从信息共享演变为一种大众化的信息传播工具。2002 年，全球已有 1.5 亿互联网用户，是两年前的 3 倍。2005 年，全世界上网的人数达 10 亿。1991 年，基于互联网的电子商务出现了。以直接面对消费者的网络直销模式而闻名的美国戴尔（Dell）公司 1998 年 5 月的在线销售额高达 500 万美元。亚马逊网上书店，是 1994 年 7 月建立网站的，最初经营网络书店，后来经营产品扩大到音像制品、玩具、软件等。1996 年亚马逊销售额达到 1 570 万美元，1998 年达到 6 亿美元。与基于电子数据交换的电子商务相比较，基于互联网的电子商务具有一些明显的优势，因此，具有更大的吸引力，在短期内得到很快发展。基于互联网的电子商务的优势主要体现在：打破时空限制、费用低廉、快捷方便、覆盖面广、满足个性化需求、功能全面和使用灵活等方面。

【数据摘要】

世界电子商务发展状况

在2019年11月5日开幕的第二届中国国际进口博览会上，国内知名电子商务智库网经社电子商务研究中心发布了《2019年全球电子商务数据报告》。

该报告显示，2018年全球28个主要国家及地区电子商务交易规模达247 167.26亿美元，网络零售交易额总计29 744.6亿美元。其中亚洲地区7国（中国、印度、泰国、土耳其、日本、新加坡、韩国）的电子商务交易额总计96 530亿美元，网络零售交易额总计16 334.2亿美元；欧洲地区15国（法国、德国、俄罗斯、西班牙、意大利、瑞典、英国、荷兰、比利时、爱尔兰、卢森堡、丹麦、奥地利、乌克兰、瑞士）的电子商务交易额总计42 118.2亿美元，网络零售交易额总计6 981.6亿美元；美洲地区4国（美国、加拿大、墨西哥、巴西）的电子商务交易额总计105 498.3亿美元，网络零售交易额总计6 280.3亿美元；非洲地区的南非电子商务交易额40.76亿美元，网络零售交易额32.5亿美元；大洋洲地区的澳大利亚电子商务交易额2 980亿美元，网络零售交易额116亿美元。

资料来源：网经社电子商务研究中心. 2019 年全球电子商务数据报告[EB/OL].（2019-11-05）[2019-11-18].

知识拓展

资料包/第1章/《2019年全球电子商务数据报告》

2. 中国电子商务概况

我国电子商务起步较晚，但是发展迅猛。一方面是基于中国网络，特别是宽带网络的发展，尤其是无线网络的发展；另一方面，是由于我国国内广阔的市场需求，我国电子商务发展速度快，影响力强。

不论从电子商务交易规模，还是从网络零售交易规模来看，我国都居于世界电子商务的前列。《2019 年全球电子商务数据报告》显示，2018 年在电子商务交易规模上，排名前五的国家及地区分别为：美国 97 760 亿美元、中国 47 311 亿美元、日本 32 400 亿美元、德国 16 210 亿美元、韩国 14 740 亿美元。其中，我国电子商务交易规模占 28 国总交易规模的 19.14%。在网络零售交易规模上，排名前五的国家及地区分别为：中国 13 095 亿美元、美国 5 200 亿美元、英国 2 910 亿美元、日本 1 790 亿美元、德国 1 305 亿美元。其中，我国网络零售交易规模占 28 国总交易规模的 44%。

2019 年 2 月 28 日，中国互联网络信息中心（China Internet Network Information Center，CNNIC）发布的第 43 次《中国互联网络发展状况统计报告》显示：互联网普及率接近 60%，入网门槛进一步降低；基础资源保有量稳步提升，IPv6 应用前景广阔；电子商务领域首部法律出台，行业加速动能转换；线下支付习惯持续巩固，国际支付市场加速开拓；互联网娱乐进入规范发展轨道，短视频用户使用率接近 80%；在线政务服务效能得到提升，践行以民为本的发展理念；新兴技术领域保持良好发展势头，开拓网络强国建设新局面。

【数据摘要】

2018年我国互联网络发展状况基本数据（截至2018年12月）

（1）网民规模达8.29亿，普及率达59.6%。

手机网民规模达8.17亿，网民通过手机接入互联网的比例达98.6%。

（2）IPv6地址数量为41 079块/32；域名总数为3 792.8万个，其中".cn"域名总数为2 124.3万个，占域名总数的56.0%。

（3）网络购物用户规模达6.10亿，网民使用率为73.6%。

电子商务领域首部法律《中华人民共和国电子商务法》（以下简称《电子商务法》）正式出台，对促进行业持续健康发展具有重大意义。

（4）手机网络支付用户规模达5.83亿，手机网民使用率为71.4%。

网民线下消费使用手机网络支付的比例为67.2%。

在跨境支付方面，支付宝和微信支付已分别在40个以上的国家和地区合规接入；在境外本土化支付方面，我国企业已在亚洲9个国家和地区运营本土化数字钱包产品。

（5）网络视频、网络音乐和网络游戏的用户规模分别为6.12亿、5.76亿和4.84亿，使用率分别为73.9%、69.5%和58.4%。短视频用户规模达6.48亿，用户使用率为78.2%。

（6）在线政务服务用户规模达3.94亿，占整体网民的47.5%。

"互联网+政务服务"深化发展，各级政府依托网上政务服务平台，开发在线政务业务。

（7）在基础资源、5G、量子信息、人工智能、云计算、大数据、区块链、虚拟现实、物联网标识、超级计算等领域发展势头较好。

资料来源：中国互联网络信息中心（CNNIC）.中国互联网络发展状况统计报告（第43次）[EB/OL].（2019-2-28）[2019-11-26].

知识拓展

资料包/第1章/中国互联网络信息中心（CNNIC）发布的第43次《中国互联网络发展状况统计报告》

1.2 电子商务立法意义

1.2.1 电子商务法概述

1. 电子商务法的定义

电子商务法，是调整运用现代电子信息技术手段，进行商品、服务、信息和其他交换等商务活动的法律规范总称。

电子商务法的定义和特点

以下是对电子商务法定义的简单分析。

（1）电子商务法是调整电子商务活动的规范。

电子商务法包括调整电子商务活动的各种法律法规。电子商务活动，包括商品、服务、信息和其他交换等商务活动；电子商务的法律法规，包括各种法律、规则、标准、协议、示范、规定等。为了确定电子商务活动中相关方的权利、义务，调整各方关系，规范电子商务行为，国务院及其部委制定了相应的法规，这些法规在我国电子商务法律法规中占有相当比例。

（2）电子商务法的调整对象是电子商务活动形成的社会关系。

只要属于电子商务活动中的社会关系，包括电子商务活动的所有环节中的社会关系都应该属于电子商务法的调整范围。

（3）电子商务法定义的广义和狭义之分。

广义的电子商务法，是指调整电子商务所有活动中的社会关系的规范总称。本书的编者，持广义电子商务法的观点。而狭义的电子商务法，是指调整电子交易活动的规范。

2．电子商务法体系

电子商务法是一个国家法律体系的组成部分，同时具有自己的法律体系。

电子商务法体系由电子商务基本法、电子商务实体法和电子商务程序法三部分构成。电子商务基本法，是指一个国家或地区电子商务方面具有最高法律效力的法律。电子商务实体法，是指从实际内容上规定人们之间的权利与义务的本体及其产生、变更和消灭的法律，如电子交易法、电子签名法、电子合同法等。电子商务程序法，是指以保证权利和义务得以实施或职权和职责得以履行的有关程序为主的法律，如电子商务诉讼法等。电子商务法体系的三部分内容相互联系、相互制约，电子商务基本法起统驭作用，电子商务实体法构成电子商务的具体法律，电子商务程序法构成诉讼和司法内容，三者构成电子商务法的统一体。目前，《中华人民共和国电子商务法》（以下简称《电子商务法》）属于电子商务基本法范畴，《中华人民共和国电子签名法》（以下简称《电子签名法》）属于电子商务实体法范畴。我国的电子商务法体系具体见表1-1。

表 1-1 我国的电子商务法体系

体系	类别	举例
电子商务基本法	电子商务基本法	《中华人民共和国电子商务法》
电子商务实体法	电子交易法 电子商务数据法 电子签名法 电子商务支付法 电子合同法 电子商务物流法 电子商务配送法 电子商务信息法 电子商务知识产权法 电子商务消费者权益法 ……	《中华人民共和国电子签名法》
电子商务程序法	电子商务程序法	目前无电子商务程序法

3. 电子商务法的特点

电子商务法具有国际性、行业惯例性、开放性、兼容性和技术性等特点。

（1）国际性。

电子商务在空间上，打破了传统商务的常规，显现双边、多边，乃至全球化的特点。全球性的特点，决定了电子商务法的国际性。任何传统商务法，都没有像电子商务法这样跨国的、全球的特殊性。在电子商务的立法实践中，任何一个国家都不能以自己国家的特定情况为由而搞特殊，必须以全球性的商务统一为解决方案，充分体现国际性。联合国国际贸易法委员会所制定的《联合国国际贸易法委员会电子商务示范法》（以下简称《电子商务示范法》）和《联合国国际贸易法委员会电子签名示范法》（以下简称《电子签名示范法》），是各国制定电子商务法和电子签名法的基础。

（2）行业惯例性。

电子商务法是对电子商务行业或领域的商务活动进行调整的规范，以行业普遍通行的惯例作为其行为的规范。一般的法律通常不可能规定具体的行为规范；而电子商务领域内的商务活动非常特殊，且信息技术不断地发展，所以其法律具有行业惯例性。有人认为，电子商务法与那些"刚性法"相比，应当是"柔性"的，是随着网络、信息技术和电子商务业务的发展不断更新的规范。

（3）开放性。

电子商务法是关于电子商务的法律，而电子商务是以数据电文和计算机技术、计算机网络为基础的。电子商务活动、数据电文、计算机技术和计算机网络在形式上是多样化的，同时又是发展变化的，因此，电子商务法必须是开放的。国际组织和各国电子商务立法中，大量使用开放性条款和功能等价性条款，就是开放性的体现。

（4）兼容性。

电子商务法的兼容性，是指电子商务法能适应数据电文、计算机技术、计算机网络等多种信息技术手段和形式，同时也使电子商务法具有复合性和复杂性。电子商务活动比传统的商务活动，涉及的参与者更多，电子商务交易关系复杂而多变；电子商务交易涉及各种交易、支付等手段，电子商务的信息技术基础复杂，电子商务交易对信息技术的依赖性强，所以电子商务法必须是兼容的。

（5）技术性。

电子商务法的规范中，涉及很多技术内容，并且许多规范都是直接或间接由技术规范演变而来的，如加密技术、数字签名技术、网络协议技术、网络安全技术、数据电文生成技术和传输技术等，都应该作出法律要求。

1.2.2　电子商务立法的意义

为什么对电子商务进行立法，主要有以下几点原因。

1. 创建电子商务法律环境

电子商务立法，是一个国家或地区法律建设的重要组成内容。从电子商务角度来看，电子商务法将电子商务行为置于法律的环境之中。电子商务是一种新的经济形式,其涉及的数据电文、电子交易、电子支付、电子认证、现代物流等新的形式和手段需要有新的法律规范,因此,需要在法律上适时作出明确的规定,电子商务才能有法可依。

2. 保障网络交易安全有序

网络交易是电子商务的主要形式和途径。保证网络交易安全有序的方法有多种,主要是技术和法律。电子商务的安全问题,是电子商务发展中的一个重要制约因素。电子商务可能存在的安全隐患,易使人们对电子商务产生怀疑,难以建立交易的信心,从而阻碍了电子商务的普及和发展。电子商务立法,就是在法律方面对电子商务起到可靠的保障作用。

3. 鼓励电子商务长远发展

通过电子商务的立法,规范电子商务行为,惩治电子商务欺诈行为,解决电子商务争端,鼓励电子商务健康、长远发展。

4. 促进信息技术发展

信息技术是电子商务的基础和手段,同时也是电子商务交易的技术支持。通过电子商务的立法规范信息技术的相关内容,采用科学的技术和法律手段解决信息技术方面出现的新问题,有利于电子商务的顺利进行,同时也促进了信息技术的进步和发展。

1.3 电子商务立法概况

1.3.1 世界电子商务立法概况

1. 联合国电子商务立法

(1)电子商务示范法。

联合国国际贸易法委员会于 1996 年 12 月,通过了《电子商务示范法》。该法是第一个世界范围内的电子商务的统一法规,旨在向各国提供一套国际公认的电子商务法律范本,以供各国制定本国电子商务法律时参考,促进全球使用电子数据、电子签名、电子邮件、传真等现代信息技术和手段。

《电子商务示范法》对电子商务形式及其法律承认,书面形式、签名、原件的要求,数据电文的可接受性和证据力,数据电文的留存,电子合同的订立和效力,当事人对数据电文的承认,数据电文的归属,确认收讫、发出与收到时间,当事人协议优先适用等重要问题等,均有明确的规定。

《电子商务示范法》为各国和地区电子商务的立法,提供了一套国际规则,推动了世界电子商务立法的协调发展。

【法规简要】

联合国《电子商务示范法》

《联合国国际贸易法委员会电子商务示范法》(The United Nations Commission on International

Trade Law Model Law on Electronic Commerce），于1996年12月16日，经联合国国际贸易法委员会第85次全体大会通过。

《电子商务示范法》共17条，包括两个部分。

第一部分为电子商务总则，包括一般条款、对数据电文的适用法律要求、数据电文传递，主要涉及电子商务中数据电文、电子数据交换（EDI）的定义，数据电文的法律承认，电子签字的效力，电子证据的原件，数据电文的可接受性和证据力，数据电文的确认收讫、发出和收到数据电文的时间和地点等问题。

第二部分为电子商务的特定领域，包括货物运输中的运输合同、运输单据、电子提单的效力和证据效力等问题。

（2）电子签名示范法。

联合国国际贸易法委员会于2000年7月通过了《电子签名示范法》，于2001年3月审定，《电子签名示范法》是联合国国际贸易法委员会在颁布《电子商务示范法》之后，在国际电子商务立法方面的又一成果，为各国和地区制定电子签名法提供了范本。

《电子签名示范法》是《电子商务示范法》的具体化和发展，《电子签名示范法》在《电子商务示范法》第7条关于电子签名规定的基础上，对电子签名相关的内容做了明确的规定。例如，对电子签名的定义、电子签名的要求、签名人和认证服务提供者及签名信赖方的行为和义务等，制定了相应的规范。《电子商务示范法》属于"基本法"性质，而《电子签名示范法》属于"实体法"性质，其内容更加具体且具有可操作性。

《电子签名示范法》的颁布，推动了世界各国和地区电子签名立法和其他实体法的立法工作。

【法规简要】

联合国《电子签名示范法》

《联合国国际贸易法委员会电子签名示范法》（The United Nations Commission on International Trade Law Model Law on Electronic Signature），于2001年3月审定。

2000年7月，联合国国际贸易法委员会下属的电子商务工作组在第三十七届会议中决定将《联合国国际贸易法委员会电子签名统一规则》修改为《电子签名示范法》并附加了指南。此后，经过2001年3月第三十八届会议进行最后修改与审定，这部历经五年、七易其稿的示范法草案终于制定完成，共12条。2002年1月24日联合国第56次全体会议正式通过《电子签名示范法》。

知识拓展

资料包/第1章/联合国《电子商务示范法》《电子签名示范法》

---

2. 美国的电子商务立法

（1）美国犹他州于 1995 年颁布《犹他州数字签名法》。

美国犹他州于 1995 年颁布了《犹他州数字签名法》（Utah Digital Signature Act）。这是世界上最早的关于电子签名的立法。犹他州的《犹他州数字签名法》以"技术特定化"为基础，即规定采用某种电子技术的数字签名才能具有法律效力。

（2）美国于 1997 年发布《全球电子商务纲要》。

1997 年 7 月 1 日美国克林顿政府发布了《全球电子商务纲要》（A Framework For Global Electronic Commerce）。《全球电子商务纲要》是世界上第一份官方正式发表的关于电子商务立场的文件。纲要中提出了关于电子商务发展的一系列原则，系统阐述了一系列政策，旨在为电子商务的国际讨论与签订国际协议建立框架。美国政府积极地透过世界贸易组织（World Trade Organization，WTO）、经济合作与发展组织（Organization for Economic Cooperation and Development，OECD）、亚洲太平洋经济合作组织（Asia-Pacific Economic Cooperation，APEC）等国际组织，实践纲要中提出的原则和政策。美国政府发布的《全球电子商务纲要》目前已成为主导全球电子商务发展的宪章性文件。

【法规简要】

美国《全球电子商务纲要》

1997年7月1日美国克林顿政府发布《全球电子商务纲要》，其基本内容包括五大基本原则和九大议题。

五大基本原则包括：①私营企业应居于主导地位；②政府应避免对电子商务做不必要的限制；③政府必须支持商务法制环境的建设；④政府应当认识到互联网的独特性质；⑤电子商务应在国际化基础上被推进。

九大议题包括：①海关与税务；②电子支付系统；③针对电子商务修订《统一商法典》；④知识产权的保护；⑤隐私权保护；⑥网络安全；⑦电信基础设施与信息技术；⑧网络内容；⑨技术标准。

（3）美国参议院商业委员会于 1998 年 5 月通过《互联网免税法案》。

美国自发布《全球电子商务纲要》之后，在其国内又通过了 4 个法案:《互联网免税法案》（Internet Tax Freedom Act of 1997，ITFA）、《政府文书作业简化法案》（Government Paperwork Elimination Act）、《数字千禧年著作权法案》（Digital Millennitun Copyright Act）、《1998 儿童网上隐私权保护法案》（Children's Online Privacy Protection Act of 1998）。

1998 年 5 月 14 日，美国参议院商业委员会通过《互联网免税法案》。法案中规定：在未来 6 年内，禁止联邦政府和各州政府对在互联网上从事各种电子商务的企业和各种互联网接入提供商（Internet Access Provider，IAP）、互联网服务提供商（Internet Service Provider，ISP）和互联网信息提供商（Internet Content Provider，ICP）征税，并且取消现行的不合理税收。

（4）美国于 1999 年 8 月颁布《美国统一电子交易法案（修订稿）》。

美国统一州法全国委员会于 1999 年 8 月 4 日颁布了《美国统一电子交易法案（修订稿）》，并建议各州在立法中采纳。其目的在于为美国各州建立一个统一的电子商务交易规范体系，从操作规程上保障电子商务的顺利开展。2000 年 9 月 29 日，美国统一州法委员会颁布了《统一计算机信息交易法》。

（5）美国于 2000 年颁布《全球和国内商业法中的电子签名法案》。

美国众议院法制委员会于 1999 年 10 月 13 日，通过了《全球和国内商业法中的电子签名法案（草案）》（Electronic Signature in Global and National Commerce Act），将其作为在全美统一实施的电子签名法案。克林顿政府于 2000 年 6 月 30 日正式签署通过该草案，使之成为正式法案。因为美国在颁布《全球和国内商业法中的电子签名法案（草案）》之前，各州关于电子签名的法律不同，所以在依据《美国统一电子交易法案（修订稿）》所规定的标准制定州级电子签名法案之前，要求各州必须遵守此法案的电子签名规则，不得另行制定法规。

《全球和国内商业法中的电子签名法案》遵循"技术中立化"的原则，认定只要符合标准的电子签名即具有法律效力。

（6）美国各州可以对电子商务征收销售税。

2018 年 6 月 21 日，美国最高法院做出了一个历史性的裁决，裁定美国各州可强制所有电子商务卖家向消费者征收销售税，即使卖家在该州没有实体存在。

根据 2018 年数据，在美国 50 个州和哥伦比亚特区中，有 5 个免税州（如果排除地方消费税，只有 3 个真正免税州）；各州税率不同，路易斯安那州税率最高，税率为 10.02%。

【案例分析】

美国最高法院裁定各州可对电子商务征收销售税

2018年6月21日，美国最高法院以5比4的票数，判决各州有权对互联网电子商务公司的跨州销售征税。

这一裁决推翻了1992年的裁决（该裁决表示，州政府不能要求本州没有实体零售店的网上零售商向消费者征收销售税）。这意味着美国消费税体系正式全线覆盖网络电子商务。免税年代正式结束，他们将步入与普通零售商平等竞争的时代。

消息一出，亚马逊、易贝等电子商务公司股价大幅度下跌，也让不少线上零售商瑟瑟发抖。

资料来源：深圳市跨境电子商务协会. 免税年代告终，美国电商销售税来了[EB/OL].（2018-07-04）[2019-12-06].

知识拓展

资料包/第1章/美国各州可对电子商务征收销售税的相关资料

---

3. 欧盟和欧洲国家的电子商务立法

（1）欧盟《电子签名指令》。

欧盟委员会于 1997 年提出的《欧洲电子商务行动方案》，为规范欧洲电子商务活动制定了框架。1998 年颁布了《关于信息社会服务的透明度机制的指令》。1999 年通过了《关于建立有关电子签名共同法律框架的指令》，简称《电子签名指令》。

《电子签名指令》构建了欧盟电子签名的基本框架，成为各成员国电子签名的立法基础，具有深远的社会意义。《电子签名指令》的立法，旨在促进电子签名在欧盟成员国间的使用和法律承认，规范电子签名技术在成员国的使用，规定电子签名服务提供者的义务，保护电子签名在电子商务活动中的使用。该指令明确规定了电子签名服务提供者承担确保其所签发证书内容准确性的义务。《电子签名指令》遵循技术中立的原则。

【知识要点】

欧盟《电子签名指令》

欧盟于1999年通过了《关于建立有关电子签名共同法律框架的指令》，其内容有15个条款和4个附件，主要包括：第一条范围、第二条定义、第三条市场准入、第四条内部市场原则、第五条电子签名的法律效力、第六条责任、第七条国际问题、第八条数据保护、第九条委员会、第十条委员会的责任、第十一条通告、第十二条检查、第十三条执行、第十四条开始执行和第十五条受众。

《电子签名指令》旨在推动电子签名和促进其法律效力和认同性。本法案建立了电子签名的框架和一些相关的证书服务来保证内部市场的正常运行。本法案不包括全部有关合同或其他欧盟国家法律规定的法律义务的结论和有效性，也不影响使用有关文档的欧盟和国家的规定和限制。

（2）欧盟《电子商务指令》。

2000 年 6 月 8 日欧洲议会及欧盟理事会关于共同体内部市场的信息社会服务，尤其是电子商务的若干法律《第 2000/31/EC 号的指令》，简称《电子商务指令》。该指令构建了欧盟电子商务的框架，成为各成员国电子商务活动的立法基础，具有深远的社会意义。《电子商务指令》旨在全面规范电子商务市场、电子合同、电子交易、信息社会服务、电子商务服务提供者的责任等电子商务相关活动。

【法规简要】

欧盟《电子商务指令》

2000年6月8日欧州社会及欧盟理事会颁布了《关于共同体内部市场的信息社会服务，尤其是电子商务的若干法律第2000/311EC号指令》，其基本内容如下。

第一章，一般性条款；第二章，原则，包括设立机构与信息要求、商业通讯、通过电子手段缔结的合同、中间服务提供者的责任；第三章，实施。

《电子商务指令》旨在建立一个法律框架，以确保成员国之间的信息社会服务的自由流动，但不对刑法领域本身进行上述协调。在全球化的环境下，市场通过电子方式运作，欧盟与主要的非欧盟地区则有必要互相协商，以使各国（或地区）的法律与程序相一致。

（3）欧盟电子商务增值税新指令。

2003年7月1日起，欧盟成员国开始实施电子商务增值税的新指令（第2002/38/EC号指令）。欧盟成为世界上第一个对电子商务征收增值税的区域，从此开始电子商务征税的历史。欧盟电子商务增值税新指令，旨在平衡增值税体系在欧盟成员企业的影响。欧盟电子商务增值税新指令规定，在欧盟取得电子商务收入的非欧盟居民企业，按在欧盟取得的电子商务收入（通过互联网、广播、电视所取得的商品销售收入和劳务收入）缴纳增值税。具体征税范围如下。

第一，网站及网站维护服务，程序及设备的远程维护服务。

第二，软件销售及更新（下载）服务。

第三，网上提供图片、文本、信息以及提供数据库服务。

第四，网上提供音乐、电影及游戏下载服务。

第五，网络远程教育服务。

（4）英国的电子商务立法。

2000年，英国制定了《电子通信法案》，具体规范了密码服务提供商、电子商务的促进与数据储存、电信执照、法律修改、主管机关等规定。2002年推行《电子商务（欧盟指令）条例》和《电子签名（欧盟指令）条例》，使英国的电子商务和电子签名，由遵循英国2002年颁布的《电子通信法》过渡到欧盟指令。

（5）意大利的电子商务立法。

1997年，意大利制定了《数字签名法》。1998年颁布了总统令，制定了《数字签名技术规则》。意大利的《数字签名法》，原则上承认了电子文件的法律效力，总统令将其具体化，其中规定数字签名与手书签名有相同的效力，并对认证机构的要求做了具体规定。数字签名技术规则，具体规定数字签名所使用的数字算法，是一部技术性规范。

（6）法国的电子商务立法。

1997年8月，法国制定了《信息与通信服务法》，其对电子商务的活动做了详细规定，包括：《通信服务使用法》《通信服务中个人信息的保护法》《电子签名法》《刑法典修正案》《行政违法修正案》《禁止对未成年人传播不道德出版物修正案》《版权法修正案》《价格标示法修正案》等。

（7）俄罗斯的电子商务立法。

1995年1月，俄罗斯颁布了《俄罗斯联邦信息法》。这是在世界上较早的一部关于电子商务方面的法律。该法用来调整所有与电子信息的生成、存储、处理与访问相关的活动，规定电子签名的认证权必须经过许可。联邦市场安全委员会于1997年发布了《信息存储标准暂行要求》，具体规定了交易的安全标准。2002年1月颁布了《电子数字签名法》，该法规定加密技术为生成电子签名的唯一方法，排除了其他技术。

4. 亚洲国家和其他国家的电子商务立法

（1）新加坡的电子商务立法。

1998 年 4 月，新加坡政府颁布了《电子商务政策框架》，并设立了"新加坡一号"示范项目。

1998 年 6 月 29 日，新加坡颁布了《电子交易法》，全面规范电子商务活动。1999 年新加坡颁布了《电子交易（认证机构）规则》和《认证机构安全方针》，作为《电子交易法》的配套法律。《电子交易法》规定了电子商务的基本内容和电子签名的相关问题。具体包括：电子记录和电子签名的一般效力与规则，电子合同的成立、效力、归属，电子记录与电子签名的安全性要求，数字签名的效力与责任，认证机构的设立、义务及其行为规则等内容。新加坡的《电子交易法》，遵循技术中立与技术特定化相结合的原则，在对认证机构管理方面，采取政府监管和市场自由相结合的方式。

（2）马来西亚的电子商务立法。

1997 年，马来西亚制定了《数字签名法》。马来西亚的《数字签名法》是亚洲最早的电子商务方面的立法。《数字签名法》的主要功能在于解决电子商务中的签名问题。其主要内容是：遵循技术特定化原则；只有经数字签名的数据电文方可认定为书面文件，具有书面形式文件的效力，并可执行；只有经数字签名的数据电文方可视为原件，并可执行；认证机构必须符合资格要求，并依法经过政府特许，方可执行认证业务。认证机构须接受主管机关的严密监管。

（3）日本的电子商务立法。

日本于 2000 年 6 月发布了《数字化日本之启动——行动纲领》，提出了实现"数字化日本"的目标。关于电子商务方面，提出要建立高度可信的网络商务平台，构筑电子认证系统，明确网络服务提供者的责任，并推进跨国界电子商务活动。2000 年，日本颁布了《电子签名与认证服务法》，自 2001 年起施行，其在法律上承认了电子记录中的电子签名，肯定了附有电子签名的电子记录的真实性，认证服务规范等。

（4）韩国的电子商务立法。

韩国于 1999 年 2 月颁布了《电子商务基本法》，1999 年 7 月正式生效。该法分为总则、电子讯息、电子商务安全、电子商务的促进、消费者保护、附则共 6 章，内容全面。为了具体实施《电子商务基本法》，还制定了《电子签名法》。

（5）印度的电子商务立法。

印度于 1998 年颁布了《电子商务法》，在法律上承认电子记录和电子签名。同年颁布了《电子商务支持法》，对合同法、证据法等进行了修订，以适应电子商务发展的需要。1999 年颁布了《信息技术法》，对电子记录和数字签名的应用作了进一步的规范。

（6）澳大利亚的电子商务立法。

澳大利亚于 1998 年颁布了《私权利保护法》，确立了信息私权保护原则和个人信息采集方式及目的。1998 年颁布了《计算机和证据法》。1998 年 3 月颁布了《电子商务：法律框架的构造》。《电子商务：法律框架的构造》是澳大利亚在电子商务立法中的一份很重要的文件。1999年6月由总检察长向联邦议会提出了《电子交易法案》，该法案在1999年6月和1999年10月分别在下议院及上议院发表，并在2000年3月15日正式公布。该法案是由电子商务专家组，依据联合国国际贸易法委员会的《电子商务示范法》而起草的。在电子认证方法方面，该法案采取了市场导向与技术中立的原则。

1.3.2 我国电子商务立法概况

1.《中华人民共和国电子商务法》的立法情况

（1）立法启动。

根据第十二届全国人民代表大会常务委员会的立法规划，电子商务法被列入第二类立法项目。第二类立法项目是指需要抓紧工作，条件成熟时提请全国人民代表大会常务委员会审议的法律草案。2013年12月27日，全国人民代表大会财政经济委员会在人民大会堂召开电子商务法起草组成立暨第一次全体会议，标志着电子商务法立法工作正式启动[①]。

（2）首次审议。

2016年12月19日上午，第十二届全国人民代表大会常务委员会第二十五次会议在北京召开，首次审议《中华人民共和国电子商务法（草案）》。2016年12月19日上午，全国人民代表大会财政经济委员会做了关于提请审议电子商务法草案议案的说明。2016年12月25日，第十二届全国人民代表大会常务委员会第二十五次会议分组审议了《中华人民共和国电子商务法（草案）》[②]。

（3）二次审议。

2017年10月31日，第十二届全国人民代表大会常务委员会第三十次会议对电子商务法草案进行了再次审议。全国人民代表大会法律委员会介绍了草案的修改思路：电子商务经营者应当依法办理工商登记，但销售自产农副产品、销售家庭手工业产品、个人利用自己的技能从事依法无需取得许可的便民劳务活动，以及依照法律、行政法规不需要进行工商登记的除外。不得以虚假宣传、虚构交易、编造用户评价等方式侵害消费者的知情权；应当明示用户注销的方式和程序；竞价排名的商品或者服务，应当显著标明"广告"。电子商务平台不得利用服务协议和交易规则等手段，对平台内经营者的交易、交易价格等进行不合理限制或者附加不合理交易条件，或者收取不合理费用。完善电子商务争议处理规范，经营者应当提供原始合同和交易记录，丢失、伪造、篡改、隐匿或拒绝提供的，应当承担相应责任[③]。

（4）三次审议。

2018年6月19日，第十三届全国人民代表大会常务委员会第三次会议分组审议了电子商务法草案三审稿。与会人员认为，为顺应电子商务的快速发展、促进经济转型升级，建议尽快修改完善

---

① 中国人大网. 电子商务法立法启动[WB/OL]. （2013-12-30）[2013-12-30].
② 中国人大网. 十二届全国人大常委会第二十五次会议在京举行[EB/OL]. （2016-12-19）[2016-12-19].
③ 彭波. 电子商务法草案提请二审为消费者提供更有力保护[N]. 人民日报，2017-11-01（06）.

该法，进一步加强消费者权益保护。面对我国快速发展的电子商务领域，不少委员指出了尽快推进电子商务法出台的必要性和紧迫性。

（5）四次审议。

2018 年 8 月 28 日，第十三届全国人民代表大会常务委员会第五次会议就电子商务法草案四审稿进行了分组审议。会上，委员和代表们就平台押金收取问题、平台推送服务授权、消费者权益保护等问题的讨论较为集中，但总体意见认为电子商务法草案已经较为成熟。

（6）审议通过。

2018 年 8 月 31 日，第十三届全国人民代表大会常务委员会第五次会议审议《中华人民共和国电子商务法（草案五次审议稿）》并通过。以中华人民共和国主席令第七号公布：《中华人民共和国电子商务法》已由中华人民共和国第十三届全国人民代表大会常务委员会第五次会议于 2018 年 8 月 31 日通过，现予公布，自 2019 年 1 月 1 日起施行。

【法律简要】

《中华人民共和国电子商务法》

2013年12月27日，全国人民代表大会财政经济委员会召开电子商务法起草组成立暨第一次全体会议。2016年12月19日，第十二届全国人民代表大会常务委员会第二十五次会议在北京首次审议《中华人民共和国电子商务法（草案）》。2017年10月31日，第十二届全国人民代表大会常务委员会第三十次会议对电子商务法草案进行了再次审议。2018年6月19日，第十三届全国人民代表大会常务委员会第三次会议，对电子商务法草案三审稿进行了审议。2018年8月28日，第十三届全国人民代表大会常务委员会第五次会议就电子商务法草案四审稿进行了分组审议。2018年8月31日，第十三届全国人民代表大会常务委员会第五次会议审议电子商务法草案五次审议稿并通过，以中华人民共和国主席令第七号公布，自2019年1月1日起施行。

《中华人民共和国电子商务法》旨在保障电子商务各方主体的合法权益，规范电子商务行为，维护市场秩序，促进电子商务持续健康发展。该法共七章八十九条：第一章总则；第二章电子商务经营者（第一节一般规定、第二节电子商务平台经营者）；第三章电子商务合同的订立与履行；第四章电子商务争议解决；第五章电子商务促进；第六章法律责任；第七章附则。

> 知识拓展
>
> 资料包/第1章/《中华人民共和国电子商务法》

2. 电子商务相关法律法规

（1）《中华人民共和国合同法》中关于电子商务的相关内容。

《中华人民共和国合同法》[①]（以下简称《合同法》）中关于电子商务的主要内容如下。

---

① 全国人民代表大会. 中华人民共和国合同法[EB/OL].（1999-3-15）[1999-10-01].

第一，规定书面形式包括数据电文。《合同法》第十一条规定，书面形式是指合同书、信件和数据电文（包括电报、电传、传真、电子数据交换和电子邮件）等可以有形地表现所载内容的形式。这就承认了数据电文的法律地位，即数据电文属于书面形式，与其他书面形式一样具有法律上"同等功能"。

第二，明确数据电文合同的到达时间。《合同法》第十六条规定，采用数据电文形式订立合同，收件人指定特定系统接收数据电文的，该数据电文进入该特定系统的时间，视为到达时间；未指定特定系统的，该数据电文进入收件人的任何系统的首次时间，视为到达时间。此规定，将传统书面形式与数据电文合同到达时间区别对待。

第三，明确数据电文合同的成立地点。《合同法》第三十四条规定，采用数据电文形式订立合同的，收件人的主营业地为合同成立的地点；没有主营业地的，其经常居住地为合同成立的地点。如此规定，把数据电文合同成立的地点确定了下来，便于解决相关的法律问题。

【法律简要】

《中华人民共和国合同法》

《中华人民共和国合同法》于1999年3月15日，经第九届全国人民代表大会第二次会议通过，1999年3月15日以国家主席令第十五号公布，自1999年10月1日起施行。

《合同法》旨在保护合同当事人的合法权益，维护社会经济秩序，促进社会主义现代化建设。该法律共二十三章四百二十八条，内容包括总则、分则和附则。

其中总则包括：第一章，一般规定；第二章，合同的订立；第三章，合同的效力；第四章，合同的履行；第五章，合同的变更和转让；第六章，合同的权利义务终止；第七章，违约责任；第八章，其他规定。

其中分则包括：第九章，买卖合同；第十章，供用电、水、气、热力合同；第十一章，赠与合同；第十二章，借款合同；第十三章，租赁合同；第十四章，融资租赁合同；第十五章，承揽合同；第十六章，建设工程合同；第十七章，运输合同；第十八章，技术合同；第十九章，保管合同；第二十章，仓储合同；第二十一章，委托合同；第二十二章，行纪合同；第二十三章，居间合同。

（2）《中华人民共和国电子签名法》中关于电子商务的相关内容。

《中华人民共和国电子签名法》[①]（以下简称《电子签名法》），是我国电子商务方面的第一个立法，是我国第一个通过正式立法的电子商务实体法。《电子签名法》的相关内容将在第4、5章详细讲解。

【法律简要】

《中华人民共和国电子签名法》

《中华人民共和国电子签名法》于2004年8月28日，经第十届全国人民代表大会常务委员会

---

① 全国人民代表大会常务委员会. 中华人民共和国电子签名法[EB/OL].（2015-04-24）[2015-08-31].

第十一次会议通过，2004年8月28日以国家主席令第十八号公布，自2005年4月1日起施行。根据2015年4月24日第十二届全国人民代表大会常务委员会第十四次会议通过的《全国人民代表大会常务委员会关于修改〈中华人民共和国电力法〉等六部法律的决定》修正。

《电子签名法》旨在规范电子签名行为，确立电子签名的法律效力，维护有关各方的合法权益。该法律共五章三十六条，内容包括：第一章总则，第二章数据电文，第三章电子签名与认证，第四章法律责任，第五章附则。

（3）《中华人民共和国刑法》中关于电子商务的相关内容。

1997年10月1日起我国实行的新刑法，第一次增加了计算机犯罪的罪名。罪名包括非法侵入计算机系统罪，破坏计算机系统功能罪，破坏计算机系统数据、程序罪，制作、传播计算机破坏程序罪等。这表明我国计算机法制管理正在步入一个新阶段，并开始和世界接轨，计算机法治时代已经到来。

（4）关于计算机与网络安全的行政法规。

我国的计算机立法工作开始于20世纪80年代。1981年，中华人民共和国公安部开始成立计算机安全监察机构，并着手制定有关计算机安全方面的法律法规和规章制度。1986年4月开始草拟《中华人民共和国计算机信息系统安全保护条例》。2000年12月28日，第九届全国人民代表大会常务委员会第十九次会议通过了《全国人民代表大会常务委员会关于维护互联网安全的决定》。国务院行政法规主要有《中华人民共和国计算机信息网络国际联网管理暂行规定》《中华人民共和国计算机信息网络国际联网管理暂行规定实施办法》《互联网信息服务管理办法》《中华人民共和国计算机信息系统安全保护条例》等。2016年11月7日，第十二届全国人民代表大会常务委员会第二十四次会议通过《中华人民共和国网络安全法》，自2017年6月1日起施行。国务院制定公布施行《互联网信息服务管理办法》《中华人民共和国电信条例》《中华人民共和国认证认可条例》《国务院办公厅关于促进跨境电子商务健康快速发展的指导意见》《中华人民共和国著作权法实施条例》《计算机软件保护条例》等。

（5）涉及电子商务的司法解释。

涉及电子商务的司法解释有：《最高人民法院关于审理涉及计算机网络著作权纠纷案件适用法律若干问题的解释》《最高人民法院关于审理扰乱电信市场管理秩序案件具体应用法律若干问题的解释》《最高人民法院关于审理买卖合同纠纷案件适用法律问题的解释》《最高人民法院关于审理涉及计算机网络域名民事纠纷案件适用法律若干问题的解释》《最高人民法院关于审理涉及计算机网络著作权纠纷案件适用法律若干问题的解释》《最高人民法院关于人民法院网络司法拍卖若干问题的规定》等。

（6）涉及电子商务的部门规章。

涉及电子商务的部门规章有：《电子认证服务管理办法》《电子认证业务规则规范》《电子银行业务管理办法》《非金融机构支付服务管理办法》《非银行支付机构网络支付业务管理办法》《电子银行

安全评估指引》《关于跨境电子商务零售出口税收政策的通知》《互联网广告管理暂行办法》《网上证券委托暂行管理办法》《证券账户非现场开户实施暂行办法》《互联网域名管理办法》《网络购买商品七日无理由退货暂行办法》《侵害消费者权益行为处罚办法》《工商行政管理部门处理消费者投诉办法》《网络交易管理办法》《网络食品安全违法行为查处办法》等。

（7）地方电子商务法律法规。

北京市工商行政管理局（现为"北京市市场监督管理局"，下同）于2000年4月发布了《北京市工商行政管理局网上经营行为登记备案的通告》（现已失效），网络经济组织可通过互联网向北京市工商行政管理局设立的红盾315网站申请登记备案。2000年5月，北京市工商行政管理局又发布了《北京市工商行政管理局关于对网络广告经营资格进行规范的通告》（现已失效），同时出台了《北京市工商行政管理局关于对利用电子邮件发送商业信息的行为进行规范的通告》。2001年出台了《北京市网络广告管理暂行办法》（现已失效），2002年出台了《北京市电子商务监督管理暂行办法》《北京市人民政府办公厅关于印发北京市互联网上网服务营业场所管理办法的通知》等。北京市工商行政管理局颁布了《网站名称注册管理暂行办法》《网站名称注册管理暂行办法实施细则》《经营性网站备案登记管理暂行办法》《经营性网站备案登记管理暂行办法实施细则》等。

上海市人民代表大会常务委员会，于2008年11月26日通过了《上海市促进电子商务发展规定》，自2009年3月1日起施行。这是我国第一部促进电子商务发展的地方性法规，填补了国内有关电子商务法律法规领域的空白。目前已对电子商务认证办法提出了初步的管理意见——《上海市国际经贸电子数据交换管理规定》。

广东省颁布的《广东省电子交易条例》、广东省食品药品监督管理局颁布的《广东省食品药品监督管理局关于网络食品监督的管理办法》、浙江省颁布的《浙江省实施〈中华人民共和国消费者权益保护法〉办法》、山东省颁布的《山东省消费者权益保护条例》、安溪县人民政府颁布的《安溪县电子商务监督管理暂行办法》（2017年已废止）等。

关键术语

电子商务　电子商务法　联合国《电子商务示范法》　联合国《电子签名示范法》

基本知识

（1）电子商务法的特点。

（2）电子商务立法的意义。

（3）《中华人民共和国电子商务法》的立法过程。

（4）联合国《电子签名示范法》。

思考讨论

（1）我国电子商务立法的现状和未来。

（2）美国《互联网免税法案》和欧盟电子商务征税对我国的启示。

（3）电子商务的特点。

案例分析

《中华人民共和国电子商务法》实施

2019年1月1日，我国首部电子商务法实施。微商还能不能继续？海外代购是否会消失？类似问题引发了公众的讨论，甚至还有一些对电子商务法的误读。

为厘清对该法的正确认识，"23号小组"专访了全国人民代表大会财政经济委员会电子商务法起草工作组，对电子商务法的立法背景、调整关系、法律条文等进行权威解读。

（1）立法背景。

党的十八大以来，根据全面深化改革的总体部署，中央明确提出制定网络安全法、电子商务法。十九大报告明确提出，实施创新驱动发展战略，推动互联网、大数据、人工智能和实体经济深度融合，建设网络强国、数字中国、智慧社会。

（2）处理六方面关系。

一是发展与规范的关系。二是政府与市场的关系。三是线上和线下的关系。四是法律规范与网络自律的关系。五是电子商务法与其他法律的关系。六是国内立法与国际规范的关系。

（3）回应社会关切，电子商务法六大亮点解读。

第一，科学合理界定电子商务法调整对象。

电子商务法调整对象和范围的确定，直接关系到促进发展、规范秩序、保障权益的立法目标顺利实现，关系到电子商务法总体框架设计，应综合考虑中国电子商务发展实践、中国的现实国情并与国际接轨、与国内其他法律法规的衔接等。

第二，规范电子商务经营主体权利、责任和义务。

电子商务法对电子商务经营主体做出了明确规定，区分了一般的电子商务经营者和电子商务平台经营者（第三方平台）。

第三，完善电子商务交易与服务。

围绕电子商务的交易与服务主要有电子合同、电子支付和快递物流。

第四，强化电子商务交易保障。

在保障电子商务交易方面，电子商务法主要规定四方面内容。

第五，促进和规范跨境电子商务发展。

第六，加强监督管理，实现社会共治。

资料来源："西交民巷23号" 微信公众号. 关于电子商务法实施，全国人大的权威解读来啦！[EB/OL].（2019-01-11）[2019-12-06].

知识拓展

资料包/第1章/《中华人民共和国电子商务法》（以下简称《电子商务法》）实施相关资料

根据《电子商务法》和相关资料，结合我国电子商务及其法律的实际情况，请你回答以下问题。

①《电子商务法》的立法意义。

②《电子商务法》的实施，对我国电子商务及其法律的深远影响。

③《电子商务法》实施中，可能会遇到的问题和改进措施。

电子商务主体的法律法规 | 第2章

【目标要求】

（1）掌握第三方电子商务交易平台的法律法规、七日无理由退货制度。

（2）熟悉企业自建自营电子商务网站的法律法规。

（3）了解电子商务卖方依法办理工商登记并公示、特殊商品服务实行许可制度和竞争行为应该合法的法律法规。

【重点和难点】

（1）重点：第三方电子商务交易平台的法律法规、七日无理由退货制度。

（2）难点：企业自建自营电子商务网站的法律法规。

2.1 电子商务平台（网站）的法律法规

2.1.1 企业自建自营电子商务网站的法律法规

1. 电子商务网站设立的法律法规

企业自建自营电子商务网站是一种电子商务经营行为，企业属于电子商务经营者。根据中华人民共和国国务院（以下简称"国务院"）《互联网信息服务管理办法》[①]规定，互联网信息服务分为经营性和非经营性两类。国家对经营性互联网信息服务实行许可制度，对非经营性互联网信息服务实行备案制度。未取得许可或者未履行备案手续的，不得从事互联网信息服务。从事新闻、出版、教育、医疗保健、药品和医疗器械等互联网信息服务的，依照法律、行政法规以及国家有关规定须经有关主管部门审核同意，在申请经营许可或者履行备案手续前，应当依法经有关主管部门审核同意。

【法规简要】

《互联网信息服务管理办法》

为了规范互联网信息服务活动，促进互联网信息服务健康有序发展，国务院制定了《互联网信息服务管理办法》，并于2000年9月25日以国务院令第292号公布。于2010年12月29日国务院第一百三十八次常务会议通过《国务院关于废止和修改部分行政法规的决定》修订，2011年1月8日以国务院令第588号公布，自公布之日起施行，共二十七条。

---

① 中华人民共和国国务院. 互联网信息服务管理办法[EB/OL].（2000-09-25）[2000-09-25].

> **知识拓展**
>
> 资料包/第2章/《互联网信息服务管理办法》

（1）经营性信息服务网站设立的法律法规。

经营性互联网信息服务，是指通过互联网向上网用户有偿提供信息或者网页制作等服务活动。根据《互联网信息服务管理办法》的规定，国家对经营性互联网信息服务实行许可制度。根据《互联网信息服务管理办法》第六条规定，从事经营性互联网信息服务，除应当符合《中华人民共和国电信条例》（以下简称《电信条例》）规定的要求外，还应当具备下列条件。

第一，有业务发展计划及相关技术方案。

第二，有健全的网络与信息安全保障措施，包括网站安全保障措施、信息安全保密管理制度、用户信息安全管理制度。

第三，服务项目属于《互联网信息服务管理办法》第五条规定范围的，已取得有关主管部门同意的文件。

（2）非经营性信息服务网站设立的法律法规。

非经营性互联网信息服务，是指通过互联网向上网用户无偿提供具有公开性、共享性信息的服务活动。根据《互联网信息服务管理办法》的规定，国家对非经营性互联网信息服务实行备案制度。根据《互联网信息服务管理办法》的规定，从事非经营性互联网信息服务，应当向省、自治区、直辖市电信管理机构或者国务院信息产业主管部门办理备案手续。办理备案时，应当提交下列材料。

第一，主办单位和网站负责人的基本情况。

第二，网站网址和服务项目。

第三，服务项目属于《互联网信息服务管理办法》第五条规定范围的，已取得有关主管部门同意的文件。

省、自治区、直辖市电信管理机构对备案材料齐全的，应当予以备案并编号。

（3）特种行业信息服务审批制度。

根据《互联网信息服务管理办法》第五条的规定，国家对从事新闻、出版、教育、医疗保健、药品和医疗器械等互联网信息服务，依照法律、行政法规以及国家有关规定，在申请经营许可或者履行备案手续前，应当依法经有关主管部门审核同意。

（4）从事特殊信息服务专项备案制度。

根据《互联网信息服务管理办法》第九条的规定，从事互联网信息服务，拟开办电子公告服务的，应当在申请经营性互联网信息服务许可或者办理非经营性互联网信息服务备案时，按照国家有关规定提出专项申请或者专项备案。

2. 电子商务网站提供服务的法律法规

（1）严格按照规定范围提供服务。

《互联网信息服务管理办法》第十一条的规定，互联网信息服务提供者应当按照经许可或者备案的项目提供服务，不得超出经许可或者备案的项目提供服务。非经营性互联网信息服务提供者不得从事有偿服务。互联网信息服务提供者变更服务项目、网站网址等事项的，应当提前 30 日向原审核、发证或者备案机关办理变更手续。

《互联网信息服务管理办法》第十九条的规定，未取得经营许可证，擅自从事经营性互联网信息服务，或者超出许可的项目提供服务的，由省、自治区、直辖市电信管理机构责令限期改正，有违法所得的，没收违法所得，处违法所得 3 倍以上 5 倍以下的罚款；没有违法所得或者违法所得不足 5 万元的，处 10 万元以上 100 万元以下的罚款；情节严重的，责令关闭网站。违反《互联网信息服务管理办法》的规定，未履行备案手续，擅自从事非经营性互联网信息服务，或者超出备案的项目提供服务的，由省、自治区、直辖市电信管理机构责令限期改正；拒不改正的，责令关闭网站。

（2）亮证经营或服务。

《互联网信息服务管理办法》规定，互联网信息服务提供者应当在其网站主页的显著位置标明其经营许可证编号或者备案编号。违反规定，未在其网站主页上标明其经营许可证编号或者备案编号的，由省、自治区、直辖市电信管理机构责令改正，处 5 000 元以上 5 万元以下的罚款。根据《电信条例》第十五条的规定，电信业务经营者在经营过程中，变更经营主体、业务范围或者停止经营的，应当提前 90 日向原颁发许可证的机关提出申请，并办理相应手续；停止经营的，还应当按照国家有关规定做好善后工作。

（3）互联网信息服务的内容合法。

《互联网信息服务管理办法》第十三条规定，互联网信息服务提供者应当向上网用户提供良好的服务，并保证所提供的信息内容合法。第十四条规定，从事新闻、出版以及电子公告等服务项目的互联网信息服务提供者，应当记录提供的信息内容及其发布时间、互联网地址或者域名；互联网接入服务提供者应当记录上网用户的上网时间、用户账号、互联网地址或者域名、主叫电话号码等信息。互联网信息服务提供者和互联网接入服务提供者的记录备份应当保存 60 日，并在国家有关机关依法查询时，予以提供。未履行以上规定的义务的，由省、自治区、直辖市电信管理机构责令改正；情节严重的，责令停业整顿或者暂时关闭网站。

2.1.2　第三方电子商务交易平台的法律法规

第三方电子商务交易平台，是一种比较常见的电子商务经营者，又称电子商务平台经营者。《电子商务法》第九条规定，本法所称电子商务平台经营者，是指在电子商务中为交易双方或者多方提供网络经营场所、交易撮合、信息发布等服务，供交易双方或者多方独立开展交易活动的法人或者非法人组织。

1. 审查管理申请进入（入驻）第三方电子商务交易平台者

《电子商务法》第二十七条规定，电子商务平台经营者应当要求申请进入平台销售商品或者提供服务的经营者提交其身份、地址、联系方式、行政许可等真实信息，进行核验、登记，建立登记档案，并定期核验更新。电子商务平台经营者为进入平台销售商品或者提供服务的非经营用户提供服务，应当遵守本节有关规定。

第二十八条规定，电子商务平台经营者应当按照规定向市场监督管理部门报送平台内经营者的身份信息，提示未办理市场主体登记的经营者依法办理登记，并配合市场监督管理部门，针对电子商务的特点，为应当办理市场主体登记的经营者办理登记提供便利。

第三十八条规定，电子商务平台经营者知道或者应当知道平台内经营者销售的商品或者提供的服务不符合保障人身、财产安全的要求，或者有其他侵害消费者合法权益行为，未采取必要措施的，依法与该平台内经营者承担连带责任。对关系消费者生命健康的商品或者服务，电子商务平台经营者对平台内经营者的资质资格未尽到审核义务，或者对消费者未尽到安全保障义务，造成消费者损害的，依法承担相应的责任。

2. 与申请进入（入驻）第三方电子商务交易平台者订立协议

第三方电子商务交易平台，在电子商务活动中为交易双方或者多方提供网页空间、虚拟经营场所、交易撮合、信息发布等服务，必须按照国家法律法规的规定，订立协议。这是明确电子商务参与各方权利和义务，保障电子商务交易秩序的重要保证。《网络交易管理办法》第二十四条规定，第三方电子商务交易平台经营者应当与申请进入平台销售商品或者提供服务的经营者订立协议，明确双方在平台进入和退出、商品和服务质量安全保障、消费者权益保护等方面的权利、义务和责任。第三方电子商务交易平台经营者修改其与平台内经营者的协议、交易规则，应当遵循公开、连续、合理的原则，修改内容应当至少提前七日予以公示并通知相关经营者。平台内经营者不接受协议或者规则修改内容、申请退出平台的，第三方电子商务交易平台经营者应当允许其退出，并根据原协议或者交易规则承担相关责任。

【法规简要】

《网络交易管理办法》

为规范网络商品交易及有关服务，保护消费者和经营者的合法权益，促进网络经济持续健康发展，依据《中华人民共和国消费者权益保护法》《中华人民共和国产品质量法》《中华人民共和国反不正当竞争法》《中华人民共和国合同法》《中华人民共和国商标法》《中华人民共和国广告法》《中华人民共和国侵权责任法》和《中华人民共和国电子签名法》等法律、法规，国家工商行政管理总局（现已并入"国家市场监督管理总局"，下同）制定《网络交易管理办法》。该办法于2014年1月26日以国家工商行政管理总局令第60号公布，自2014年3月15日起施行。

《网络交易管理办法》，共五章五十八条，内容包括：第一章总则，第二章网络商品经营者和有关服务经营者的义务（第一节一般性规定、第二节第三方交易平台经营者的特别规定、第三节其他有关服务经营者的特别规定），第三章网络商品交易及有关服务监督管理，第四章法律责任，第五章附则。

知识拓展

资料包/第2章/国家工商行政管理总局《网络交易管理办法》

---

3. 建立第三方电子商务平台规则和制度

《电子商务法》第三十二条规定，电子商务平台经营者应当遵循公开、公平、公正的原则，制定平台服务协议和交易规则，明确进入和退出平台、商品和服务质量保障、消费者权益保护、个人信息保护等方面的权利和义务。

《网络交易管理办法》第二十五条规定，第三方交易平台经营者应当建立平台内交易规则、交易安全保障、消费者权益保护、不良信息处理等管理制度。各项管理制度应当在其网站显示，并从技术上保证用户能够便利、完整地阅览和保存。第三方交易平台经营者应当采取必要的技术手段和管理措施保证平台的正常运行，提供必要、可靠的交易环境和交易服务，维护网络交易秩序。违反以上规定的，予以警告，责令改正，拒不改正的，处以 1 万元以上 3 万元以下的罚款。第二十九条规定，第三方交易平台经营者在平台上开展商品或者服务自营业务的，应当以显著方式对自营部分和平台内其他经营者经营部分进行区分和标记，避免消费者产生误解。违反以上规定的，予以警告，责令改正，拒不改正的，处以 1 万元以上 3 万元以下的罚款。

【案例分析】

淘宝网规则

淘宝网制定的规则，由一系列的子规则构成。

淘宝网规则体系包括淘宝平台规则总则、规则分类、解读说明、规则动态、协议专区和历史（规则）几个部分。其中规则分类包括：市场管理与违规处理、消保及争议处理、信用及经营保障、行业管理规范、特色市场规范、营销活动规范、内容市场规则、飞猪旅行集市、临时公告。其中解读说明包括：发布汇总、专题解读、实施细则、介绍说明、其他相关。其中规则动态包括：意见征集、公示通知。其中协议专区包括：协议声明、协议公示和法律知识。

制定淘宝规则的目的，是让用户享受到更优质、安全、可信赖的商业环境和交易体验，推动线上、线下一体化的协同治理，优化淘宝平台（包括淘宝网、天猫、聚划算、飞猪等网站及客户端）生态体系（《淘宝平台规则总则》第一条）。

《淘宝平台规则总则》第二条第一款规定了淘宝总规则的法律基础。《中华人民共和国电子商务法》《中华人民共和国网络安全法》《中华人民共和国消费者权益保护法》《网络交易管理办法》等国家法律法规及相关规范性文件（以下简称"法律规定"）规定了淘宝平台生态体系各方的法定权利和义务，是淘宝平台规则制定、修订的法律基础。

《淘宝平台规则总则》第六条规定了规则程序。淘宝根据国家法律规定要求和生态体系发展需要，对淘宝平台规则适时审慎制定或修改，并在淘宝平台规则页面进行公示，规则自公示期满之日起生效。制定或修改的交易规则依法适用专门的公开征求意见程序，并向相关职能部门报备。

资料来源：[1]淘宝网. 淘宝网规则[EB/OL].（2019-05-06）[2019-12-17].
　　　　　[2]淘宝网. 淘宝平台规则总则[EB/OL].（2019-05-06）[2019-12-17].

知识拓展

资料包/第2章/淘宝网规则相关资料

4. 记录保存和检查监控第三方电子商务交易平台交易信息

《电子商务法》第三十一条规定，电子商务平台经营者应当记录、保存平台上发布的商品和服务信息、交易信息，并确保信息的完整性、保密性、可用性。商品和服务信息、交易信息保存时间自交易完成之日起不少于 3 年；法律、行政法规另有规定的，依照其规定。

《电子商务法》第二十八条第二款规定，电子商务平台经营者应当依照税收征收管理法律、行政法规的规定，向税务部门报送平台内经营者的身份信息和与纳税有关的信息，并应当提示依照本法第十条规定不需要办理市场主体登记的电子商务经营者依照本法第十一条第二款的规定办理税务登记。同时，根据《网络交易管理办法规定》，作为在电子商务活动中为交易双方或者多方提供网页空间、虚拟经营场所、交易撮合、信息发布等服务的第三方电子商务交易平台，有义务对在第三方电子商务交易平台上的电子商务活动的信息进行检查监控，发现有违反工商行政管理法律、法规、规章的行为时，应向电子商务交易平台经营者所在地工商行政管理部门报告，并及时采取措施制止，必要时可停止对违法经营者提供第三方电子商务交易平台服务。工商行政管理部门发现平台内有违反工商行政管理法律、法规、规章的行为，依法要求第三方电子商务交易平台经营者采取措施制止的，第三方交易平台经营者应当予以配合。

第三方电子商务交易平台违反规定不予以配合的，予以警告，责令改正，拒不改正的，处以 1 万元以上 3 万元以下的罚款。

5. 保护商标等知识产权

《电子商务法》第四十一条规定，电子商务平台经营者应当建立知识产权保护规则，与知识产权权利人加强合作，依法保护知识产权。

《电子商务法》第四十二条规定，知识产权权利人认为其知识产权受到侵害的，有权通知电子商务平台经营者采取删除、屏蔽、断开链接、终止交易和服务等必要措施。通知应当包括构成侵权的初步证据。电子商务平台经营者接到通知后，应当及时采取必要措施，并将该通知转送平台内经营者；未及时采取必要措施的，对损害的扩大部分与平台内经营者承担连带责任。因通知错误造成平台内经营者损害的，依法承担民事责任。恶意发出错误通知，造成平台内经营者损失的，加倍承担赔偿责任。

《电子商务法》第四十五条规定，电子商务平台经营者知道或者应当知道平台内经营者侵犯知识产权的，应当采取删除、屏蔽、断开链接、终止交易和服务等必要措施；未采取必要措施的，与侵权人承担连带责任。

《电子商务法》第八十四条规定，电子商务平台经营者违反本法第四十二条、第四十五条规定，对平台内经营者实施侵犯知识产权行为未依法采取必要措施的，由有关知识产权行政部门责令限期改正；逾期不改正的，处 5 万元以上 50 万元以下的罚款；情节严重的，处 50 万元以上 200 万元以下的罚款。

【案例分析】

阿里巴巴知识产权保护

2002年，阿里巴巴已开始建立知识产权维权通道，权利人可通过邮件发送知识产权投诉。2008年和2011年，阿里巴巴分别上线了针对速卖通、阿里巴巴国际交易市场和1688家投诉的Aliprotect和针对淘宝和天猫商家投诉的Taoprotect知识产权保护平台。2016年，阿里巴巴建立了统一的知识产权保护平台——阿里巴巴集团知识产权保护平台，接受旗下各个电子商务平台的投诉。

2019年1月10日，阿里巴巴对外发布了《2018阿里巴巴知识产权保护年度报告》。2018年，阿里巴巴共向执法机关推送超5万元起刑点的涉假线索1 634条，协助抓捕犯罪嫌疑人1 953名，溯源打击涉案金额79亿元，2018年是在网络假货治理和知识产权保护上取得历史性突破的一年。在执法机关、品牌权利人、消费者等社会各界共同参与下，网络售假得到严厉打击、显著遏制、极大震慑。"像治理酒驾一样治理假货"成为全社会共识。根本性解决线下假货生产源头仍然任重道远，假货跨国境、多平台流窜的问题依然存在。2018年，阿里巴巴不惜代价协助执法机关围剿线下假货源头。

数据显示，2018年，96%的疑似侵权链接一上线即被删除，因疑似侵权被平台主动删除的链接量下降67%；96%的知识产权投诉在24小时内被处理，品牌权利人投诉量下降32%；被消费者举报删除的疑似假货链接量下降70%；被行政执法机关要求协查的知识产权侵权案件量下降64%；每1万笔订单中仅有1.11笔为疑似假货，比去年同期再降26%。

资料来源：天下网商. 《2018阿里巴巴知识产权保护年度报告》发布[EB/OL]. （2019-01-10）[2019-12-27].

知识拓展

资料包/第2章/《2018阿里巴巴知识产权保护年度报告》相关资料

---

6. 建立消费纠纷和解及消费维权自律制度

《电子商务法》第五十八条规定，国家鼓励电子商务平台经营者建立有利于电子商务发展和消费者权益保护的商品、服务质量担保机制。电子商务平台经营者与平台内经营者协议设立消费者权益保证金的，双方应当就消费者权益保证金的提取数额、管理、使用和退还办法等做出明确约定。消费者要求电子商务平台经营者承担先行赔偿责任以及电子商务平台经营者赔偿后向平台内经营者的追偿，适用《中华人民共和国消费者权益保护法》的有关规定。第五十九条规定，电子商务经营者应当建立便捷、有效的投诉、举报机制，公开投诉、举报方式等信息，及时受理并处理投诉、举报。第六十一条规定，消费者在电子商务平台购买商品或者接受服务，与平台内经营者发生争议时，电子商务平台经营者应当积极协助消费者维护合法权益。

7. 押金收取和退还的规定

电子商务经营者收取押金是一种较为普遍的行为，为了保护电子商务消费者的合法权益，《电子商务法》对押金收取和退还作了相关规定。

《电子商务法》第二十一条规定，电子商务经营者按照约定向消费者收取押金的，应当明示押金退还的方式、程序，不得对押金退还设置不合理条件。消费者申请退还押金，符合押金退还条件的，电子商务经营者应当及时退还。第七十八条规定，电子商务经营者违反本法第二十一条规定，未向消费者明示押金退还的方式、程序，对押金退还设置不合理条件，或者不及时退还押金的，由有关主管部门责令限期改正，可以处 5 万元以上 20 万元以下的罚款；情节严重的，处 20 万元以上 50 万元以下的罚款。

【案例分析】

北京××科技有限公司商丘分公司未按规定审查登记经营主体身份案

2017年3月，商丘市工商局梁园分局经检队执法人员在检查中，发现北京××科技有限公司商丘分公司在经营××商丘站时，未能对平台上的部分经营主体的身份进行审查登记，执法人员依法对其行为予以警告。

2017年4月17日执法人员再次进行检查，发现其仍未对经营主体的身份信息进行审查登记，当日商丘市工商局梁园分局对其下达责令改正通知书，责令7日内改正；至2017年5月17日，其仍未对经营主体的身份信息进行审查登记。

商丘市工商局梁园分局认为：当事人的行为违反了《网络交易管理办法》第二十三条第一款的规定，依据《网络交易管理办法》第五十条的规定，对当事人处以罚款。

资料来源：三门峡市工商行政管理局. 2017 网络违法典型案例[EB/OL].（2017-11-11）[2017-11-11].

知识拓展

资料包/第2章/电子商务交易违法典型案例资料

2.2 电子商务卖方的法律法规

2.2.1 依法办理工商登记并公示

1. 依法办理市场主体登记

电子商务活动是一项经营活动，按照我国对经营活动的一般管理原则，需要经营者办理工商登记。广义的电子商务卖方，也称电子商务经营者，《电子商务法》第九条第一款规定，本法所称电子商务经营者，是指通过互联网等信息网络从事销售商品或者提供服务的经营活动的自然人、法人和非法人组织，包括电子商务平台经营者、平台内经营者以及通过自建网站、其他网络服务销售商品或者提供服务的电子商务经营者。《电子商务法》第十条规定，电子商务经营者应当依法办理市场主体登记。但是，个人销售自产农副产品、家庭手工业产品，个人利用自己的技能从事依法无须取得许可的便民劳务活动和零星小额交易活动，以及依照法律、行政法规不需要进行登记的除外。

2. 公示营业执照信息

按照规定，企业、组织、个体经营者，在从事生产、经营、服务等活动时，应当在经营场所、店铺、住所出示、悬挂《营业执照》。营业执照分正本和副本，二者具有相同的法律效力。正本应当置于公司住所或营业场所的醒目位置。

《电子商务法》第十五条规定，电子商务经营者应当在其首页显著位置，持续公示营业执照信息、与其经营业务有关的行政许可信息、属于依照本法第十条规定的不需要办理市场主体登记情形等信息，或者上述信息的链接标识。前款规定的信息发生变更的，电子商务经营者应当及时更新公示信息。《电子商务法》第十六条规定，电子商务经营者自行终止从事电子商务的，应当提前三十日在首页显著位置持续公示有关信息。

《电子商务法》第七十六条规定，电子商务经营者违反本法规定，有下列行为之一的，由市场监督管理部门责令限期改正，可以处 1 万元以下的罚款，对其中的电子商务平台经营者，依照本法第八十一条第一款的规定处罚：第一，未在首页显著位置公示营业执照信息、行政许可信息、属于不需要办理市场主体登记情形等信息，或者上述信息的链接标识的；第二，未在首页显著位置持续公示终止电子商务的有关信息的；第三，未明示用户信息查询、更正、删除以及用户注销的方式、程序，或者对用户信息查询、更正、删除以及用户注销设置不合理条件的。电子商务平台经营者对违反前款规定的平台内经营者未采取必要措施的，由市场监督管理部门责令限期改正，可以处 2 万元以上 10 万元以下的罚款。

为了规范无店铺零售业经营行为，维护流通秩序和商业环境，保护消费者和从业者的合法权益，促进无店铺零售业健康有序发展，商务部起草了《无店铺零售业经营管理办法（试行）（征求意见稿)》①，并向社会公开征求意见。

三证合一和五证合一经营登记办法改进。自 2015 年 10 月 1 日起，我国开始推行"三证合一，一照一码"登记模式，即将"营业执照、组织机构代码证、税务登记证"三证合为一证，以提高市场准入效率。"一照一码"则在此基础上更进了一步，通过"一口受理、并联审批、信息共享、结果互认"，实现由一个部门核发加载统一社会信用代码的营业执照。在企业和农民专业合作社（以下统称"企业"）"三证合一，一照一码"的基础上，自 2016 年 10 月 1 日起，全国开始全面实行"五证合一，一照一码"，即将"营业执照、组织机构代码证、税务登记证、社会保险登记证和统计登记证"五证合为一证。

【案例分析】

全国首张"无实体网店营业执照"

林国仕在泉州市经营网络购物平台。他去工商局申请办理工商登记，但是当时在国内企业注册的行业类别中，没有涉及网络购物相关内容。工作人员说办不下来，原因是全国没有这类行业，只能等。2009 年 4 月的一天，工商局检查发现其是"无照经营"，没过几天他就收到工商部门的调查通知书，涉嫌无照经营，有可能受到处罚。林先生告诉工商局的同志，他并不是没有申请办证，而是办不下来。泉州市工商部门酝酿先行先试，颁发网店执照，向没有实体店的网店颁发个体工商户营业执照，于是就将他列为试点对象，最终指导他办理了全国第一张无实体网店执照。

2009 年 6 月，泉州市丰泽区工商行政管理局向林国仕发放了《个体工商户营业执照》，如图 2-1 所示，这是全国首张"无实体网店营业执照"，是全国范围内第一张针对网店颁发的营业执照，其对规范互联网商务环境具有重要意义。

图 2-1　个体工商户营业执照

资料来源：谢明飞. 福建泉州颁发全国首张无实体网店执照[N]. 海峡都市报社，2009-06-16.

---

① 商务部. 无店铺零售业经营管理办法（试行）（征求意见稿）[EB/OL].（2015-05-05）[2015-05-05].

3. 依法履行纳税义务

电子商务经营者，应当按照国家税法和相关法律法规，履行纳税义务。《电子商务法》第十一条规定，电子商务经营者应当依法履行纳税义务，并依法享受税收优惠。依照前条规定不需要办理市场主体登记的电子商务经营者在首次纳税义务发生后，应当依照税收征收管理法律、行政法规的规定申请办理税务登记，并如实申报纳税。

2.2.2　特殊商品服务实行许可制度

1. 依法取得商品、服务许可

按照我国对经营商品的种类、服务的内容管理的法律法规，需要许可的，要办理相关许可，才能进行电子商务经营活动。《电子商务法》第十二条规定，电子商务经营者从事经营活动，依法需要取得相关行政许可的，应当依法取得行政许可。

2. 不得经营法律、法规禁止交易的商品或者服务

按照我国法律、法规、规章的规定，电子商务经营者不得在网上经营禁止交易的商品和服务。《电子商务法》第十三条规定，电子商务经营者销售的商品或者提供的服务应当符合保障人身、财产安全的要求和环境保护要求，不得销售或者提供法律、行政法规禁止交易的商品或者服务。

2.2.3　七日无理由退货制度

1. 七日无理由退货的定义

七日无理由退货，是指消费者在购买的商品收到日起，七天内可退货，且无需说明理由的一种保护消费者权益的办法。

无理由退货是从法律上保证消费者购买商品的"后悔权"。经全国人民代表大会常务委员会修改的自 2014 年 3 月 15 日起施行的《中华人民共和国消费者权益保护法》（以下简称《消费者权益保护法》），对无理由退货作出了明确规定，将以前在某些企业、某些情况下使用的无理由退货制度，在我国正式法律化。除特殊商品外，执行七天无理由退货，是维护消费者权益的重要内容。

七日无理由退货制度

2. 七日无理由退货是消费者的权益，但必须符合条件

《消费者权益保护法》第二十五条规定，经营者采用网络、电视、电话、邮购等方式销售商品，消费者有权自收到商品之日起七日内退货，且无需说明理由，但下列商品除外：第一，消费者定作的；第二，鲜活易腐的；第三，在线下载或者消费者拆封的音像制品、计算机软件等数字化商品；第四，交付的报纸、期刊。除前款所列商品外，其他根据商品性质并经消费者在购买时确认不宜退货的商品，

不适用无理由退货。消费者退货的商品应当完好。经营者应当自收到退回商品之日起七日内返还消费者支付的商品价款。退回商品的运费由消费者承担；经营者和消费者另有约定的，按照约定。

3. 网络商品也应当七日无理由退货

在电子商务活动中交易的商品，同样为了维护消费者权益，应当执行七日无理由退货的规定。

《网络购买商品七日无理由退货暂行办法》第三条规定，网络商品销售者应当依法履行七日无理由退货义务。

《网络交易管理办法》第十六条规定，网络商品经营者销售商品，消费者有权自收到商品之日起七日内退货，且无需说明理由，但下列商品除外：第一，消费者定作的；第二，鲜活易腐的；第三，在线下载或者消费者拆封的音像制品、计算机软件等数字化商品；第四，交付的报纸、期刊。除前款所列商品外，其他根据商品性质并经消费者在购买时确认不宜退货的商品，不适用无理由退货。消费者退货的商品应当完好。网络商品经营者应当自收到退回商品之日起七日内返还消费者支付的商品价款。退回商品的运费由消费者承担；网络商品经营者和消费者另有约定的，按照约定。

【法规简要】

《网络购买商品七日无理由退货暂行办法》

为保障《消费者权益保护法》七日无理由退货规定的实施，保护消费者合法权益，促进电子商务健康发展，根据《消费者权益保护法》等相关法律、行政法规，国家工商行政管理总局制定了《网络购买商品七日无理由退货暂行办法》。该办法于2017年1月6日以工商总局令第90号公布，自2017年3月15日起施行。

《网络购买商品七日无理由退货暂行办法》，共七章三十九条，内容包括：第一章总则，第二章不适用退货的商品范围和商品完好标准，第三章退货程序，第四章特别规定，第五章监督检查，第六章法律责任，第七章附则。

知识拓展

资料包/第2章/国家工商管理总局发布的《网络购买商品七日无理由退货暂行办法》

4. 网络商品七日无理由退货的特殊限制

（1）由于商品性质可以不适用七日退货规定。

《网络购买商品七日无理由退货暂行办法》第七条规定，下列性质的商品经消费者在购买时确认，可以不适用七日无理由退货规定：第一，拆封后易影响人身安全或者生命健康的商品，或者拆封后易导致商品质量发生改变的商品；第二，一经激活或者试用后价值贬损较大的商品；第三，销售时已明示的临近保质期的商品、有瑕疵的商品。

按照《消费者权益保护法》第五十六条第一款第八项规定，对消费者提出的修理、重作、更换、退货、补足商品数量、退还货款和服务费用或者赔偿损失的要求，故意拖延或者无理拒绝的，除承担相应的民事责任外，其他有关法律、法规对处罚机关和处罚方式有规定的，依照法律、法规的规定执行；法律、法规未作规定的，由工商行政管理部门或者其他有关行政部门责令改正，可以根据情节单处或者并处警告、没收违法所得、处以违法所得 1 倍以上 10 倍以下的罚款，没有违法所得的，处以 50 万元以下的罚款；情节严重的，责令停业整顿、吊销营业执照。

（2）消费者退回的商品应当完好。

在执行网络商品七日无理由退货时，消费者退回的商品应当完好。所谓商品完好，是指商品能够保持原有品质、功能，商品本身、配件、商标标识齐全。但是，消费者基于查验需要而打开商品包装，或者为确认商品的品质、功能而进行合理的调试不影响商品的完好。《网络购买商品七日无理由退货暂行办法》第九条规定，对超出查验和确认商品品质、功能需要而使用商品，导致商品价值贬损较大的，视为商品不完好。具体判定标准如下。

第一，食品（含保健食品）、化妆品、医疗器械、计生用品：必要的一次性密封包装被损坏。

第二，电子电器类：进行未经授权的维修、改动，破坏、涂改强制性产品认证标志、指示标贴、机器序列号等，有难以恢复原状的外观类使用痕迹，或者产生激活、授权信息、不合理的个人使用数据留存等数据类使用痕迹。

第三，服装、鞋帽、箱包、玩具、家纺、家居类：商标标识被摘、标识被剪，商品受污、受损。

【案例分析】

利用网购七天无理由退换货，退货调包换货骗取贵重商品

安徽男子张某某先从网上淘"高仿"假货，再到正规电子商务平台上购买同款正品，收到货物后，利用网上交易七天无理由退换货条款和相关办法，将价格远低于正牌商品的假货调包退换给网店。

2016年12月底，某网购平台售后部及监察部注意到一位出手阔绰、专爱"挑刺"且频繁退换货的"钻石"客户。在对其所退货品进行查验时，该平台防损部发现，货品竟然被调包了。由于被调包的货品金额较大，该平台将客户张某某退货的白酒送至厂家鉴定，结果为"非厂家出产产品"。

在排除货源、运输环节出错、"内鬼"等情况下，他们确定该客户存在退货调包嫌疑。2017年1月4日，该平台向湖北省武汉市新洲区警方报案。2016年10月8日，张某某在另一平台以人民币1 100元的价格向胡某某购买53度飞天茅台假酒2箱。同月12日，张某某又以6 354元的价格在该平台下单购买53度飞天茅台白酒1箱。次日，张某某在住所地收到货后，以包装箱有挤压且箱体上有水渍为由，向该平台要求换货。被允许换货后，张某某将其事先从另一平台购买的假茅台酒退给该平台。

据调查，自2016年10月23日至2017年2月16日，张某某采取上述调包退货的手段，以假酒换真酒22次，共骗取该平台53度飞天茅台白酒36箱，价值25.2万元。

电子商务交易，网店或商家承诺的七天无理由退货，是有利于消费者的好事，却变成了"有

心之人"的生财之道。

资料来源：中国改革报社. 电子商务领域信用风险"双十一"预警报告（2017 年度）[EB/OL].（2017-10-31）[2017-10-31].

5. 网络商品七日无理由退货的程序

电子商务活动中交易商品，买卖双方通常不在一地，执行网络商品七日无理由退货规定，在程序上有些具体事项，在《网络购买商品七日无理由退货暂行办法》中作了明确规定。

（1）日期的计算。

《网络购买商品七日无理由退货暂行办法》第十条规定，选择无理由退货的消费者应当自收到商品之日起七日内向网络商品销售者发出退货通知。七日期间自消费者签收商品的次日开始起算。

（2）退货信息和方式。

《网络购买商品七日无理由退货暂行办法》第十一条规定，网络商品销售者收到退货通知后应当及时向消费者提供真实、准确的退货地址、退货联系人、退货联系电话等有效联系信息。消费者获得上述信息后应当及时退回商品，并保留退货凭证。第十九条规定，网络商品销售者可以与消费者约定退货方式，但不应当限制消费者的退货方式。网络商品销售者可以免费上门取货，也可以征得消费者同意后有偿上门取货。这样规定，有利于充分考虑网络商品销售者和消费者双方的利益，更加方便和快捷。

（3）退货商品和配件及赠品问题。

在进行电子商务交易时，由于营销活动或商家促销等因素，附有配件、赠品是比较普遍的现象。关于随商品一起出售的配件、赠品，在执行七日无条件退货时，往往问题较多，争议很大。对此，《网络购买商品七日无理由退货暂行办法》第十二条规定，消费者退货时应当将商品本身、配件及赠品一并退回。赠品包括赠送的实物、积分、代金券、优惠券等形式。如果赠品不能一并退回，经营者可以要求消费者按照事先标明的赠品价格支付赠品价款。

（4）返还货款。

返还货款是网络商品七日无理由退货的关键环节。因为是电子商务交易，退款的时间、方式，以及退款的范围和款额的计算，处理起来比较复杂。

第一，退款的时间和方式。《网络购买商品七日无理由退货暂行办法》第十三条规定，消费者退回的商品完好的，网络商品销售者应当在收到退回商品之日起七日内向消费者返还已支付的商品价款。第十四条规定，退款方式比照购买商品的支付方式。经营者与消费者另有约定的，从其约定。购买商品时采用多种方式支付价款的，一般应当按照各种支付方式的实际支付价款以相应方式退款。除征得消费者明确表示同意的以外，网络商品销售者不应当自行指定其他退款方式。

第二，退款的范围和款额计算。《网络购买商品七日无理由退货暂行办法》第十五条规定，消费者采用积分、代金券、优惠券等形式支付价款的，网络商品销售者在消费者退还商品后应当以相应形式返还消费者。对积分、代金券、优惠券的使用和返还有约定的，可以从其约定。第十六条规定，消费者购买商品时采用信用卡支付方式并支付手续费的，网络商品销售者退款时可以不退回手续费。

消费者购买商品时采用信用卡支付方式并被网络商品销售者免除手续费的，网络商品销售者可以在退款时扣除手续费。

《网络购买商品七日无理由退货暂行办法》第十七条规定，退货价款以消费者实际支出的价款为准。套装或者满减优惠活动中的部分商品退货，导致不能再享受优惠的，根据购买时各商品价格进行结算，多退少补。第十八条规定，商品退回所产生的运费依法由消费者承担。经营者与消费者另有约定的，按照约定。消费者参加满足一定条件免运费活动，但退货后已不能达到免运费活动要求的，网络商品销售者在退款时可以扣除运费。

6. 网络商品销售者应当建立完善的七日无理由退货商品检验和处理程序

《网络购买商品七日无理由退货暂行办法》第二十五条规定，网络商品销售者应当建立完善的七日无理由退货商品检验和处理程序。对能够完全恢复到初始销售状态的七日无理由退货商品，可以作为全新商品再次销售；对不能够完全恢复到初始销售状态的七日无理由退货商品而再次销售的，应当通过显著的方式将商品的实际情况明确标注。第三十三条规定，网络商品销售者违反以上规定，销售不能够完全恢复到初始状态的无理由退货商品，且未通过显著的方式明确标注商品实际情况的，违反其他法律、行政法规的，依照有关法律、行政法规的规定处罚；法律、行政法规未作规定的，予以警告，责令改正，并处 1 万元以上 3 万元以下的罚款。

7. 网络商品销售者的其他法律责任

根据《网络购买商品七日无理由退货暂行办法》规定，网络商品销售者违反规定，有下列情形之一的，依照《消费者权益保护法》第五十六条第一款第八项（对消费者提出的修理、重作、更换、退货、补足商品数量、退还货款和服务费用或者赔偿损失的要求，故意拖延或者无理拒绝的）规定予以处罚。即除承担相应的民事责任外，其他有关法律、法规对处罚机关和处罚方式有规定的，依照法律、法规的规定执行；法律、法规未作规定的，由工商行政管理部门或者其他有关行政部门责令改正，可以根据情节单处或者并处警告、没收违法所得、处以违法所得 1 倍以上 10 倍以下的罚款，没有违法所得的，处以 50 万元以下的罚款；情节严重的，责令停业整顿、吊销营业执照。

第一，未经消费者在购买时确认，擅自以商品不适用七日无理由退货为由拒绝退货，或者以消费者已拆封、查验影响商品完好为由拒绝退货的。

第二，自收到消费者退货要求之日起超过 15 日未办理退货手续，或者未向消费者提供真实、准确的退货地址、退货联系人等有效联系信息，致使消费者无法办理退货手续的。

第三，在收到退回商品之日起超过 15 日未向消费者返还已支付的商品价款的。

【案例分析】

网购七日无理由退货情况较好

中国消费者协会为了加强对"双11"网购商品价格、售后服务及质量状况的社会监督，于2017年10月至2018年1月组织开展"双11"网购商品价格、质量、服务调查体验活动。在2018年2月7日公布的《2017年"双11"网络购物价格、质量、售后服务》报告中，体验人员以普通消费者身份，对101个样本没有标注"不支持七日无理由退货"的商品进行了退货操作。

调查体验结果显示，在101个样本中，有96个样本完成退货操作，显示出各平台商家遵守七日无理由退货规定方面做得相对较好。

仅有5个样本退货不成功，分别是：国美在线平台"瑞士军刀SWISSGEAR旗舰店"销售的标称某品牌双肩包、淘宝平台"九阳小象部落电器城"店铺销售的某品牌面条机、天猫平台"sneakerhead海外旗舰店"销售的某品牌运动鞋等3个样本，其未标注不支持七日无理由退货情况，而在售后环节却拒绝退货申请。

此外，贝贝网平台自营的某品牌米粉、某品牌奶粉在商品信息页面标注了"七天无忧退货"，但体验人员在实际退货中发现此两款商品并不支持七天无理由退货。

另外，体验人员对通过跨境电子商务平台销售的"海淘"样本是否支持七天无理由退货情况进行了查验。统计结果显示，本次调查体验的100个"海淘"样本中，62个样本明确在显示页面或采购页面标识"不支持七日无理由退货"。不仅如此，即使标注支持七天无理由退货的，由于退货所产生的运费与税费较高，消费者选择退货往往得不偿失。

资料来源：中国消费者协会. 2017年"双11"网络购物价格、质量、售后服务[EB/OL]. (2018-02-07) [2018-02-07].

2.2.4 竞争行为应当合法

1. 使用合同公平、守信

在电子商务活动中，使用电子合同的情况比较普遍。在使用合同时，大多采用格式条款或者格式合同，因此，保证合同的合法、公平、公正是一个相对难度较大的环节。《网络交易管理办法》第十七条规定，网络商品经营者、有关服务经营者在经营活动中使用合同格式条款的，应当符合法律、法规、规章的规定，按照公平原则确定交易双方的权利与义务，采用显著的方式提请消费者注意与消费者有重大利害关系的条款，并按照消费者的要求予以说明。网络商品经营者、有关服务经营者不得以合同格式条款等方式作出排除或者限制消费者权利、减轻或者免除经营者责任、加重消费者责任等对消费者不公平、不合理的规定，不得利用合同格式条款并借助技术手段强制交易。违反以上第十七条规定的，按照《合同违法行为监督处理办法》的有关规定处罚。

2. 收集、使用消费者或者经营者信息，应当遵循合法、正当、必要的原则

《网络交易管理办法》第十八条规定，网络商品经营者、有关服务经营者在经营活动中收集、使用消费者或者经营者信息，应当遵循合法、正当、必要的原则，明示收集、使用信息的目的、方式和范围，并经被收集者同意。网络商品经营者、有关服务经营者收集、使用消费者或者经营者信息，应当公开其收集、使用规则，不得违反法律、法规的规定和双方的约定收集、使用信息。网络商品经营者、有关服务经营者及其工作人员对收集的消费者个人信息或者经营者商业秘密的数据信息必须严格保密，不得泄露、出售或者非法向他人提供。网络商品经营者、有关服务经营者应当采取技术措施和其他必要措施，确保信息安全，防止信息泄露、丢失。在发生或者可能发生信息泄露、丢失的情况时，应当立即采取补救措施。网络商品经营者、有关服务经营者未经消费者同意或者请求，

或者消费者明确表示拒绝的，不得向其发送商业性电子信息。

3. 遵守《中华人民共和国反不正当竞争法》等法律的规定

电子商务经营者，应该遵守《中华人民共和国反不正当竞争法》（以下简称《反不正当竞争法》）等法律的规定，开展正当竞争，不得扰乱社会经济秩序，不得利用网络技术手段或者载体等方式，进行不正当竞争的行为。

《反不正当竞争法》规定，经营者（从事商品生产、经营或者提供服务的自然人、法人和非法人组织）在生产经营活动中，应当遵循自愿、平等、公平、诚信的原则，遵守法律和商业道德。不正当竞争行为，是指经营者在生产经营活动中，违反《反不正当竞争法》规定，扰乱市场竞争秩序，损害其他经营者或者消费者的合法权益的行为。

【法律简要】

《中华人民共和国反不正当竞争法》

《反不正当竞争法》于1993年9月2日经第八届全国人民代表大会常务委员会第三次会议通过，1993年9月2日以国家主席令第十号公布。于2017年11月4日由中华人民共和国第十二届全国人民代表大会常务委员会第三十次会议修订，2017年11月4日以国家主席令第七十七号公布，自2018年1月1日起施行。

《反不正当竞争法》旨在促进社会主义市场经济健康发展，鼓励和保护公平竞争，制止不正当竞争行为，保护经营者和消费者的合法权益。共五章三十二条，内容包括：第一章总则，第二章不正当竞争行为，第三章对涉嫌不正当竞争行为的调查，第四章法律责任，第五章附则。

> **知识拓展**
> 资料包/第2章/《中华人民共和国反不正当竞争法》

《网络交易管理办法》第十九条规定，网络商品经营者、有关服务经营者销售商品或者服务，应当遵守《反不正当竞争法》等法律的规定，不得以不正当竞争方式损害其他经营者的合法权益、扰乱社会经济秩序。同时，不得利用网络技术手段或者载体等方式，从事下列不正当竞争行为：第一，擅自使用知名网站特有的域名、名称、标识或者使用与知名网站近似的域名、名称、标识，与他人知名网站相混淆，造成消费者误认；第二，擅自使用、伪造政府部门或者社会团体电子标识，进行引人误解的虚假宣传；第三，以虚拟物品为奖品进行抽奖式的有奖销售，虚拟物品在网络市场约定金额超过法律法规允许的限额；第四，以虚构交易、删除不利评价等形式，为自己或他人提升商业信誉；第五，以交易达成后违背事实的恶意评价损害竞争对手的商业信誉；第六，法律、法规规定的其他不正当竞争行为。

《网络交易管理办法》第五十三条规定，违反以上第十九条第一项规定的，按照《反不正当竞争法》第二十一条的规定处罚；违反第十九条第二项、第四项规定的，按照《反不正当竞争法》第二十四条的规定处罚；违反第十九条第三项规定的，按照《反不正当竞争法》第二十六条的规定处罚；违反本第十九条第五项规定的，予以警告，责令改正，并处1万元以上3万元以下的罚款。

4. 不得对竞争对手的网站或者网页进行非法技术攻击

电子商务活动的交易依附于网络。电子商务网站和网页，是电子商务交易的基础。《网络交易管理办法》第二十条规定，网络商品经营者、有关服务经营者不得对竞争对手的网站或者网页进行非法技术攻击，造成竞争对手无法正常经营。第五十四条规定，违反以上第二十条规定的，予以警告，责令改正，并处1万元以上3万元以下的罚款。

5. 网络经营者应当向工商管理部门报送经营统计资料

《网络交易管理办法》第二十一条规定，网络商品经营者、有关服务经营者应当按照国家工商行政管理总局的规定向所在地工商行政管理部门报送经营统计资料；第五十一条规定，违反以上规定的，予以警告，责令改正，拒不改正的，处以1万元以下的罚款。

关键术语

经营性互联网信息服务　非经营性互联网信息服务　第三方电子商务交易平台
广义的电子商务卖方　七日无理由退货

基本知识

（1）企业自建自营电子商务网站的法律法规。

（2）电子商务卖方依法办理工商登记并公示的法律法规。

（3）电子商务卖方特殊商品服务实行许可制度。

思考讨论

（1）七日无理由退货制度。

（2）第三方电子商务交易平台的法律法规。

（3）电子商务卖方竞争行为应该合法。

案例分析

拼多多回应商家售假酒：实际售出3单，9月已关闭店铺

2019年12月17日，据江苏省广播电视总台荔枝新闻客户端官方微博消息，有消费者在拼多多上买到假酒后投诉。苏州警方在进行侦查后，确认系假酒。

据荔枝新闻，轩尼诗品牌权利人陈先生称，此案件中或至少有2 000瓶假酒流入市场。苏州警方对此信息予以证实，"此案确实涉案金额较大"。目前，该店铺已被封。

对此，2019年12月18日，拼多多方面发布消息称，报道所述涉及店铺名为"祺洛夜场酒水商行"。该店铺因为涉嫌出售两个假冒酒类品牌商品，已于2019年9月6日被平台予以关店处理。截至下架前共计售出5瓶"轩尼诗"酒，其中2瓶退款，实际售出3瓶。

拼多多平台治理部负责人介绍，该店铺于2019年5月5日被平台主动巡检到疑似假货商品后，平台立即对该店铺商品进行了"神秘购买"（搜索不可见），2019年5月16日初检认为店铺涉嫌售假后，对店铺进行了全店加灰搜索不可见处置，并将抽检商品寄往所涉品牌商处确认。2019年9月6日该店铺商品被品牌方确认为假货后，平台即对该店铺进行了三级惩处，予以关店。

上述平台治理部负责人表示，该店铺实际被冻结5 258.73元，预留售后约200元，其余5 058.46元已经于2019年11月6日赔付给完结品牌商商品鉴定的正常消费者。

拼多多方面称，平台对于此类假冒侵权商品和涉嫌售假店铺将保持高压态势。虽然屡次出现售假商家身着标语服来公司总部楼下进行扰乱秩序的现象，但平台对此现象的打击也绝不会因此而手软。

资料来源：澎湃新闻记者陈宇曦. 拼多多回应商家售酒：实际售出 3 单，9 月已关闭店铺[EB/OL].（2019-12-18）[2018-12-18].

知识拓展

资料包/第2章/拼多多网相关资料

在网络上搜集拼多多网的相关资料，根据《电子商务法》《网络交易管理办法》等相关法律法规，请你回答以下问题。

① 拼多多网的现状、存在问题和发展机遇。

② 拼多多网作为电子商务平台的法律责任。

③ 分析拼多多网的未来发展，比较分析我国 C2C 电子商务网站的发展。

第3章 电子商务交易的法律法规

【目标要求】

（1）掌握电子商务交易法律法规的定义和特点、网络司法拍卖的法律法规。

（2）熟悉网络拍卖的模式、网络拍卖的法律法规。

（3）了解拍卖的主要方式、网络拍卖的一般流程。

【重点和难点】

（1）重点：网络拍卖的法律法规。

（2）难点：网络司法拍卖的法律法规、网络拍卖与网络竞买的异同。

3.1 电子商务交易法律法规概述

3.1.1 电子商务交易法律法规的定义和特点

1. 电子商务交易的定义

电子商务交易，是指运用现代电子信息技术手段进行的商品、服务、信息和其他商务的交换活动。

根据《网络交易管理办法》的规定，网络商品交易是指通过互联网（含移动互联网）销售商品或者提供服务的经营活动。服务是指为网络商品交易提供第三方交易平台、宣传推广、信用评价、支付结算、物流、网络接入、服务器托管、虚拟空间租用、网站网页设计制作等盈利性服务。

2. 电子商务交易法律法规的定义

电子商务交易法律法规，是指对运用现代电子信息技术手段，进行的商品、服务、信息和其他商务交换活动所适用的法律规范。电子商务交易法律法规调整电子商务交易参与各方的关系，具体确定交易参与者的权利和义务，对于维护交易参与各方的权益，维持电子商务交易秩序，促进电子商务健康发展具有重要意义。

《电子商务法》第五条规定，电子商务经营者从事经营活动，应当遵循自愿、平等、公平、诚信的原则，遵守法律和商业道德，公平参与市场竞争，履行消费者权益保护、环境保护、知识产权保护、网络安全与个人信息保护等方面的义务，承担产品和服务质量责任，接受政府和社会的监督。

《网络交易管理办法》第四条规定，从事网络商品交易及有关服务应当遵循自愿、公平、诚实信用的原则，遵守商业道德和公序良俗。

3. 电子商务交易法律法规的特点

电子商务交易法律法规与传统商务的交易法律法规相比较，具有商法范畴、技术性和复杂性等主要特点。

（1）商法范畴。

电子商务交易法律属于商法的范围。电子商务交易以现代电子信息技术手段为基础，但是其根本上仍然是一种经济行为，因此，其适用的法律法规属于商法范围。

（2）技术性。

电子商务交易与传统商务活动相比较，在注册登记、登录网站、商品选择、支付结算、物流配送、付款确认等各个环节，以及业务等方面，是以计算机及其网络和现代信息技术为基础。

（3）复杂性。

电子商务交易法律法规涉及电子商务交易的各个方面，既涉及商务交易，又涉及网络化和现代信息新技术，因此比传统商务活动的法律法规复杂。

3.1.2 电子商务交易法律法规的范围

电子商务交易法律，包括运用现代电子信息技术手段，进行的商品、服务、信息和其他商务交易的法律。具体可根据不同的分类标准进行划分。

1. 以电子商务运用的基础手段来划分

从电子商务运用的基础手段来看，电子商务法律法规包括基于互联网的电子商务的法律法规、基于专用网络的电子商务的法律法规、基于局域网的电子商务的法律法规等。

2. 以电子商务交易的内容来划分

从电子商务交易的内容来看，电子商务法律法规包括电子商务的商品交易的法律法规、电子商务的服务交易的法律法规、电子商务的信息交易的法律法规和电子商务的其他商务交易的法律法规。

3.2 网络拍卖的法律法规

3.2.1 网络拍卖概述

1. 拍卖的定义

据《中华人民共和国拍卖法》[①]（以下简称《拍卖法》）第三条规定，拍卖是指以公开竞价的形式，将特定物品或者财产权利转让给最高应价者的买卖方式。

拍卖作为一个行业，最早产生于古代罗马。1744 年苏富比在伦敦成立、1766 年佳士得在伦敦成立。苏富比、佳士得、宝龙伯得富、德国纳高、菲利普斯，被称为世界最具影响力的五大拍卖行。荷兰的鲜花拍卖在世界上具有很大的影响，阿斯米尔鲜花拍卖市场是荷兰最大的鲜花拍卖市场，也是世界上最大的鲜花交易市场。在该市场拍卖的花卉及其产品大约能占全世界的80%。

---

① 全国人民代表大会常务委员会. 中华人民共和国拍卖法[EB/OL].（2015-04-24）[2015-04-24].

【法律简要】

《中华人民共和国拍卖法》

《拍卖法》于1996年7月5日经第八届全国人民代表大会常务委员会第二十次会议通过；根据2004年8月28日第十届全国人民代表大会常务委员会第十一次会议通过的《关于修改〈中华人民共和国拍卖法〉的决定》进行第1次修正；根据2015年4月24日第十二届全国人民代表大会常务委员会第十四次会议通过的《全国人民代表大会常务委员会关于修改〈中华人民共和国电力法〉等六部法律的决定》进行第2次修正，该决定以国家主席令第二十四号于2015年4月24日发布，自公布之日起施行。

《拍卖法》旨在规范拍卖行为，维护拍卖秩序，保护拍卖活动各方当事人的合法权益。该法共六章六十八条。第一章总则，第二章拍卖标的，第三章拍卖当事人（第一节拍卖人、第二节委托人、第三节竞买人、第四节买受人），第四章拍卖程序（第一节拍卖委托、第二节拍卖公告与展示、第三节拍卖的实施、第四节佣金），第五章法律责任，第六章附则。

> **知识拓展**
>
> 资料包/第3章/《中华人民共和国拍卖法》

2. 拍卖的主要方式

传统的拍卖方式主要有英格兰式拍卖（English Auction）、荷兰式拍卖（Dutch Auction）、英格兰式与荷兰式相结合的拍卖方式。现代拍卖方式有美式拍卖、密封拍卖（密封递价最高价拍卖和密封递价次高价拍卖）、双重拍卖等拍卖方式。

（1）英格兰式拍卖。

英格兰式拍卖也称"增价拍卖"或"低估价拍卖"，是指在拍卖过程中，拍卖人宣布拍卖标的的起叫价及最低增幅，竞买人以起叫价为起点，由低至高竞相应价，最后最高竞价者以三次报价无人应价后，响槌成交。但成交价不得低于保留价。英格兰式拍卖是最普通的一种拍卖方式。

（2）荷兰式拍卖。

荷兰式拍卖也称"降价拍卖"或"高估价拍卖"，是指在拍卖过程中，拍卖人宣布拍卖标的的起叫价及降幅，并依次叫价，第一位应价人响槌成交。但成交价不得低于保留价。荷兰式拍卖是一种特殊的拍卖形式，一般用于拍卖周期较短（如几个小时）的拍卖。

（3）英格兰式与荷兰式相结合的拍卖方式。

英格兰式与荷兰式相结合的拍卖方式，是指在拍卖过程中，拍卖人宣布起拍价及最低增幅后，由竞买人竞相应价，拍卖人依次升高叫价，以最高应价者竞得。若无人应价则转为拍卖人依次降低叫价及降幅，并依次叫价，以第一位应价者竞得。但成交价不得低于保留价。

（4）美国式拍卖。

美国式拍卖是第一价格或差别价格拍卖形式，是一种封闭式竞价拍卖。在这种拍卖中，喊价最高者可以其喊出的价格获得该拍卖项目。当多单位项目同时拍卖时，这一过程被称为差别式拍卖，拍卖者将彼此封闭的竞价从高至低分列开来，这些拍卖物将卖给那些出价最高的买主，直到所有供应量出清。

（5）密封拍卖。

密封拍卖是指竞买人通过加密的电子邮件将出价发送给拍卖人，再由拍卖人统一开标后，比较各方递价，最后确定中标人。密封拍卖可分为一级密封拍卖和二级密封拍卖。

（6）双重拍卖。

双重拍卖，是买方和卖方同时递交价格和数量来出价。在网上双重拍卖中，买方和卖方出价是通过软件代理竞价系统进行的。

3. 网络拍卖的定义

网络拍卖，是指通过网络和现代信息技术，以公开竞价的形式，将特定物品或者财产权利转让给最高应价者的买卖方式。网络拍卖常被称为网上拍卖，是一种基于网络的商务活动，也是一种电子商务行为。同时，网络拍卖与传统拍卖存在很多不同。

在 1995 年，欧米达建立了一个小网站。在该网站上通过一个小拍卖程序，就可以交换收藏品。后来这个网站发展成为现在的"eBay"。另一个有名的网站是创建于 1995 年的 Onsale，其利用网站提供的技术进行拍卖，并创立了电子形式的自动化投标代理、搜索引擎和分类目录等网上拍卖技术。

4. 网络拍卖的模式

（1）网络拍卖平台。

网络公司建立拍卖网站，但不参与拍卖，只提供网络平台服务。例如，1999 年成立的雅宝公司建立的雅宝竞价交易网，就是一个网络拍卖平台。该平台从 1999 年 6 月 16 日开始运营，率先在国内开创了竞价交易平台的互联网商务模式。中国拍卖行业协会网络拍卖平台，简称"中拍平台"，是在网络拍卖活动中为拍卖方提供服务的交易平台，是信息技术在拍卖会中的应用。拍卖人可应用该平台依法组织网络拍卖会。中拍平台目前在国内影响力较大。

（2）拍卖公司自建拍卖网站。

具有传统拍卖资格、取得相关资质的拍卖公司，可以通过自己建立的网站，经营网上拍卖的业务。例如，著名的苏富比（Sotheby's）拍卖公司建立中文拍卖网站进行网络拍卖。著名的国内拍卖公司中国嘉德国际拍卖有限公司，成立于 1993 年 5 月，是国内首家以经营中国文物艺术品为主的综合性拍卖公司，每年定期举办春季、秋季大型拍卖会，以及 4 期"嘉德四季"拍卖会。其公司总部位于北京，该公司建立的中国嘉德国际拍卖有限公司网站主要办理客户注册、发布信息、查询拍卖规则、网络竞投等业务。

（3）综合网络拍卖。

综合网络拍卖，是通过网络既有的专业拍卖业务，为其他企业和个人提供网络拍卖服务。综合网络拍卖服务是一种发展趋势。例如，中国第一家专业拍卖网——大中华拍卖，由深圳市易威电子商务实业有限公司与广东省拍卖业事务公司共同建立，实现了企业对企业电子商务（Business-to-Business，B2B）、企业对顾客电子商务（Business-to-Consumer，B2C）、顾客对顾客电子商务（Consumer-to-Consumer，C2C）全部流程，业务包括提供网上拍卖活动、为企业或个人拍卖和竞买等。

3.2.2　网络拍卖的一般流程

网络拍卖的一般流程，分为以下7个步骤。

1. 注册

在拍卖之前，拍卖公司（网站）按照法律法规的规定，制定网络拍卖规则及相关的注册、拍卖、交付、结算等制度和办法，要求委托人、竞买人在拍卖网站按照规定进行注册。

网上拍卖流程

2. 拍卖企业与委托人签订合同

拍卖委托人不论是企业、其他组织、个人，都必须按照《拍卖法》的规定，与拍卖企业签订委托拍卖合同。

3. 竞买人交纳保证金，领取竞买号牌

竞买人在拍卖网站注册后，在参加网上拍卖活动之前，应该交纳竞买保证金。竞买保证金的数额，通常由拍卖公司在拍卖日前公布。若竞买人购得拍卖标的，保证金自动转变为支付拍卖标的购买价款的定金；若竞买人未能购得拍卖标的或部分保证金转变为定金后保证金仍有余额，拍卖公司应该于拍卖结束后的一定期限内退还保证金或余额部分。竞买人交纳保证金后，拍卖公司按照规定，发给其竞买号牌。

4. 发布拍卖信息

拍卖公司在网站发布的拍卖信息，通常包括拍卖标的名称、细节描述、拍卖价、拍卖的天数或拍卖商品的图片等。

5. 拍卖

按照《拍卖法》、拍卖公司制定的规则和制度及办法，进行网上拍卖活动。

6. 结算

拍卖结束后，买受人按照事先规定的标准，与拍卖公司进行佣金、税费结算。

7. 交付

拍卖结束后，拍卖公司按照事先规定的方式，交付拍卖标的物。

【案例分析】

北京嘉德在线的拍卖流程

北京嘉德在线拍卖有限公司成立于2000年，是艺术品拍卖与电子商务结合的一家网络拍卖公司。一年365天、一天24小时不间断地拍品交易，使它成为一家永不打烊的店铺、永不歇业的画廊、永不下班的拍卖行，成为中国互联网市场与艺术品市场的双重先驱。

北京嘉德在线的拍卖流程如下。

第一，注册：单击嘉德在线首页右上角"免费注册"按钮，页面提示输入手机号码和接收的验证码以进行验证。

第二，交保证金：注册成功—实名认证—充值资金账户—将资金账户的余额转入保证金账户—充值保证金成功拥有竞买额度。

第三，出价竞拍：在确认购买的拍品介绍页中，输入用户名、密码、竞买价，提交。

第四，竞拍成功：在确认购买的拍品介绍页中，"领先者"按钮后边显示用户名，单击"竞价记录"按钮，可查看所有的竞价历史。在拍卖结束前出价最高且已超过卖主规定的最低价的竞买者，是买受人。

第五，支付结算成交的拍品：在"买家中心——我的成交"页面，查询成交拍品信息；选择拍品放入购物车；单击页面下方的"生成订单"按钮。

第六，支付货款：在"我的订单"中，选择相应的订单，确认并完成支付。

第七，确认收货：所有包裹通过顺丰发货，收到拍品时认真检查，无问题后确认收货。

资料来源：北京嘉德. 在线拍卖流程[EB/OL]. [2018-02-22].

知识拓展

资料包/第3章/北京嘉德在线拍卖流程的相关资料

3.2.3 网络拍卖法律法规的内容

1. 网络拍卖企业取得拍卖许可，并办理工商登记

根据《拍卖法》《拍卖管理办法》[1]的规定，从事拍卖行业的企业必须取得拍卖许可。拍卖业务许可的管理，归各级商务主管部门负责。商务部是拍卖行业主管部门，对全国拍卖业实施监督管理。省、自治区、直辖市人民政府（以下简称省级）和设区的市人民政府（以下简称市级）商务主管部门对本行政区域内的拍卖业实施监督管理。

【法规简要】

《拍卖管理办法》

为规范拍卖行为，维护拍卖秩序，推动拍卖业的对外开放，促进拍卖业健康发展，根据《中华人民共和国拍卖法》和有关外商投资的法律、行政法规和规章，商务部制定了《拍卖管理办法》，于2004年11月15日以商务部令2004年第24号公布。《拍卖管理办法》根据《商务部关于修改部分规章和规范性文件的决定》修正，并于2015年10月28日以商务部令2015年第2号公布，自公布之日起施行，共七章五十八条，主要内容：第一章总则，第二章企业申请从事拍卖业务

---

[1] 商务部. 拍卖管理办法[EB/OL]. （2015-10-28）[2015-10-28].

的许可、变更和终止，第三章外商投资企业申请取得从事拍卖业务的许可、变更和终止，第四章拍卖从业人员及拍卖活动，第五章监督管理，第六章法律责任，第七章附则。

（1）一般企业取得拍卖许可。

《拍卖管理办法》第七条规定，企业申请取得从事拍卖业务的许可，应当具备下列条件：第一，有 100 万元人民币以上的注册资本；第二，有自己的名称、组织机构和章程；第三，有固定的办公场所；第四，有至少一名拍卖师；第五，有符合有关法律、行政法规及本办法规定的拍卖业务规则；第六，符合商务主管部门有关拍卖行业发展规划。

（2）外商投资拍卖企业取得拍卖许可。

除法律、行政法规另有规定外，外商投资拍卖企业可以从事经营性拍卖活动。外商投资企业取得拍卖业务许可，需要具备规定的条件，向相关商务主管部门报送规定的资料。

《拍卖管理办法》第十八条规定，外商投资企业申请取得从事拍卖业务的许可，除应符合上述内资企业规定的条件外，还应当符合下列条件：第一，符合外商投资企业注册资本和投资总额的有关规定；第二，外商投资拍卖企业的经营期限一般不超过 30 年，在中西部设立外商投资拍卖企业的经营期限一般不超过 40 年。

（3）文物拍卖取得拍卖许可。

拍卖企业从事文物拍卖的，要遵循有关文物拍卖的法律、行政法规的规定。国家文物局负责制定文物拍卖管理政策，协调、指导、监督全国文物拍卖活动。省、自治区、直辖市人民政府文物行政部门负责管理本行政区域内文物拍卖活动。企业取得文物拍卖业务许可，需要具备规定的条件，向相关文物行政部门报送规定的资料，经审核批准，由相关部门发放文物拍卖许可证。

《文物拍卖管理办法》[①]第五条规定，拍卖企业申请文物拍卖许可证，应当符合下列条件：第一，有 1 000 万元人民币以上注册资本，非中外合资、中外合作、外商独资企业；第二，有 5 名以上文物拍卖专业人员；第三，有必要的场所、设施和技术条件；第四，近两年内无违法违规经营文物行为；第五，法律、法规规定的其他条件。

文物拍卖许可证不得涂改、出租、出借或转让。省、自治区、直辖市人民政府文物行政部门对取得文物拍卖许可证的拍卖企业进行年审。年审结果作为是否许可拍卖企业继续从事文物拍卖活动的依据。省、自治区、直辖市人民政府文物行政部门应当于开展文物拍卖许可证审批、年审、变更、暂停、注销等工作后 30 日内，将相关信息报国家文物局备案。

（4）办理工商登记。

拍卖企业，按照《中华人民共和国拍卖法》《拍卖监督管理办法》[②]等法律法规的规定，应该办理工商登记，取得营业执照。《拍卖监督管理办法》第四条规定，设立拍卖企业应当依照《中华人民共和国拍卖法》《中华人民共和国公司法》等法律法规的规定，向工商行政管理部门申请登记，领取

---

① 国家文物局. 文物拍卖管理办法[EB/OL].（2016-10-20）[2016-10-31].
② 国家工商行政管理总局. 拍卖监督管理办法[EB/OL].（2017-09-30）[2017-10-13].

营业执照，并经所在地的省、自治区、直辖市人民政府负责管理拍卖业的部门审核，取得从事拍卖业务的许可。

2. 网络拍卖平台的条件

根据中华人民共和国国家标准《网络拍卖规程》（GB/T32674-2016）[①] 的 5.1 条款规定，设立网络拍卖平台，应满足以下基本要求。

第一，有符合拍卖法等相关法律、法规、规章的规则。

第二，有保障网络拍卖业务正常开展的计算机系统，功能可包括：发布公告，拍卖标的网上展示，网络竞价，记录竞价过程，生成电子成交确认书，网络结算服务，网络与现场同步拍卖。

第三，有开展网络拍卖活动的业务流程，可包括：用户注册，拍卖主体资格审核，公告发布，拍卖标的网上展示，竞买登记，网络竞价及成交确认，网上结算，资料存档。

第四，有与所从事的网络拍卖业务和规模相配套的服务器、网络设施、技术人员、拍卖专业人员和资金。

第五，根据《互联网信息服务管理办法》，按平台性质取得许可或备案。

【法规简要】

《拍卖监督管理办法》

为了规范拍卖行为，维护拍卖秩序，保护拍卖活动各方当事人的合法权益，根据《中华人民共和国拍卖法》等法律法规，国家工商行政管理总局制定了《拍卖监督管理办法》，并于2001年1月15日以国家工商行政管理总局令第101号公布，根据2013年1月5日国家工商行政管理总局令第59号进行第1次修订，根据2017年9月30日国家工商行政管理总局令第91号进行第2次修订，自2017年11月1日起施行。《拍卖监督管理办法》共十五条。

3. 网络拍卖由拍卖师主持

《拍卖法》规定，拍卖活动应当由拍卖师主持。因此，网络拍卖也应该由拍卖师主持。拍卖师应该具备法律法规规定的条件，并符合相关规定。根据《网络拍卖规程》7.2.1 条款规定，网络拍卖应由拍卖师主持，拍卖师可在线主持，也可通过其他认可的预设拍卖程序、文字、语言或动画等方式主持。

（1）拍卖师的条件和资格。

《拍卖法》第十五条规定，拍卖师应当具备下列条件：第一，具有高等院校专科以上学历和拍卖专业知识；第二，在拍卖企业工作 2 年以上；第三，品行良好。被开除公职或者吊销拍卖师资格证书未满 5 年的，或者因故意犯罪受过刑事处罚的，不得担任拍卖师。

《拍卖法》第十六条规定，拍卖师资格考核，由拍卖行业协会统一组织。经考核合格的，由拍卖行业协会发给拍卖师资格证书。《拍卖管理办法》也对拍卖师的资格做出了具体规定。国家对拍卖专

---

① 国家质量监督检验检疫总局（现已并入"国家市场监督管理总局"），中国国家标准化管理委员会. 网络拍卖规程（GB/T 32674-2016）[EB/OL].（2016-04-25）[2016-11-01].

业技术人员实行执业资格制度，获得拍卖师执业资格证书的人员，经注册后，方可主持拍卖活动。《拍卖管理办法》所称拍卖师是指经全国统一考试合格，取得人事部、商务部联合用印的，由中国拍卖行业协会颁发的《中华人民共和国拍卖师执业资格证书》，并经注册登记的人员。

（2）拍卖师的执业规定。

根据《拍卖管理办法》第二十四条的规定，拍卖师只能在一个拍卖企业注册执业且不得以其拍卖师个人身份在其他拍卖企业兼职。拍卖师不得将《中华人民共和国拍卖师执业资格证书》借予他人或其他单位使用。第二十五条规定，拍卖师可以变更执业注册单位。拍卖师变更执业注册单位的，应当向中国拍卖行业协会办理注册变更手续。根据《文物拍卖管理办法》的规定，文物拍卖专业人员不得参与文物商店销售文物、文物拍卖标的审核、文物进出境审核工作；不得同时在两家（含）以上拍卖企业从事文物拍卖活动。

4. 有关网络拍卖委托人的法律法规

拍卖委托人，是指委托拍卖人拍卖物品或者财产权利的公民、法人或者其他组织。拍卖委托人可以自行办理委托拍卖手续，也可以由其代理人代为办理委托拍卖手续。

（1）拍卖委托人的权利。

根据《拍卖法》《拍卖管理办法》《拍卖监督管理办法》《最高人民法院关于人民法院网络司法拍卖若干问题的规定》的规定，拍卖委托人主要有以下权利。

第一，有权确定拍卖标的的保留价并要求拍卖人保密。但是，拍卖国有资产，依照法律或者按照国务院规定需要评估的，应当经依法设立的评估机构评估，并根据评估结果确定拍卖标的的保留价。

第二，委托人在拍卖开始前可以撤回拍卖标的。委托人撤回拍卖标的的，应当向拍卖人支付约定的费用；未做约定的，应当向拍卖人支付为拍卖支出的合理费用。

第三，委托人应当遵守有关法律法规，遵循公开、公平、公正、诚实信用的原则。

第四，网络司法拍卖服务提供者从事与网络司法拍卖相关的行为，应当接受人民法院的管理、监督和指导。网络司法拍卖应当确定保留价，拍卖保留价即为起拍价。

起拍价由人民法院参照评估价确定；未做评估的，参照市价确定，并征询当事人意见。起拍价不得低于评估价或者市价的70%。

（2）拍卖委托人的义务。

根据《拍卖法》《拍卖管理办法》《拍卖监督管理办法》《最高人民法院关于人民法院网络司法拍卖若干问题的规定》的规定，拍卖委托人主要有以下义务。

第一，拍卖委托人应当向拍卖人说明拍卖标的的来源和瑕疵。

第二，委托人不得参与竞买，也不得委托他人代为竞买。

第三，按照约定由委托人移交拍卖标的的，拍卖成交后，委托人应当将拍卖标的移交给买受人。

第四，实施网络司法拍卖的，人民法院应当履行下列职责：①制作、发布拍卖公告；②查明拍卖财产现状、权利负担等内容，并予以说明；③确定拍卖保留价、保证金的数额、税费负担等；④确定保证金、拍卖款项等支付方式；⑤通知当事人和优先购买权人；⑥制作拍卖成交裁定；⑦办理财产交付和出具财产权证照转移协助执行通知书；⑧开设网络司法拍卖专用账户；⑨其他依法由人民法院履行的职责。

5．有关网络拍卖竞买人的法律法规

拍卖竞买人，是指参加竞购拍卖标的的公民、法人或者其他组织。

（1）拍卖竞买人的权利。

根据《拍卖法》《拍卖管理办法》《拍卖监督管理办法》《最高人民法院关于人民法院网络司法拍卖若干问题的规定》的规定，拍卖竞买人主要有以下权利。

第一，竞买人可以自行参加竞买，也可以委托其代理人参加竞买。竞买人委托他人代理竞买的，应当出具授权委托书和竞买人、代理人的身份证明复印件。授权委托书应载明代理人的姓名或者名称、代理事项、代理权限和期间。网络司法拍卖的委托他人代为竞买的，应当在竞价程序开始前经人民法院确认，并通知网络服务提供者。

第二，竞买人有权了解拍卖标的的瑕疵，有权查验拍卖标的和查阅有关拍卖资料。拍卖企业应当向竞买人说明其知道或者应当知道的拍卖标的的瑕疵。网络司法拍卖，竞买人决定参与竞买的，视为对拍卖财产完全了解，并接受拍卖财产一切已知和未知瑕疵。

第三，网络司法拍卖的竞买人在拍卖竞价程序结束前交纳保证金，经人民法院或者网络服务提供者确认后，取得竞买资格。网络服务提供者应当向取得资格的竞买人赋予竞买代码、参拍密码；竞买人以该代码参与竞买。

第四，网络司法拍卖竞价程序结束前，人民法院及网络服务提供者对竞买人以及其他能够确认竞买人真实身份的信息、密码等，应当予以保密。

第五，网络司法拍卖的优先购买权人经人民法院确认后，取得优先竞买资格以及优先竞买代码、参拍密码，并以优先竞买代码参与竞买；未经确认的，不得以优先购买权人身份参与竞买。顺序不同的优先购买权人申请参与竞买的，人民法院应当确认其顺序，赋予不同顺序的优先竞买代码。

（2）拍卖竞买人的义务。

根据《拍卖法》《拍卖管理办法》《拍卖监督管理办法》《最高人民法院关于人民法院网络司法拍卖若干问题的规定》的规定，拍卖竞买人主要有以下义务。

第一，法律、行政法规对拍卖标的的买卖条件有规定的，竞买人应当具备规定的条件。网络司法拍卖的竞买人应当具备完全民事行为能力，法律、行政法规和司法解释对买受人资格或者条件有特殊规定的，竞买人应当具备规定的资格或者条件。

第二，竞买人一经应价，不得撤回，当其他竞买人有更高应价时，其应价即丧失约束力。

第三，竞买人之间、竞买人与拍卖人之间不得恶意串通，损害他人利益。

第四，竞买人之间不得有下列恶意串通行为：①相互约定一致压低拍卖应价；②相互约定拍卖应价；③相互约定买受人或相互约定排挤其他竞买人；④其他恶意串通行为。

第五，竞买人与拍卖人之间不得有下列恶意串通行为：①私下约定成交价；②拍卖人违背委托人的保密要求向竞买人泄露拍卖标的保留价；③其他恶意串通行为。

第六，网络司法拍卖的竞买人应当在参加拍卖前以实名交纳保证金，未交纳保证金的，不得参加竞买。申请执行人参加竞买的，可以不交保证金；但债权数额小于保证金数额的按差额部分交纳。网络司法拍卖的保证金数额由人民法院在起拍价的5%至20%范围内确定。

6. 有关网络拍卖买受人的法律法规

拍卖买受人，是指以最高应价购得拍卖标的的竞买人。

（1）拍卖买受人的权利。

根据《拍卖法》《拍卖管理办法》《拍卖监督管理办法》《最高人民法院关于人民法院网络司法拍卖若干问题的规定》的规定，拍卖买受人主要有以下权利。

第一，拍卖成交后，买受人和拍卖人应当签署成交确认书。

第二，买受人未能按照约定取得拍卖标的的，有权要求拍卖人或者委托人承担违约责任。

第三，拍卖人、委托人违反规定，未说明拍卖标的的瑕疵，给买受人造成损害的，买受人有权向拍卖人要求赔偿；属于委托人责任的，拍卖人有权向委托人追偿。但是拍卖人、委托人在拍卖前声明不能保证拍卖标的的真伪或者品质的，不承担瑕疵担保责任。因拍卖标的存在瑕疵未声明的，请求赔偿的诉讼时效期间为一年，自当事人知道或者应当知道权利受到损害之日起计算。因拍卖标的存在缺陷造成人身、财产损害请求赔偿的诉讼时效期间，适用《中华人民共和国产品质量法》和其他法律的有关规定。

第四，在网络司法拍卖中，拍卖成交后，买受人交纳的保证金可以充抵价款；其他竞买人交纳的保证金应当在竞价程序结束后24小时内退还或者解冻。拍卖未成交的，竞买人交纳的保证金应当在竞价程序结束后24小时内退还或者解冻。

（2）拍卖买受人的义务。

根据《拍卖法》《拍卖管理办法》《拍卖监督管理办法》《最高人民法院关于人民法院网络司法拍卖若干问题的规定》的规定，拍卖买受人主要有以下义务。

第一，买受人应当按照约定支付拍卖标的的价款，未按照约定支付价款的，应当承担违约责任。

第二，拍卖标的再行拍卖的，原买受人应当支付第一次拍卖中本人及委托人应当支付的佣金。再行拍卖的价款低于原拍卖价款的，原买受人应当补足差额。

第三，买受人未按照约定受领拍卖标的的，应当支付由此产生的保管费用。

第四，买受人应当交付佣金。买受人与拍卖人对佣金比例未做约定，拍卖成交的，拍卖人可以向委托人、买受人各收取不超过拍卖成交价5%的佣金。收取佣金的比例按照同拍卖成交价成反比的原则确定。

第五，网络司法拍卖成交后买受人悔拍的，交纳的保证金不予退还，依次用于支付拍卖产生的费用损失、弥补重新拍卖价款低于原拍卖价款的差价、冲抵本案被执行人的债务以及与拍卖财产相关的被执行人的债务。悔拍后重新拍卖的，原买受人不得参加竞买。

第六，网络司法拍卖成交后，买受人应当在拍卖公告确定的期限内将剩余价款交付人民法院指定账户。拍卖成交后 24 小时内，网络服务提供者应当将冻结的买受人交纳的保证金划入人民法院指定账户。

7．有关网络拍卖标的的法律法规

拍卖标的，应当是委托人所有或者依法可以处分的物品或者财产权利。但是，法律、行政法规禁止买卖的物品或者财产权利，不得作为拍卖标的。《拍卖法》规定，依照法律或者按照国务院规定需经审批才能转让的物品或者财产权利，在拍卖前，应当依法办理审批手续。

（1）拍卖标的的展示。

在拍卖前，拍卖标的应该进行展示，并告知竞买人、买受人拍卖标的的瑕疵，提供相关资料以备有关方查询。《拍卖管理办法》第三十三条规定，拍卖企业应当在拍卖会前展示拍卖标的，为竞买人提供查看拍卖标的的条件并向竞买人提供有关资料。展示时间应不少于两日，鲜活物品或其他不易保存的物品除外。

（2）禁止拍卖的物品和权利。

按照《拍卖法》《拍卖管理办法》等规定，有些物品和权利不得进行拍卖。《拍卖管理办法》第二十六条规定，下列物品或者财产权利禁止拍卖：第一，法律、法规禁止买卖的；第二，所有权或者处分权有争议，未经司法、行政机关确权的；第三，尚未办结海关手续的海关监管货物。

拍卖企业发现拍卖标的中有公安机关通报协查物品或赃物，应当立即向所在地公安机关报告。

（3）有关拍卖标的的受让人的特殊规定。

在拍卖时，对拍卖标的的受让人，《拍卖法》《拍卖管理办法》等规定有特殊情况的，按照特殊情况处理。根据《拍卖管理办法》等规定，法律、行政法规和规章对拍卖标的受让人有特别规定的，拍卖企业应当将标的拍卖给符合法律、行政法规和规章要求的竞买人。拍卖标的是依照法律、行政法规和规章规定需要行政许可的经营资格且依法可以转让的，委托人应在拍卖前征得行政许可机关的同意。

（4）拍卖标的原因的拍卖中止。

在拍卖过程中，发现拍卖标的存在特殊情况，可以按照法律法规终止拍卖。《拍卖管理办法》第三十八条规定，有下列情形之一的，应当终止拍卖：第一，人民法院、仲裁机构或者有关行政机关认定委托人对拍卖标的无处分权并书面通知拍卖企业的；第二，拍卖标的被认定为赃物的；第三，发生不可抗力或意外事件致使拍卖活动无法进行的；第四，拍卖标的在拍卖前毁损、灭失的；第五，委托人在拍卖会前书面通知拍卖企业终止拍卖的；第六，出现其他依法应当终止的情形的。

3.2.4 网络司法拍卖的法律法规

1. 网络司法拍卖的定义

网络司法拍卖，又称网上司法拍卖，根据《最高人民法院关于人民法院网络司法拍卖若干问题的规定》的内容，网络司法拍卖的定义是：人民法院依法通过互联网拍卖平台，以网络电子竞价方式公开处置财产的行为。

网络司法拍卖是目前比较常见的一种网上拍卖活动。除法律、行政法规和司法解释规定必须通过其他途径处置，或者不宜采用网络拍卖方式处置的外，人民法院以拍卖方式处置财产的，应当采取网络司法拍卖方式。

《最高人民法院关于认真做好网络司法拍卖与网络司法变卖衔接工作的通知》规定，网络司法拍卖二拍流拍后，人民法院采取网络司法变卖方式处置财产的，应当在最高人民法院确定的网络服务提供者名单库中的平台上实施。原则上沿用网拍程序适用的平台，但申请执行人在网拍二拍流拍后10日内书面要求更换到名单库中的其他平台上实施的，执行法院应当准许。

【法律简要】

《最高人民法院关于人民法院网络司法拍卖若干问题的规定》

为了规范网络司法拍卖行为，保障网络司法拍卖公开、公平、公正、安全、高效，维护当事人的合法权益，根据《中华人民共和国民事诉讼法》等法律的规定，结合人民法院执行工作的实际，最高人民法院制定了《最高人民法院关于人民法院网络司法拍卖若干问题的规定》。该规定于2016年8月2日法释〔2016〕18号发布，自2017年1月1日起施行。

> 知识拓展
> 资料包/第3章/《最高人民法院关于人民法院网络司法拍卖若干问题的规定》

2. 网络司法拍卖平台的确定

根据《最高人民法院关于人民法院网络司法拍卖若干问题的规定》的规定，网络司法拍卖，应当在互联网拍卖平台上向社会全程公开，并接受社会监督。网络拍卖平台的选择具体办法如下。

（1）建立网络司法拍卖平台名单库。

由最高人民法院建立全国性网络服务提供者名单库，组成专门的评审委员会，负责网络服务提供者的选定、评审和除名。

（2）每年评审并公布。

每年引入第三方评估机构对已纳入和新申请纳入名单库的网络服务提供者予以评审并公布结果。

（3）网络司法拍卖平台的选择。

网络服务提供者由申请执行人从名单库中选择，未选择或者多个申请执行人的选择不一致的，由人民法院指定。

3. 网络司法拍卖平台的条件

网络服务提供者要想经营网络司法拍卖业务，需要先申请纳入由最高人民法院建立的全国性网络服务提供者名单库。申请纳入最高人民法院的网络服务提供者名单库的，要符合规定的条件。《最高人民法院关于人民法院网络司法拍卖若干问题的规定》第四条规定的条件如下所示。

第一，具备全面展示司法拍卖信息的界面。

第二，具备本规定要求的信息公示、网上报名、竞价、结算等功能。

第三，具有信息共享、功能齐全、技术拓展等功能的独立系统。

第四，程序运作规范、系统安全高效、服务优质价廉。

第五，在全国具有较高的知名度和广泛的社会参与度。

网络服务提供者，不能保证网络司法拍卖正常进行，出现违法行为，达不到最高人民法院规定条件的，从全国性网络服务提供者名单库中除名，并追究相关民事责任。

《最高人民法院关于人民法院网络司法拍卖若干问题的规定》第三十五条规定，网络服务提供者有下列情形之一的，应当将其从名单库中除名。

第一，存在违反规定操控拍卖程序、修改拍卖信息等行为的。

第二，存在恶意串通、弄虚作假、泄露保密信息等行为的。

第三，因违反法律、行政法规和司法解释等规定受到处罚，不适于继续从事网络司法拍卖的。

第四，存在违反"不得竞买并不得委托他人代为竞买与其行为相关的拍卖财产的机构和人员的范围"规定的行为。

第五，其他应当除名的情形。

网络服务提供者有上述五种规定情形之一的，人民法院可以依照《中华人民共和国民事诉讼法》的相关规定予以处理。

【数据摘要】

司法拍卖网站

最高人民法院于2016年11月25日公告称，为进一步规范网络司法拍卖行为，维护当事人合法权益，其出台了《最高人民法院关于人民法院网络司法拍卖若干问题的规定》和《最高人民法院关于建立和管理网络服务提供者名单库的办法》，对全国性网络服务提供者名单库的建立和管理进行规范。根据上述规定，网络服务提供者入库采取自愿申请的方式。经公告，截至2016年9月30日，共有48家网络服务提供者递交了申请材料。最高人民法院司法拍卖网络服务提供者名单库评审委员会，通过委托第三方评估机构评估的方式对全部申报材料进行评审，根据评审和投票结果，确定淘宝网、京东网、人民法院诉讼资产网、公拍网、中国拍卖行业协会网作为网络服务提供者提供的网络司法拍卖平台纳入名单库。

《最高人民法院关于建立和管理网络服务提供者名单库的办法》[①]第七条规定，为保障网络司法拍卖有序进行，网络司法拍卖平台应当符合下列要求。

第一，为司法拍卖设置首页入口和专用频道以提高用户辨识度和使用便捷性，并通过该频道向社会公众真实、准确、完整展示网络司法拍卖的各类信息。

第二，具备实时在线核验报名竞买人身份信息功能，确保竞买人可自主完成报名和随机生成竞买代码、密码。

第三，使用具备合法经营牌照和符合安全标准的网络支付系统，可自动处理保证金的交纳、冻结和结算。

第四，具备通过互联网进行电子竞价的功能。

第五，为不同层级人民法院设置系统操作功能及管理权限，并具备自动化统计功能，确保人民法院随时发布、管理、统计和监督司法拍卖活动。

第六，对拍卖形成的全部数据进行加密保护，确保安全，并具备自动归档留存功能，可下载制作副本。

第七，具备大数据实时计算分析、精准投放与推介能力，确保拍卖信息及时推送潜在竞买人，扩大参与竞买人数量。

第八，具备包括 PC 端和移动端的多终端登录系统与操作功能，方便竞买人多渠道参与竞买。

第九，为网络司法拍卖交易各方提供及时全面的咨询、答疑和提醒等服务。

第十，后台未设置监控竞买人信息和操控、干预竞价程序的功能等。

第十一，其他人民法院认为应当符合的要求。

4. 网络司法拍卖平台承担的事项

在网络司法拍卖中，网络司法拍卖的网络服务提供者，应当保障司法拍卖的正常运行，向社会提供全面、及时、真实、准确、完整和安全的拍卖信息，配备安全的支付系统。网络司法拍卖服务提供者从事与网络司法拍卖相关的行为，应当接受人民法院的管理、监督和指导。

根据《最高人民法院关于人民法院网络司法拍卖若干问题的规定》第八条的规定，网络服务提供者在实施网络司法拍卖时，应当承担以下事项。

第一，提供符合法律、行政法规和司法解释规定的网络司法拍卖平台，并保障安全正常运行。

第二，提供安全便捷配套的电子支付对接系统。

第三，全面、及时展示人民法院及其委托的社会机构或者组织提供的拍卖信息。

第四，保证拍卖全程的信息数据真实、准确、完整和安全。

第五，其他应当由网络服务提供者承担的工作。

网络服务提供者不得在拍卖程序中设置阻碍适格竞买人报名、参拍、竞价以及监视竞买人信息等后台操控功能。网络服务提供者提供的服务无正当理由不得中断。

---

① 最高人民法院. 最高人民法院关于建立和管理网络服务提供者名单库的办法[EB/OL].（2016-09-19）[2016-09-20].

【案例分析】

淘宝网司法拍卖

2012年6月26日，淘宝网司法拍卖平台首次刊登拍卖公告。2012年7月初，宁波市鄞州区人民法院和北仑区人民法院正式以卖家身份入驻该平台，是全国率先在购物网站上尝试司法拍卖的法院。在2012年7月9日拍卖的一辆黑色宝马轿车和一辆欧蓝德小型客车是淘宝司法拍卖的第一单。2016年1月，大连海关进行了海关罚没车辆第一次网络拍卖，总起拍价为1 926.48万元。被拍卖车辆包括玛莎拉蒂、保时捷、宝马、奥迪等品牌豪车共22辆，以总成交金额2 040.7万元的价格被拍走。

2017年3月22日，中国人民大学法学院教授肖建国主持的"中国强制执行法体系研究"课题组发布的《中国网络司法拍卖发展报告》显示，截至2017年2月中旬，全国已有30个省市超过2 000家法院入驻淘宝网司法拍卖平台进行涉诉财产处置，各级法院累计网拍43万余次，成交额达2 700多亿元，成交率达到90.1%，为当事人节省佣金81亿元。

2016年浙江法院在阿里巴巴旗下的闲鱼拍卖平台对24 252件拍品进行拍卖，总成交额高达576.432 3亿元，成交率也提升到93.27%，所有成交的拍品平均溢价率接近50%，较过去传统委托拍卖分别提高了17个百分点和27个百分点，为当事人节约佣金12多亿元。

自2014年1月1日起，江苏全省的法院全部入驻淘宝网司法拍卖平台。数据显示，2014年到2016年，江苏全省法院网拍次数共计126 731次，成交金额达6 599 417万元。

淘宝网司法拍卖平台是2016年11月25日最高人民法院发布《最高人民法院关于司法拍卖网络服务提供者名单库的公告》的5个网络拍卖平台之一，当时淘宝网、京东网、人民法院诉讼资产网、公拍网、中国拍卖行业协会网5家平台被纳入名单库。

资料来源：[1]董潇君. 中国首部网络司法拍卖发展报告发布[EB/OL]. （2017-03-22）[2017-03-23].
[2]淘宝网. 司法拍卖.
[3]沈院轩. 江苏司法网拍名列全国第二 3年达到近660亿成交量[EB/OL]. [2017-05-03].

5. 网络司法拍卖标的的法律法规

《拍卖法》规定，国家行政机关依法没收的物品，充抵税款、罚款的物品和其他物品，按照国务院规定应当委托拍卖的，以及拍卖由人民法院依法没收的物品，充抵罚金、罚款的物品以及无法返还的追回物品，由财产所在地的省、自治区、直辖市的人民政府和设区的市人民政府指定的拍卖人进行拍卖。

《最高人民法院关于人民法院网络司法拍卖若干问题的规定》规定，人民法院以拍卖方式处置财产的，除法律、行政法规和司法解释规定必须通过其他途径处置，或者不宜采用网络拍卖方式处置的外，应当采取网络司法拍卖方式。

《最高人民法院关于认真做好网络司法拍卖与网络司法变卖衔接工作的通知》规定，网络司法拍卖二拍流拍后，人民法院采取网络司法变卖方式处置财产的，人民法院应当于10日内询问申请执行人或其他执行债权人是否接受以物抵债。不接受以物抵债的，人民法院应当于网拍二拍流拍之日起

15 日内发布网络司法变卖公告。

网络司法变卖期为 60 天，人民法院应当在公告中确定变卖期的开始时间。变卖动产的，应当在变卖期开始 7 日前公告；变卖不动产或者其他财产权的，应当在变卖期开始 15 日前公告。变卖公告应当包括但不限于变卖财产、变卖价、变卖期、变卖期开始时间、变卖流程、保证金数额、加价幅度等内容，应当特别提示变卖成交后不交纳尾款的，保证金不予退还。

3.3 网络竞买的法律法规

3.3.1 网络竞买法律法规的内容

1. 网络竞买的定义

网络竞买，是指在网络环境下，出卖者从多个竞买者中选择条件最优者而成交的一种交易方式。网络竞买的类型主要有出卖者自己开设销售平台和出卖者使用网络服务商的销售平台两种。

目前，有些电子商务网站的"秒杀"、定时抢购，就属于第二种。网络竞买，是指一个出卖者规定出卖的商品及其价格，由多个竞买者在规定的时间内按照规定的价格购买，直到商品卖完为止。

通常情况下，在一般电子商务网站就可进行这类网络竞买的活动。在竞买过程中，价格变化根据网站和竞买活动的规则而定，不需要拍卖师主持。

2. 网络竞买的法律法规

从交易实质上来看，网络竞买属于一般的电子商务活动。虽然交易形式比较灵活、体验性强、能够吸引众多客户参与，但是，其实质上并没有改变电子商务交易的关系，所以，网络竞买仍然执行电子商务交易的法律法规。具体见第 2 章电子商务主体的法律法规。

3.3.2 网络拍卖与网络竞买的异同

1. 网络拍卖与网络竞买的相同点

（1）公开竞价。

公开出价、竞争购买，是拍卖和竞买的共同特点。拍卖必须有两个及以上的竞买者，按照规定的出价标准和方式自由地出价，形成价格竞争。网络拍卖与网络竞买，都是采取公开竞价的方式，事先公布价格以及变动幅度和规定。竞买者以竞价的方式取得购买或购买权。

网上拍卖与网上竞买

（2）有多个竞买者。

网络拍卖与网络竞买，都是有多个竞买者，并形成竞争购买的格局。

（3）网络环境。

网络拍卖与网络竞买，都是在网络环境下进行的。网络拍卖，可能是在网络拍卖平台上进行的，也可能是在拍卖行自建网站上进行的；网络竞买，有的是在电子商务平台（网站）上进行的，还有的是在自建电子商务网站上进行的。

2. 网络拍卖与网络竞买的不同点

（1）主体资格要求不同。

在主体资格的要求方面，网络拍卖要求拍卖公司具有拍卖资格，符合《拍卖法》的要求，按照法律法规规定的条件和资料，经相关部门批准才能经营网上拍卖活动。网络竞买，对电子商务注册的网店或出卖商品者没有严格的规定，只要符合电子商务对网店的一般要求，都可以按照电子商务平台（网站）的规定，进行网上竞买活动。

（2）网站经营者的法律地位不同。

经营网站的拍卖平台，必须具有拍卖资格，符合《拍卖法》的要求，按照法律法规规定的条件和资料，经相关部门批准。而对于网上竞买，只要是一般的电子商务网站，都可以按照网站的规则，组织和进行网络竞买活动。

（3）成交的最终确定权人不同。

网络拍卖在拍卖师主持下，通过严格的程序进行竞价，最后买受人是根据《拍卖法》的法定程序而确定的。委托人一旦与网络拍卖公司签订了委托拍卖合同，就没有对拍卖标的的买受人的决定权了。网络竞买是按照电子商务平台（网站）的规则，在网上进行的竞买活动，只要符合事先确定的规则，不违反国家法律法规，由出卖商品者最终确定买受人。

（4）交易规则不同。

网络拍卖与网络竞买在平台（网站）注册、合同、保证金、结算、交付等多个方面存在规则的差异。法律法规对网络拍卖的拍卖平台（网站）、拍卖公司要求严格，对竞买人的资格审查及其在拍卖平台（网站）注册要求非常严格规范。网络竞买的电子商务平台，只是按一般电子商务网站的要求，在电子商务平台（网站）上注册登记的网店、消费者（竞买人）的资料要求、注册手续，这些都比较简单，没有网络拍卖那么严格。按照网络拍卖平台的规定，竞买人应当事先交纳保证金，取得竞买代码；而网上竞买一般不需要交纳保证金，消费者只要在电子商务平台（网站）注册，就可以参加竞买活动。

网络拍卖的结算和标的物交付要求比较严格。买受人要按照事先规定的标准，与拍卖公司进行佣金、税费结算。拍卖公司按照事先规定的方式交付拍卖标的物。而网络竞买的商品结算和标的物交付，与电子商务平台（网站）上一般的正常交易的商品基本相同。

关键术语

电子商务交易　网络商品交易　电子商务交易法律法规　拍卖　网络拍卖　网络竞买
网络司法拍卖

基本知识

（1）电子商务交易法律法规的特点。

（2）拍卖的主要方式。

（3）网络拍卖平台的法定条件。

（4）网络拍卖的一般流程。

思考讨论

（1）网络拍卖与网络竞买的异同。

（2）网络拍卖标的的法律法规。

（3）网络司法拍卖的法律法规。

案例分析

网络司法拍卖的优势和问题

第一，网络司法拍卖的优势，主要表现在以下几个方面。

（1）信息透明。

传统司法拍卖的信息公开有两种方式，一种是挂在人民法院诉讼资产的网站上，另一种是放在地方报纸的公告栏里。普通人对于已经"公告"过得司法拍卖信息是知之甚少的。以前很多的司法拍卖由于知道的人少，成了少数有参加拍卖意向的知情人赚钱的途径，甚至有低估贱卖、暗箱操作等情况的出现。网络司法拍卖，在指定的全国知名的、有信用的网站进行，信息公开，操作透明。

（2）节省佣金。

传统拍卖一般会向竞买人收取拍卖物成交价5%以下的佣金。传统的司法拍卖是采用法院摇号，随机选择委托拍卖机构的方式进行拍卖。法院只负责监督拍卖。网络司法拍卖与传统司法拍卖相比，优势在于零佣金。例如，淘宝网司法拍卖平台规定，竞买者不交纳费用。

（3）利益最大化。

网络司法拍卖，信息发布面广，不受地域时间限制，因此竞买人范围广，从而提高了拍卖的参与率。竞买人越多，竞价可能越高。网络公开竞拍、报名者匿名竞拍，均可以有效遏制传统拍卖常见的串标现象。网络司法拍卖对双方来说都可以实现利益的最大化。

（4）公正公开。

网络司法拍卖在阻隔竞买人联络、防止串通拍卖、预防暗箱操作方面有着天然的优势。网络司法拍卖平台，建立了一个有着广大固有客户群的网络平台，有利于发挥网络拍卖的优势。

（5）流程规范。

网络司法拍卖的流程与传统拍卖流程相比，更加简单流畅：竞拍前准备、交齐拍卖所需保证金，竞拍期间参与拍品的竞价、竞拍成功，最后办理相关交割手续等。

第二，网络司法拍卖的问题，主要表现在以下几个方面。

（1）法律档次低。

当前，网络司法拍卖规则主要是最高人民法院出台的规范性文件，但司法解释以及其他规范性文件的法律层级较低。建议立法机关应当制定《网络司法拍卖法》等法律，对网络司法拍卖规则作出相应的规定，以强化网络司法拍卖的规范性。

（2）批准的司法拍卖平台少。

目前，批准的5家网络司法拍卖平台，是2016年11月25日最高人民法院发布的《最高人民法院关于司法拍卖网络服务提供者名单库的公告》中的淘宝网、京东网、人民法院诉讼资产网、公拍网、中国拍卖行业协会网。随着司法拍卖业务的增加，显然5家平台是远远不能满足需要的。

（3）拍卖网站、司法部门关系协调问题。

一方面，需要妥善处理司法自主拍卖与网络委托拍卖、网络拍卖与现场拍卖的关系；另一面，需要处理和协调司法部门与网络司法拍卖平台的关系。在网络司法拍卖的环境下，司法拍卖与司法变卖之间的关系及其各自的适用范围将会发生变化。

（4）网络司法拍卖涉及的具体法律关系问题。

网络司法拍卖，需要考虑和细化司法拍卖的相关方的权益。例如财产类别，被查封、扣押、冻结的财产所在地和所有人，被执行人对申请执行人的选择结果是否有异议等，将会对网络司法拍卖产生影响。

（5）网络司法拍卖涉及的具体问题。

一是财产原所有人的情况。司法拍卖中的财产大多成交价格远低于市场价格，但是背后可能暗藏着很多风险隐患。例如司法拍卖房屋要考虑原房产主人身份信息、债务是银行贷款还是民间借款抑或是高利贷以及法院强制执行拍卖的真实原因等情况。

二是财产的具体情况。包括财产以及原所有人的情况，例如原房主是否拖欠物业费、水电费及其他费用，原房屋有没有出租合同、期限多长（如果租赁在前，抵押在后的话，拍卖后的房子租赁合同依然有效）。司法拍卖车辆要考虑折旧价，是否为事故车，带不带车牌，有无违章、罚款交了没有，记分扣了没有等情况。

三是能否过户落户。如果财产进行过户，需要办理相关手续。例如司法拍卖的房子能否过户、是否落户本市；车辆落户地也有具体政策限制，是否限号限排等。

参考文献：[1]爆料汇. 当司法拍卖遇上淘宝，不仅火还有点坑[EB/OL]. （2016-03-30）[2019-12-06].
[2]新华网上海. 5年81亿中国首部网络司法拍卖报告发布[EB/OL]. （2017-03-23）[2019-12-06].

知识拓展

资料包/第3章/网络司法拍卖相关资料

根据《中华人民共和国拍卖法》《最高人民法院关于人民法院网络司法拍卖若干问题的规定》和相关法律法规，请你结合网络司法拍卖平台对下列问题进行分析。

① 分析网络司法拍卖平台的作用，并针对我国网络司法拍卖平台的现状谈谈网络司法拍卖的优势。

② 结合具体的网络司法拍卖平台，你认为目前存在什么问题？如何改进？

【目标要求】

（1）掌握数据电文和电子签名的定义、数据电文的特点。

（2）熟悉数据电文对传统书面形式挑战的解决方案、《电子签名法》的适用范围和可靠的电子签名。

（3）了解数据电文的法律效力承认、数据电文对传统书面形式的挑战。

【重点和难点】

（1）重点：数据电文和电子签名的定义、数据电文对传统书面形式挑战的解决方案和《电子签名法》的适用范围。

（2）难点：数据电文的特点、可靠的电子签名。

4.1 数据电文概述

4.1.1 数据电文的定义和特点

1. 数据电文的定义

数据电文（Data Message），是指以电子、光学、磁或者类似手段生成、发送、接收或者储存的信息。（《中华人民共和国电子签名法》①第二条第二款）

数据电文是一个含义比较广的概念，人们对于数据电文的认识所持观点差别较大。其主要原因有两点：一是对数据电文的制作和生成手段、存储介质及发送、接收等传输形式，存在限定的差异；二是随着计算机技术发展、互联网的应用、新材料的研制和使用，对数据电文内涵的把握比较困难。数据电文一词最早出现在 1986 年联合国欧洲经济委员会和国际标准化组织共同制定的《行政、商业和运输业的电子数据交换规则》中。在该规则中，贸易数据电文是指当事人之间为缔结或履行贸易交易而交换的贸易数据。在 1996 年联合国国际贸易法委员会的《电子商务示范法》中，采用了数据消息的概念。

数据消息是指通过电子、光学或其他类似手段生成、发送、接收或存储的信息。它包括但不限于电子数据交换（EDI）、电子邮件、电报、电传或传真。在《电子商务示范法》中，数据消息与数据电文既有相同点，又存在差别。把联合国《电子商务示范法》中的数据消息与我国《中华人民共和国电子签名法》（以下简称《电子签名法》）中的数据电文进行比较，有利于我们对数据电文内涵

数据电文的定义

---

① 全国人民代表大会常务委员会. 中华人民共和国电子签名法[EB/OL].（2015-04-24）[2015-08-31].

和外延的把握。

📖 **知识拓展**

　　资料包/第4章/《中华人民共和国电子签名法》

---

2. 数据电文的范围

数据电文的具体范围由国家在制定法律时进行明确，以保护数据电文持有者、使用者的权益。《最高人民法院关于民事诉讼证据的若干规定》①第十四条规定，电子数据包括下列信息、电子文件。

（1）网页、博客、微博客等网络平台发布的信息。

（2）手机短信、电子邮件、即时通信、通讯群组等网络应用服务的通信信息。

（3）用户注册信息、身份认证信息、电子交易记录、通信记录、登录日志等信息。

（4）文档、图片、音频、视频、数字证书、计算机程序等电子文件。

（5）其他以数字化形式存储、处理、传输的能够证明案件事实的信息。

📖 **知识拓展**

　　资料包/第4章/《最高人民法院关于民事诉讼证据的若干规定》

---

3. 数据电文的特点

计算机、网络和电子商务的产生、运用和发展，一方面为数据电文的产生创造了条件，另一方面也是促进数据电文产生的原因。网络和电子商务发展需要数据电文。数据电文主要具有数据性、虚拟性、易消失及易改动性、证据局限性、存放及传输特殊性等特点。

（1）数据性。

随着计算机、信息技术和互联网的广泛应用，数据电文形式更加多样。不管数据电文以图像、文字、音频、视频等何种形式存储、传输和运用，其本质特征是数据性。

（2）虚拟性。

虚拟性，是数据电文的另一特征。数据电文以图像、文字、音频、视频等形式存储、传输和运用都是无形化的。

（3）易消失及易改动性。

与传统书面形式相比，数据电文更容易消失，更容易被修改，甚至被篡改。在数据电文存储、处理和传输时，由于内部和外部、善意和恶意等原因，消失或被改动将不可避免。如何对待这个现象，既是一个道德问题，也是一个法律问题。

---

① 最高人民法院. 最高人民法院关于民事诉讼证据的若干规定[EB/OL].（2019-12-26）[2019-12-26].

（4）证据局限性。

数据电文可以以图像、文字、音频、视频等任意形式存储、传输和运用，在作为独立证据使用时存在局限性。

（5）存放及传输特殊性。

数据电文不论以何种形式存储、传输和运用，都需要特殊的系统、介质和方法，因此其存放及传输具有特殊性。

4.1.2　数据电文对传统书面形式的挑战及解决方案

1. 传统书面形式的含义

传统书面形式，有一般传统书面形式和特殊传统书面形式两种情况。

（1）一般传统书面形式。

一般传统书面形式，是指书面的文字、图形等形式。例如借条、正式的书面借款合同，是最常见、最常用的形式。除口头形式外，如果当事人约定采用传统书面形式的，或者按照法律法规的规定使用传统书面形式的，传统书面形式具有法律效力。

（2）特殊传统书面形式。

特殊传统书面形式，是指在一般传统书面形式建立时或建立后，通过其他方式对一般传统书面形式进行证明的一种书面形式。例如，国家机关确认权利、公证机构公证、鉴证机构签证、见证人见证等形式。房屋产权的登记、变更、审批，取得产权证，就是一个比较典型的例子。这种在一般传统书面形式基础上的证明出具机构，可以是国家机关，也可以是第三方机构。

2. 数据电文对传统书面形式的挑战

（1）现实挑战。

随着互联网的发展、计算机应用范围的扩大，数据电文的使用范围越来越广，并因其方便、快捷的优势而被接受和广泛使用。

（2）形式多样。

随着网络、计算机技术和信息技术的应用与发展，数据电文的发展速度变快及使用范围扩大的同时，其形式也不断创新。

3. 解决方案

随着数据电文的发展并被广泛使用，怎样解决相应的法律问题呢？目前主要有两种解决的方案。

（1）合同途径。

所谓合同途径，就是采用当事人约定的办法。按照当事人双方或多方的意思表示，将数据电文形式等同于传统书面形式。有两种具体方法：一是当事人在合同中达成一致，同意将数据电文形式作为双方或多方的共用文件形式；二是当事人在合同中对使用数据电文作为双方或多方共用文件形式，无任何其他意思表示。目前，网络上运用的很多数据电文形式已经被大家认可并形成共识。不论是在经济交易活动中还是在社会活动中，数据电文的使用都非常普遍。

（2）法律途径。

所谓法律途径，就是通过立法来解决数据电文与传统书面形式的法律地位和效力。在互联网、计算机时代，将数据电文与传统书面形式的法律地位等同。具体有法律解释法（扩大解释）和单独立法（另立类型法）两种方法。

第一，所谓法律解释法（扩大解释），是指将传统书面形式的范围扩大，把数据电文的范围包括在书面形式之内。广义的书面形式包括书面协议、授权书、信件、数据电文等形式。其中数据电文包括电报、电传、传真形式，以及电子邮件、电子数据交换和互联网上传输的文本文件、图像、视频等形式。例如《中华人民共和国合同法》第十一条规定，书面形式是指合同书、信件和数据电文（包括电报、电传、传真、电子数据交换和电子邮件）等可以有形地表现所载内容的形式。《中华人民共和国合同法》的这种解释形式，就是法律解释法（扩大解释），明确把数据电文形式包括在书面形式之中了。

第二，所谓单独立法（另立类型法），是指对数据电文的形式在法律上另外立法。数据电文的运用随着网络的发展变得非常广泛和普遍，对数据电文涉及的法律问题单独立法是一种非常有效的解决办法。建立独立的数据电文法律，不仅是对法律体系的建设和完善，更重要的是能解决数据电文带来的法律问题，保护数据电文的相关方权益，促进电子商务的健康发展。

合同途径和法律途径相比较，还是存在差别的。合同途径是在法律允许的前提下，由当事人约定的方法，其关键是必须符合国家法律；而法律途径才是解决数据电文法律问题的根本方法。

4.2 数据电文的法律法规

4.2.1 数据电文的功能等价标准

1. 书面功能等价标准

数据电文最实质性的法律问题是法律能否承认其合法性，以保障其运用和地位，因此，数据电文的地位应该在相关法律中明确。《电子签名法》第四条规定，能够有形地表现所载内容，并可以随时调取查用的数据电文，视为符合法律、法规要求的书面形式。

2. 原件功能等价标准

数据电文与传统书面形式不同，保证其法律地位必须符合法律规定的条件，这是不可回避的。

《电子签名法》第五条规定，符合下列条件的数据电文，视为满足法律、法规规定的原件形式要求：第一，能够有效地表现所载内容并可供随时调取查用；第二，能够可靠地保证自最终形成时起，内容保持完整、未被更改。但是，在数据电文上增加背书以及数据交换、储存和显示过程中发生的形式变化不影响数据电文的完整性。

这两个条件是保证数据电文书面功能的最基本要求。不管什么形式的数据电文，不能有效地表现所载内容、不能随时调取查用，在法律上是不能被接受的；同时，内容的完整性也是不可动摇的，由于数据电文具有易改动性，并且修改不易留下痕迹，因此要求数据电文能够可靠地保证自最终形成时起内容保持完整、未被更改，就显得更为重要了。

我国相关行政管理方面，对数据电文的原件功能等价标准也有所规定。例如，在纳税申报时，根据《中华人民共和国税收征收管理法》①（以下简称《税收征管法》）的规定，纳税人可以采用传统书面形式报送纳税表和税务部门规定的资料，也可以按照规定采取数据电文的形式办理纳税申报。

《税收征管法》第二十六条规定，纳税人、扣缴义务人可以直接到税务机关办理纳税申报或者报送代扣代缴、代收代缴税款报告表，也可以按照规定采取邮寄、数据电文或者其他方式办理上述申报、报送事项。

《中华人民共和国税收征收管理法实施细则》②（以下简称《税收征管法细则》）中作了更为详细的规定，不仅规定可以采用数据电文的形式办理纳税申报，而且对办理纳税申报的数据电文方式的范围进行了限定。在税收方面的法律法规中，承认数据电文进行纳税申报的功能等价标准，对提高纳税效率、方便纳税人都是有积极作用的。

《税收征管法细则》第三十条规定，税务机关应当建立、健全纳税人自行申报纳税制度。经税务机关批准，纳税人、扣缴义务人可以采取邮寄、数据电文方式办理纳税申报或者报送代扣代缴、代收代缴税款报告表。数据电文方式，是指税务机关确定的电话语音、电子数据交换和网络传输等电子方式。第三十一条第二款规定，纳税人采取电子方式办理纳税申报的，应当按照税务机关规定的期限和要求保存有关资料，并定期书面报送主管税务机关。

【法律简要】

《中华人民共和国税收征收管理法》

《税收征管法》于1992年9月4日经第七届全国人民代表大会常务委员会第二十七次会议通过。根据1995年2月28日第八届全国人民代表大会常务委员会第十二次会议《关于修改〈中华人民共和国税收征收管理法〉的决定》第1次修正，2001年4月28日第九届全国人民代表大会常务委员会第二十一次会议修订，根据2013年6月29日第十二届全国人民代表大会常务委员会第三次会议《关于修改〈中华人民共和国文物保护法〉等十二部法律的决定》第2次修正，根据2015年4月24日第十二届全国人民代表大会常务委员会第十四次会议《关于修改〈中华人民共和国港口法〉等七部法律的决定》第3次修正，自2001年5月1日起施行。

《中华人民共和国税收征收管理法》旨在加强税收征收管理，规范税收征收和缴纳行为，保障国家税收收入，保护纳税人的合法权益，促进经济和社会发展，共六章九十四条，内容包

---

① 全国人民代表大会常务委员会. 中华人民共和国税收征收管理法[EB/OL].（2015-04-24）[2015-04-24].
② 国务院. 中华人民共和国税收征收管理法实施细则[EB/OL].（2016-02-06）[2016-02-06].

括：第一章总则，第二章税务管理（第一节税务登记、第二节账簿凭证管理、第三节纳税申报），第三章税款征收，第四章税务检查，第五章法律责任，第六章附则。

【法规简要】

《中华人民共和国税收征收管理法实施细则》

根据《中华人民共和国税收征收管理法》的规定，国务院制定了《中华人民共和国税收征收管理法实施细则》，于2002年9月7日以中华人民共和国国务院令第362号公布，根据2012年11月9日《国务院关于修改和废止部分行政法规的决定》第1次修订，根据2013年7月18日《国务院关于废止和修改部分行政法规的决定》第2次修订，根据2016年2月6日《国务院关于修改部分行政法规的决定》第3次修订，自2002年10月15日起施行。

《中华人民共和国税收征管法实施细则》共九章一百一十三条，内容包括：第一章总则，第二章税务登记，第三章账簿、凭证管理，第四章纳税申报，第五章税款征收，第六章税务检查，第七章法律责任，第八章文书送达，第九章附则。

知识拓展

资料包/第4章/《中华人民共和国税收征收管理法》及其实施细则的内容，请扫描二维码阅读。

4.2.2　数据电文的法律法规效力

1. 法律效力承认

数据电文的法律效力问题是数据电文的核心内容。人们在使用数据电文时可能会考虑很多因素和问题，但其能否被法律法规所接受是第一个要考虑的问题。目前，在数据电文的立法方面，大多数以不得歧视数据电文的形式出现在法律条文中。例如，《电子签名法》第三条规定，当事人约定使用电子签名、数据电文的文书，不得仅因为其采用电子签名、数据电文的形式而否定其法律效力。这是我国法律第一次承认数据电文的法律效力，也是遵循国际惯例的表现。

2. 证据效力

在电子商务法律方面，基于实际的案例和应用，数据电文的证据效力问题也是不能轻视的。例如，《电子签名法》第七条规定，数据电文不得仅因为其是以电子、光学、磁或者类似手段生成、发送、接收或者储存的而被拒绝作为证据使用。

《最高人民法院关于民事诉讼证据的若干规定》第十五条规定，当事人以视听资料作为证据的，应当提供存储该视听资料的原始载体。当事人以电子数据作为证据的，应当提供原件。电子数据的制作者制作的与原件一致的副本，或者直接来源于电子数据的打印件或其他可以显示、识别的输出介质，视为电子数据的原件。第二十三条规定，人民法院调查收集视听资料、电子数据，应当要求被调查人提供原始载体。提供原始载体确有困难的，可以提供复制件。提供复制件的，人民法院应当在调查笔录中说明其来源和制作经过。人民法院对视听资料、电子数据采取证据保全措施的，适用前款规定。

3. 证据真实性

在法律上，虽然对数据电文法律效力的承认、证据效力的确定为数据电文的实际应用提供了法律保障，但是，在电子商务实践中，具体使用数据电文时，由于其生成、存储、传递的特殊性，采用的生成、存储、传递方法及保持内容完整性、鉴别发件人的方法等存在的不可靠性和其他相关因素的制约，需要更加注意数据电文的审查，以确定其真实性和可靠性。

《电子签名法》第八条规定，审查数据电文作为证据的真实性，应当考虑以下因素。

第一，生成、储存或者传递数据电文方法的可靠性。

第二，保持内容完整性方法的可靠性。

第三，用以鉴别发件人方法的可靠性。

第四，其他相关因素。

《最高人民法院关于民事诉讼证据的若干规定》第九十三条规定，人民法院对于电子数据的真实性，应当结合下列因素综合判断。

第一，电子数据的生成、存储、传输所依赖的计算机系统的硬件、软件环境是否完整、可靠。

第二，电子数据的生成、存储、传输所依赖的计算机系统的硬件、软件环境是否处于正常运行状态，或者不处于正常运行状态时对电子数据的生成、存储、传输是否有影响。

第三，电子数据的生成、存储、传输所依赖的计算机系统的硬件、软件环境是否具备有效地防止出错的监测、核查手段。

第四，电子数据是否被完整地保存、传输、提取，保存、传输、提取的方法是否可靠。

第五，电子数据是否在正常的往来活动中形成和存储。

第六，保存、传输、提取电子数据的主体是否适当。

第七，影响电子数据完整性和可靠性的其他因素。

人民法院认为有必要的，可以通过鉴定或者勘验等方法，审查判断电子数据的真实性。

《最高人民法院关于民事诉讼证据的若干规定》第九十四条规定，电子数据存在下列情形的，人民法院可以确认其真实性，但有足以反驳的相反证据的除外。

第一，由当事人提交或者保管的于己不利的电子数据。

第二，由记录和保存电子数据的中立第三方平台提供或者确认的。

第三，在正常业务活动中形成的。

第四，以档案管理方式保管的。

第五，以当事人约定的方式保存、传输、提取的。

电子数据的内容经公证机关公证的，人民法院应当确认其真实性，但有相反证据足以推翻的除外。

4.2.3　数据电文的通信与保存法律

1. 数据电文的通信法律

在数据电文的运用中，生成、储存和传递是必需的环节。而这些环节可能是数据电文与传统书面形式相比较，更有可能出现问题的环节。所以对这些环节作法律规定是有必要的。

（1）数据电文发送的相关规定。

数据电文的发送所涉及的相关问题主要是：发件人是否授权、发件人的发件系统自动化程度、收件人是否需要进行验证、验证采用的方法及回复发件人的方式等。《电子签名法》第九条规定，数据电文有下列情形之一的，视为发件人发送：第一，经发件人授权发送的；第二，发件人的信息系统自动发送的；第三，收件人按照发件人认可的方法对数据电文进行验证后结果相符的。当事人另有约定的，从其约定。

数据电文的发送方可能是发件人本人（或本企业），也可能是被授权人、被委托人等。又因为计算机系统的发送方式与传统书面形式的邮寄方式大相径庭，所以确定是属于发件人发送或经发件人授权发送的是可以接受的。计算机网络系统自动发件和接收信息是非常普遍的现象。那么，判断什么情况属于发件人发送，关键是看信息是否为"发件人的信息系统"自动发送的。比较可靠的一种做法是，按照发件人认可或当事人双方事先约定的方法，对收到数据电文的收件人进行验证，验证结果如果与约定的相符，则确认为发件人发送。

（2）数据电文收到的相关规定。

数据电文的收到与传统书面形式的收到方式和方法上不同，因此其收到确认环节更为重要。收到确认是数据电文比较重要的原则。《电子签名法》第十条规定，法律、行政法规规定或者当事人约定数据电文需要确认收讫的，应当确认收讫。发件人收到收件人的收讫确认时，数据电文视为已经收到。

（3）数据电文收发时间的相关规定。

《电子签名法》第十一条规定，数据电文进入发件人控制之外的某个信息系统的时间，视为该数据电文的发送时间。收件人指定特定系统接收数据电文的，数据电文进入该特定系统的时间，视为该数据电文的接收时间；未指定特定系统的，数据电文进入收件人的任何系统的首次时间，视为该数据电文的接收时间。当事人对数据电文的发送时间、接收时间另有约定的，从其约定。

（4）数据电文收发地点的相关规定。

《电子签名法》第十二条规定，发件人的主营业地为数据电文的发送地点，收件人的主营业地为数据电文的接收地点。没有主营业地的，其经常居住地为发送或者接收地点。当事人对数据电文的发送地点、接收地点另有约定的，从其约定。

2. 数据电文的保存法律

《电子签名法》第六条规定，符合下列条件的数据电文，视为满足法律、法规规定的文件保存要求。

第一，能够有效地表现所载内容并可供随时调取查用。

第二，数据电文的格式与其生成、发送或者接收时的格式相同，或者格式不相同但是能够准确表现原来生成、发送或者接收的内容。

第三，能够识别数据电文的发件人、收件人以及发送、接收的时间。

【案例分析】

微信截图等电子证据被法院采纳

2015年4月9日，广东省东莞市某光电科技有限公司向倪先生的微信号（其微信头像照片显示为上海某实业公司字样）发送了水滴标（挂在红酒瓶上的一种酒标）照片2份和报价单1份，协商水滴标采购事宜。2015年4月17日，双方通过微信约定，上海某实业公司向广东某光电科技有限公司采购水滴标6 000个。随后，上海某实业公司转账支付3.1万元给广东某光电科技有限公司，其中包含定金3万元，其余1 000元系支付之前业务的打样费，并向广东某光电科技公司明确了收货人。

2015年5月12日，广东某光电科技有限公司按约定将货物发往收货人地址。然而，上海某实业公司一直没有支付剩余货款7.5万元。广东省东莞市某光电科技有限公司因此向上海市浦东新区人民法院起诉。

原告提交的微信截图、网上银行电子回单、物流单和网上查询单等证据，以及微信截图中的报价单上显示的采购数量以及对应的采购单价等电子证据，都被法院采纳。

法院认为，倪先生在上海某实业公司成立前后，即2015年4月9日和4月17日，均以头像为其公司名称的微信号与原告协商涉案业务。显然，倪先生以被告名义与原告约定了具体采购事宜，而且倪先生确实是被告上海某实业公司的股东兼任法定代表人，审理中倪先生也承认，该批货物系转售山东客户而不是自己使用的。因此，法院对被告主张涉案业务的采购方为倪先生个人的意见不予采信。

上海市浦东新区人民法院自贸区法庭审理后，对这起买卖合同纠纷案作出判决，倪先生的公司应该支付欠款。

本案值得关注的是，双方没有签订书面合同，协商水滴标采购事宜、单价和价款、转账等都在微信上完成。原告提交的各类电子证据都被法院采纳。

资料来源：王烨捷. 上海首例微信买卖合同纠纷案微信截图等电子证据被法院采纳[EB/OL].（2016-08-02）[2016-08-03].

4.3
电子签名概述

4.3.1　我国电子签名法的立法概述

1. 我国《电子签名法》的立法情况

最早的电子签名法，是 1995 年美国犹他州的《犹他州数字签名法》。该法是世界上第一部电子签名法。2000 年联合国国际贸易法委员会通过了《电

我国《电子签名法》
立法概述

子签名示范法》，1999年欧盟制定了《电子签名指令》，2000年10月美国国会通过了《全球和国内商业法中的电子签名法案》，日本出台了《电子签名与认证服务法》，新加坡、韩国等许多国家也制定了相关法律。到目前为止，全世界有40多个国家和组织制定了有关电子签名方面的法律。

2003年4月，我国开始电子签名法的立法工作。在电子签名法的立法过程中，我国借鉴了联合国《电子商务示范法》《电子签名示范法》的相关原则和内容，同时借鉴了欧盟、美国、日本、韩国、新加坡等国家和组织的相关立法，征求了国内电子商务企业和法律方面专家的意见和建议。

《中华人民共和国电子签名法》方案成熟后，在2004年4月2日，首次提交第十届全国人民代表大会常务委员会第八次会议。全国人民代表大会常务委员会对电子签名法草案进行了审议，根据大会意见和建议，先后又有两次修改，并将其提交全国人民代表大会常务委员审议。在2004年8月28日，第十届全国人民代表大会常务委员会第十一次会议通过了《中华人民共和国电子签名法》，该法自2005年4月1日起实施。

根据2015年4月24日第十二届全国人民代表大会常务委员会第十四次会议《关于修改〈中华人民共和国电力法〉等六部法律的决定》对其中的《中华人民共和国电子签名法》（以下简称《电子签名法》）进行了修正，自2015年4月24日起实施。根据2019年4月23日第十三届全国人民代表大会常务委员会第十次会议《关于修改〈中华人民共和国建筑法〉等八部法律的决定》进行了第二次修正，自2019年4月23日起施行。

2. 我国《电子签名法》的立法意义

为了消除电子商务和电子政务发展过程中的法律障碍，第十届全国人民代表大会常务委员会第十一次会议审议通过了《电子签名法》。《电子签名法》是我国在电子商务方面的第一部法律，也是电子商务实体法中的第一部立法。它对规范电子商务交易和行为，促进电子商务、电子政务，以及相关方面的健康发展起到重要的推动作用。从我国电子商务的实践分析，《电子签名法》的颁布实施的意义主要包括以下3个方面。

（1）规范电子签名行为。

《电子签名法》在法律上对电子签名作出了规定，包括电子签名的定义、电子签名的法律效力、可靠电子签名的条件等。在电子商务的交易过程中，《电子签名法》对网络上的数据电文形式的签名，起到了规范化作用，从而推进网络身份确定的规范化。

（2）确立电子签名的法律效力。

《电子签名法》第一次确立了电子签名的法律效力，可靠的电子签名具有与传统手写签字、盖章同等的法律效力。对于民事活动中的合同或者其他文件、单证等文书，当事人可以约定使用或者不使用电子签名、数据电文。当事人约定使用电子签名、数据电文的文书，不得仅因为其采用电子签名、数据电文的形式而否定其法律效力。

（3）维护有关各方的合法权益。

电子签名用于识别签名人的网络身份，同时表明签名人认可文件中的内容，享有规定的义务，承担相应的责任。《电子签名法》在电子商务交易中，可避免不必要的纠纷，对维护电子商务交易双方的权益起到重要的作用。

3. 我国《电子签名法》的适用范围

（1）电子签名的适用范围。

第一，电子商务活动。网络上的交易，不论是在互联网上还是在专用网络上，其交易过程中会涉及很多资格身份、交易内容的确定和证明。电子签名是最为普遍的网上身份认证的方法。第二，经济、社会事务管理。除电子商务活动外，很多经济和社会事务管理也已经网络化。例如，对于电子报关、报税、年检及行政许可等来说，电子签名也是一种有效的身份确认方式。

（2）电子签名的不适用范围。

《电子签名法》规定，有些情况或文书，不适用电子签名。不适用电子签名的文书包括以下几项。

第一，涉及婚姻、收养、继承等人身关系的。

第二，涉及停止供水、供热、供气等公用事业服务的。

第三，法律、行政法规规定的不适用电子文书的其他情形。

4.3.2 电子签名的概念

1. 签名的定义

签名是一种特殊的仪式，标志着对某些（项）内容的认可。传统签名，带有一定的神秘色彩。签名，指在文件上亲笔署名或画押①。

传统签名的基本功能主要包括来源功能、约束功能和责任功能 3 个方面。第一，来源功能，是指签名及签名的内容是通过签名的认可、鉴别来证明的，这是一种对事件来源的确认。第二，约束功能，是指只要是签名形成，签名人就要对签名本身和签名的内容负责到底。签名对自己和他方都具有约束的意义，既不能随随便便签名，也不能随随便便否定签名。第三，责任功能，是指签名的多数情况是对内容的承认、认可，而在承认和认可的背后，其实是一种责任，一种不可推卸的责任。

2. 电子签名的定义

电子签名，是指数据电文中以电子形式所含、所附用于识别签名人身份并表明签名人认可其中内容的数据。（《电子签名法》第二条第一款）

联合国《电子签名示范法》第二条第二款规定，电子签名是指在数据电文中，以电子形式所含、所附或在逻辑上与数据电文有联系的数据，它可用于鉴别与数据电文相关的签名人和表明签名人认

---

① 辞海编辑委员会．辞海[M]．缩印本．上海：上海辞书出版社，1989：2122．

可数据电文所含信息。欧盟《电子签名指令》第二条第一款规定，电子签名是指电子形式的附于或在逻辑上与其他电子数据关联的数据，起到身份鉴定和验证的作用。

3. 与电子签名相关的定义

《电子签名法》中，对电子签名人、电子签名依赖方、电子签名认证证书、电子签名制作数据和电子签名验证数据等用语的含义进行了定义。

《电子签名法》第三十四条规定，电子签名人，是指持有电子签名制作数据并以本人身份或者以其所代表的人的名义实施电子签名的人；电子签名依赖方，是指基于对电子签名认证证书或者电子签名的信赖从事有关活动的人；电子签名认证证书，是指可证实电子签名人与电子签名制作数据有联系的数据电文或者其他电子记录；电子签名制作数据，是指在电子签名过程中使用的，将电子签名与电子签名人可靠地联系起来的字符、编码等数据；电子签名验证数据，是指用于验证电子签名的数据，包括代码、口令、算法或者公钥等。

4.3.3 电子签名具备的条件

1. 传统签名的一般要求

就传统签名而言，不是所有的签名就能被称为签名，而是要满足一定的条件的。对于签名，一般要求其应该包括正确的名字、书面形式及本人亲自书写。

第一，正确的名字。签名的正确性是签名的主要识别项。对于一个签名，需观察其是否准确无误，正确的名字不容忽视。

第二，书面形式。传统的签名必须是书面的。不论是署名还是画押，都要以书面形式存在。

第三，本人亲自书写。传统签名的有效性也取决于签名是否亲自书写。亲笔署名或画押的另一个意义在于签名者对内容的认可。

2. 电子签名具备的条件

电子签名，应具备以下条件，才能被认可。

第一，符合法律规定。对电子签名进行认可，通常的做法是通过法律途径。在我国《电子签名法》公布实施以前，网络上电子商务交易中使用的签名虽然由双方约定和认可，但是没有法律保障。我国《电子签名法》的实施，为电子签名的使用提供了法律保障。

第二，具备传统签名的功能。传统签名的基本功能主要包括来源功能、约束功能和责任功能。电子签名虽然改变了传统签名的形式，但是传统签名的基本功能不应被否定；否则，很难去定义和理解电子签名的法律含义。

第三，适应电子信息技术发展。对电子签名形式上的表述是很难把握的。因为随着互联网、信息技术的发展，数据电文和电子签名可能会呈现出多样性，法律条文的表述必须严谨，所以《电子签名法》只对电子签名的内容作出限定，而对形式并未明示，从而能够更长远地适应信息技术的发展。

4.4 | 电子签名的法律法规

4.4.1 电子签名的法律效力

电子签名的法律效力，是电子签名法首先应该明确的，也是电子签名法核心内容之一。一方面，承认电子签名的法律地位和效力，是电子签名法的重要内容；另一方面，对电子签名的合法性进行界定，也是电子签名法不能忽视的。所以通常的法律会这样规定：具备法律规定条件的电子签名，与传统签名具有同等法律效力。

《电子签名法》第十四条规定，可靠的电子签名与手写签名或者盖章具有同等的法律效力。这一条规定，既明确了电子签名的法律效力，也界定了符合法律的电子签名所具备的条件。

4.4.2 可靠的电子签名

《电子签名法》第十三条规定，电子签名同时符合下列条件的，视为可靠的电子签名：第一，电子签名制作数据用于电子签名时，属于电子签名人专有；第二，签署时电子签名制作数据仅由电子签名人控制；第三，签署后对电子签名的任何改动能够被发现；第四，签署后对数据电文内容和形式的任何改动能够被发现。当事人也可以选择使用符合其约定的可靠条件的电子签名。

以上法律规定中，第一个条件"电子签名制作数据用于电子签名时，属于电子签名人专有"，实际上是指电子签名的专有性，即电子签名在使用签署时，是由电子签名人专有专用的，是唯一的；第二个条件"签署时电子签名制作数据仅由电子签名人控制"，是指对电子签名控制性的确定，电子签名在使用签署时，是被电子签名人控制的；第三个条件"签署后对电子签名的任何改动能够被发现"，是指电子签名一旦使用签署，不得修改，电子签名本身具有防篡改性；第四个条件"签署后对数据电文内容和形式的任何改动能够被发现"，是指电子签名使用签署后，其认可的电子数据电文的内容和形式不得修改，数据电文的内容和形式具有防改动性。所以，上述 4 个条件可通俗地称为可靠的电子签名的专有性、控制性、防篡改性、防改动性，简称可靠的电子签名的"四性"。

根据我国《电子签名法》的规定，上述 4 个条件必须单独具备、同时符合才是满足法律条件的可靠的电子签名，而只有可靠的电子签名才能与手写签名或者盖章具有同等的法律效力。关于可靠电子签名的相关规定，是我国电子商务法的核心内容之一，也是认证、司法等相关部门判定电子签名是否具有法律效力的依据。

> **知识拓展**
>
> 资料包/第4章/电子签名可靠性认定相关资料

4.4.3　电子签名的相关法律规定

1. 电子签名的失密

电子签名所有人应该妥善保管和严格使用自己的电子签名制作数据，避免被篡改、被改动、被使用，防止失密。如果出现失密的情况，应该采取必要的措施，特别是及时通知电子签名的相关方，并终止使用原电子签名制作数据。这是对自己负责，也是对他方负责任的表现。电子签名所有人要避免不必要的损失或者更大的损失发生，否则，应当承担法律责任。

《电子签名法》第十五条规定，电子签名人应当妥善保管电子签名制作数据。电子签名人知悉电子签名制作数据已经失密或者可能已经失密时，应当及时告知有关各方，并终止使用该电子签名制作数据。

《电子签名法》第二十七条规定，电子签名人知悉电子签名制作数据已经失密或者可能已经失密未及时告知有关各方、并终止使用电子签名制作数据，未向电子认证服务提供者提供真实、完整和准确的信息，或者有其他过错，给电子签名依赖方、电子认证服务提供者造成损失的，承担赔偿责任。

2. 电子签名的认证

电子签名数据在制作、使用中，如果需要认证的，应该进行认证。电子签名的认证，按照我国法律法规的规定，应该向依法设立的电子认证服务提供者申请办理。在向认证服务机构申请电子签名认证时，应当提供真实、完整和准确的相关信息。认证服务机构要制定、公布包括责任范围、作业操作规范、信息安全保障措施等事项在内的电子认证业务规则，并向国务院信息产业主管部门备案，必须保证所发放的认证证书内容在有效期内完整、准确，并使电子签名依赖方能够从证书中证实或者了解有关事项，妥善保存与认证相关的信息，保存期限至少为电子签名认证证书失效后 5 年。

《电子签名法》第十六条规定，电子签名需要第三方认证的，由依法设立的电子认证服务提供者提供认证服务。

3. 伪造、冒用、盗用他人电子签名的法律责任

电子签名制作数据具有专属性，在存储、网络传输和电子签名使用等环节存在被偷盗、被篡改、被改动、被冒用的风险。一方面，电子签名所有人要妥善保管电子签名制作数据，防止类似事情发生；另一方面，法律规定对伪造、冒用、盗用他人的电子签名者，给予惩罚。

《电子签名法》第三十二条规定，伪造、冒用、盗用他人的电子签名，构成犯罪的，依法追究刑事责任；给他人造成损失的，依法承担民事责任。

关键术语

数据电文　法律解释法（扩大解释）　单独立法（另立类型法）　电子签名　电子签名人

电子签名依赖方　电子签名认证证书　电子签名制作数据　电子签名验证数据

基本知识

（1）数据电文的特点。

（2）数据电文对传统书面形式的挑战。

（3）数据电文的法律效力承认。

（4）我国《电子签名法》的适用范围。

思考讨论

（1）数据电文对传统书面形式挑战的解决方案。

（2）我国《电子签名法》的立法意义。

（3）可靠的电子签名。

案例分析

电子签名第一案

（1）相关案情。

2004年8月27日，韩某发短信给朋友杨先生："我需要5 000元，刚回北京做了眼睛手术，不能出门，你汇到我卡里。"杨先生随即将钱汇到韩某银行卡。一个星期后，杨先生又收到韩某借钱6 000元的短信。两次借钱都是汇款，杨先生并没收到借据。此后，韩某不仅一直未提还钱的事，而且又向杨先生借款。杨先生产生了警惕，于是向韩某催要前两次的欠款。但是，索要未果，于是杨某起诉至北京市海淀法院，要求韩某归还其11 000元钱，并提交了银行汇款单存单两张。韩某却称这是杨先生归还以前欠她的钱。

（2）法院审理。

在庭审中，杨先生还向法院提交了自己使用的号码为"1391166××××"的移动电话一部，其中记载了部分短信内容。后经法官核实，拨打杨先生手机收到的短信的发送号码后，接听者是韩某本人。而韩某本人也承认，自己从2003年7月开始使用这个手机号码。法院经审理认为：依据2005年4月1日起施行的《中华人民共和国电子签名法》中的规定，经法院对杨先生提供的移动电话短信生成、储存、传递数据电文方法的可靠性和保持内容完整性方法的可靠性进行审查，可以认定该移动电话短信内容作为证据的真实性。其载明的款项往来金额、时间，与中国工商银行个人业务凭证中体现的杨先生给韩某汇款的金额、时间相符，且移动电话短信内容中亦载明了韩某借款的意思表示。两份证据之间相互印证，可以认定韩某向杨先生借款的事实。

根据证据规则的相关规定，录音、录像及数据电文可以作为证据使用，但数据电文直接作为认定事实的证据，还应有其他书面证据相佐证。据此，杨先生所提供的手机短信可以认定为真实有效的证据，法院对此予以采纳，对杨先生要求韩某偿还借款的诉讼请求予以支持。

资料来源：人民网市场报.《电子签名法》第一案：短信作证赢官司[EB/OL].（2006-01-06）[2007-12-10].

知识拓展

资料包/第4章/电子签名第一案相关资料

根据电子签名第一案的判决依据，结合《电子签名法》的相关条款，请你回答以下问题。

① 手机短信作为本案证据的依据是什么？

② 如何保证手机短信、微信和 QQ 留言的法律效力？

【目标要求】

（1）掌握认证、电子商务认证和电子认证证书的定义。

（2）熟悉电子商务认证的作用、我国电子认证制度。

（3）了解电子认证机构的条件、电子认证证书管理的法律法规。

【重点和难点】

（1）重点：电子商务认证和电子认证证书的定义、电子商务认证的作用。

（2）难点：我国电子认证制度。

5.1 电子商务认证概述

5.1.1 电子商务认证的概念

1. 认证的定义

认证，是指由有权威的机构或组织，对产品、服务、管理体系等是否符合技术规范的强制性要求或者标准，进行合格评定和证明的活动。

"认证"一词，单纯就字义而言，"认"是辨认、辨别；"证"是证明、证实。因此，"认证"是指辨认，且加以证明的意思。从根本上来说，认证是一种信用的保证。

电子商务认证的定义

认证一般有强制性认证和自愿性认证两种情况。认证的对象，通常分为体系认证和产品认证两种。强制性认证，是按照国家法律强制进行的认证。目前，"中国强制性产品认证（China Compulsory Certification，CCC）"和"官方认证"，属于我国的强制性认证。自愿性认证，是企业根据自身情况和消费者要求，自愿向第三方机构申请的认证。目前，我国自愿性认证多是管理体系认证，也包括企业对未列入 CCC 认证目录的产品所申请的认证。

【知识要点】

CCC 认证

CCC认证，是我国政府要求的对在我国大陆市场销售的产品实行的一种强制性产品认证制度。

我国政府为兑现入世承诺，于2001年12月3日对外发布了强制性产品认证制度。从2002年5月1日起，我国国家认证认可监督管理委员会开始受理第一批列入强制性产品认证目录的19类

132种产品的认证申请。只要列入CCC目录的在我国内销售的产品均需获得CCC认证，取得CCC认证标志。

目前的CCC认证标志分为四类，分别为：CCC+S安全认证标志，CCC+EMC电磁兼容类认证标志，CCC+S&E安全与电磁兼容认证标志，CCC+F消防认证标志。

CCC认证标志基本图案如图5-1所示。

图 5-1　国家 CCC 认证标志

依据《中华人民共和国认证认可条例》[①]（以下简称《认证认可条例》）第二条规定，本条例所称认证，是指由认证机构证明产品、服务、管理体系符合相关技术规范、相关技术规范的强制性要求或者标准的合格评定活动。

2. 电子商务认证的定义

电子商务认证，是指由指定的可充分信任的第三方机构，出具电子商务参与者的身份、资格、产品、服务等符合特定标准或规范性文件的证明活动。

电子商务认证，是由第三方机构进行的，目的在于保证电子商务交易安全、正常运行的一种活动。例如，对电子商务参与者的身份、资格等信息，进行辨认、证明，从而保障电子商务活动的可靠性；对电子商务经营者提供的产品、服务等相关内容，进行审查、检验，以保证电子商务交易秩序，维护参与方的权益。电子商务认证属于数字认证或电子认证的范围。

3. 电子商务认证的作用

电子商务认证是针对电子商务而进行的，其作用主要是围绕电子商务交易活动发挥的，主要是起证明、防止、促进和保护作用。

（1）证明电子商务当事人身份、商品、服务等符合特定标准或规范性文件。

证明是认证的首要作用。电子商务认证在于证明电子商务当事人身份、商品、服务等符合特定标准或规范性文件。对于电子商务而言，当事人身份的认证，是一项重要的内容。所谓身份认证，就是辨认并证明电子商务参与者的身份，这是电子商务首先要解决的问题。例如，电子商务平台、网站的注册，采取一定的方式方法，对注册会员进行辨别、核实、确认等工作，包括对商家的营业执照、个人的身份证件，以及相关的能够证明身份的资料，进行审核、审查、提交、拍照等技术性手段的处理活动。

电子商务交易的商品、服务等符合特定标准或规范性文件的认证，也是电子商务证明性认证的重要内容。因为电子商务交易的内容，应该符合国家的规定，包括交易商品、服务的范围、质量、安全等，是否符合国家的特定标准、规范性文件的规定，都应该进行辨别和证明。通过电子商务认证，来证明电子商务当事人身份、商品、服务等符合特定标准或规范性文件，是电子商务交易的基础，对保证电子商务活动符合国家法律法规、安全健康发展起着重要作用。

（2）防止欺诈和纠纷。

通过电子商务认证，对参与者的身份进行辨别、证明，是电子商务平台（网站）注册登记会员

---

① 国务院. 中华人民共和国认证认可条例[EB/OL]（2016-02-06）[2016-02-06].

的前提，从而防止电子商务交易过程中的欺诈行为。身份的确定和核实，对于解决纠纷，提供了真实的依据。

（3）促进信用机制的建立。

在电子商务交易中，商家和消费者互不见面，交易的进行只凭借网络的工具，双方都会存在怀疑的心态，对于对方的身份、资质、商品、服务没有十足的把握。如何使电子商务各方能够放心地进行交易，充分地信任对方，是一个不易解决的问题。电子认证的出现和运用，在一定程度上，解决了电子商务参与者的顾虑，大大提高了信息的可靠性，有利于促进信用机制的建立。

（4）保护电子商务当事人的权益。

认证以及电子认证的最终目的是保护当事人的权益。电子认证在电子商务交易前，以认证的形式确定当事人的身份、资格，确定商品、服务的质量、安全和等级，预防出现虚假信息。在交易过程中，电子认证能防止欺诈发生，解决纠纷，保障电子商务交易的秩序，从而保护电子商务参与者的权益。我国电子商务认证起步较晚，但是，随着我国电子商务近几年的迅猛发展，国家重视和推动电子商务立法的同时，也加大了对电子商务认证的鼓励和扶持的力度，使电子商务认证得以快速健康发展。

【法规简要】

《中华人民共和国认证认可条例》

《中华人民共和国认证认可条例》于2003年8月20日经国务院第十八次常务会议通过，于2003年9月3日经中华人民共和国国务院令第390号公布，于2003年11月1日起施行。该条例根据于2016年1月13日由国务院第一百一十九次常务会议通过的《国务院关于修改部分行政法规的决定》进行修改。该决定于2016年2月6日公布并施行。

《中华人民共和国认证认可条例》旨在规范认证认可活动，提高商品、服务的质量和管理水平，促进经济和社会的发展，共七章七十八条，内容包括：第一章总则，第二章认证机构，第三章认证，第四章认可，第五章监督管理，第六章法律责任，第七章附则。

> **知识拓展**
>
> 资料包/第5章/《中华人民共和国认证认可条例》的内容

中国国家认证认可监督管理委员会（Certification and Accreditation Administration of the People's Republic of China，CNCA）（以下简称"国家认监委"），是国务院决定组建并授权，履行行政管理职能，统一管理、监督和综合协调全国认证认可工作的主管机构。2014 年 11 月 4 日，国家认监委正式启动了"良好电子商务规范"认证制度建设工作。按照分类推进的原则，首先针对电子商务 B2C 模式，集中开发《B2C 电子商务（商品类）交易管理认证技术规范（暂定名）》和《在线销售商电子商务（商品类）交易服务认证技术规范（暂定名）》，并建立相关认证制度。该认证制度的推出，将进一步规范电子商务企业的合格评定机制，建立并传递商家与消费者之间的信任，为电子商务活动中诸如在线销售方、平台方、消费者等相关方带来更完善的权益保护，提升电子商务企业和电子商务平台的品牌影响力，降低各方交易成本，促进我国电子商务的规范有序发展，并将积极推动全球电子商务认证认可技术发展与国际互认①。

【案例分析】

国内首批电子商务认证证书颁发

2015年11月11日，国内首批电子商务认证证书颁发，包括松下电器、老板电器等在内的企业成为第一批B2C电子商务交易服务（商品类）认证获证企业。

国家认监委为了促进电子商务的健康发展，针对电子商务交易过程中监督约束机制不完善、行为规范不明确、信息不对称等难题，建立了我国的电子商务认证制度，制定了"良好电子商务规范"等一系列标准规则，运用国际通行的第三方认证方式，对电子商务的在线供应商、平台商等经营主体实施监督评价，形成了对商品质量、售中售后服务、信息安全等电子商务全过程可评价、可追溯、可持续改进机制。

由国家认监委信息中心牵头6家国内知名认证机构共同发起成立的"中国电子商务认证联盟"于2015年5月，发布了《B2C电子商务交易服务认证实施规则商品类》及《B2C电子商务交易服务要求商品类》。电子商务认证制度的推出，有利于进一步规范电子商务服务行为，引导电子商务企业完善内部管理体系，强化对商品和服务质量的把控，提升我国电子商务总体质量和信用水平；并通过国际互认机制帮助我国电子商务企业"走出去"，促进跨境电子商务发展。同时，我国自主建立的电子商务认证制度，实现了"互联网+"时代下认证模式的创新突破，有利于我国在全球电子商务领域争取技术规则的话语权。

近年来，我国电子商务发展迅猛，产业规模迅速扩大，与此同时，电子商务产品及服务总体质量状况堪忧，消费者投诉数居高不下。据2015年质检总局针对网络销售的玩具、服装、鞋类、背提包、小家电等五大类11种产品组织开展的国家监督专项抽查显示，近三成电子商务产品不合格。中国消费者协会《2014年全国消协组织受理投诉情况分析》报告显示，2014年全国消协组织受理消费者各类投诉中，电子商务购物占92.28%。

为了推动电子商务认证的实施，国家认监委信息中心牵头6家国内知名认证机构共同发起成立了"中国电子商务认证联盟"，率先开展了针对B2C商品交易类型的电子商务认证。下一步，"中国电子商务认证联盟"还将吸收电子商务龙头企业、认证机构、检测机构、研究机构等单位参与，逐步开展针对B2B、跨境电子商务等认证，形成覆盖电子商务全产业链的较为完善的电子商务认证体系。图5-2和图5-3分别所示为电子商务（B2C商品类）认证标志和中国电子商务认证联盟标志。

---

① 国家认监委. 国家认监委启动"良好电子商务规范"认证制度建设相关方案将面向社会征求意见[EB/OL]（2014-11-04）[2016-04-08].

图 5-2　电子商务（B2C 商品类）认证标志

图 5-3　中国电子商务认证联盟标志

资料来源：国家认监委信息中心. 国内首批电子商务认证证书颁发[EB/OL]（2015-11-11）[2016-04-08].

5.1.2　电子商务认证的类别

1. 按电子商务认证对象划分

按电子商务认证对象的不同划分，电子商务认证分为：企业、网站、参与者、数据电文电子商务认证。

第一，企业电子商务认证，是指对经营电子商务的企业身份的真实性、信用水平、商品质量、服务级别等的一种认证。对电子商务企业经营者身份的真实性、信用水平、商品质量、服务级别等的辨认，并加以证明，能为电子商务平台（网站）、消费者、合作方、交易相关方和管理部门等，提供真实的资料和相关信息。

第二，网站电子商务认证，是指对经营电子商务的网站（平台）身份的真实性、信用水平、软件安全、支付结算安全、服务质量等的一种认证。对电子商务网站（平台）的经营者身份的真实性、信用水平、软件安全、支付结算安全、服务质量等的辨认，并加以证明，能为电子商务商家、消费者、合作方、交易相关方和管理部门等，提供真实的资料和相关信息。

第三，参与者电子商务认证，是指对参与电子商务的相关方身份的真实性、信用水平、资格等级等的一种认证。对电子商务参与者身份的真实性、信用水平、资格等级等的辨认，并加以证明，能为电子商务平台、商家、合作方、交易相关方和管理部门等，提供真实的资料和相关信息。

第四，数据电文电子商务认证，是指对电子商务交易相关的数据电文的真实性、内容完整性、签名合法有效性等的一种认证。对电子商务交易过程中的数据电文的真实性、内容完整性、签名合法有效性等的辨认，并加以证明，能为电子商务平台、商家、消费者、合作方、交易相关方和管理部门等，提供真实的资料和相关信息。

2. 按电子商务认证级别划分

按电子商务认证级别的不同划分，电子商务认证分为：身份、授权、执行、时间电子商务认证。

第一，身份电子商务认证，是指对电子商务的相关方身份的真实性、信用水平、资格等级等的一种认证。身份电子商务认证是判明和确认交易双方真实身份的重要环节，也是电子商务交易过程中最薄弱的环节。身份电子商务认证包括识别和鉴别两个过程。身份识别是指用户向系统出示自己的身份证明的过程。身份鉴别是系统查核用户身份证明的过程。

第二，授权电子商务认证，是指对电子商务的相关方参与电子商务活动中的范围、权限、等级等的一种认证。授权电子商务认证的目的在于确定某些企业、机构、人员的权限，便于确认和控制。例如，某个企业对电子商务平台（网站）上的经营店、旗舰店的授权等进行的认证。

第三，执行电子商务认证，是指对电子商务的相关方参与电子商务活动中的发生、过程、结果等的一种认证。例如，数据电文的发出、发出的系统、时间、可供查看的依据等方面的识别、证明。

第四，时间电子商务认证，是指对电子商务的相关方参与电子商务活动中的时间以及相关内容等的一种认证。例如，电子邮件的发出时间、收到时间等内容的辨别、证明。

3. 按电子商务认证主体划分

按电子商务认证主体的不同划分，电子商务认证分为：单方、双方、第三方电子商务认证。

第一，单方电子商务认证，是指对参与电子商务某一方的身份、信用、商品、服务等的一种认证。单方认证分为强制和自愿两种。例如，电子商务平台强制要求，商家对经营的某类商品必须进行某一方面的认证且达到规定的标准，否则商家就不能在平台上销售等。

第二，双方电子商务认证，是指对参与电子商务的双方的身份、信用、商品质量、服务级别等的一种认证。在一些特定系统中，双方认证被称为相互认证。

第三，第三方电子商务认证，是指由第三方机构对参与电子商务某一方的身份、信用、商品质量、服务级别等的一种认证。

5.2 电子认证机构管理的法律法规

5.2.1 电子认证机构概述

1. 认证机构的定义

认证机构（Certificate Authority，CA），又称认证中心，是指按照国家规定，取得认证机构资质和经国务院认证认可监督管理部门批准许可的，提供第三方认证服务的机构。认证机构从事认证认可服务业务，必须在国家法律法规许可的范围内进行，并制定和遵循认证认可业务规则规范。

2. 电子认证机构的定义

电子认证机构，又称电子认证服务机构、电子认证服务提供者，是指为电子签名人和电子签名依赖方提供电子认证服务的第三方机构。《电子认证服务管理办法》[①]第二条规定，电子认证服务，是指为电子签名相关各方提供真实性、可靠性验证的活动。

5.2.2 电子认证机构的条件

电子认证机构应该具备的基本条件，不仅要满足电子认证服务业务需达到的硬件环境和软件水

---

① 中华人民共和国工业和信息化部. 电子认证服务管理办法[EB/OL].（2015-04-29）[2015-05-13].

平的要求，而且要满足电子认证法律法规管理的需要。《电子认证服务管理办法》第五条规定，电子认证机构应具备下列条件。

第一，具有独立的企业法人资格。

第二，具有与提供电子认证服务相适应的人员，从事电子认证服务的专业技术人员、运营管理人员、安全管理人员和客户服务人员不少于 30 名，并且应当符合相应岗位技能要求。

第三，注册资金不低于人民币 3 000 万元。

第四，具有固定的经营场所和满足电子认证服务要求的物理环境。

第五，具有符合国家有关安全标准的技术和设备。

第六，具有国家密码管理机构同意使用密码的证明文件。

第七，法律、行政法规规定的其他条件。

【法规简要】

《电子认证服务管理办法》

为了规范电子认证服务行为，对电子认证服务提供者实施监督管理，根据《中华人民共和国电子签名法》和其他法律、行政法规的规定，中华人民共和国工业和信息化部（以下简称"工业和信息化部"）制定了《电子认证服务管理办法》。该办法于2009年2月18日以中华人民共和国工业和信息化部令第1号公布，根据2015年4月29日中华人民共和国工业和信息化部令第29号公布的《工业和信息化部关于修改部分规章的决定》修订。该决定于2015年4月29日公布，自公布之日起施行。该办法共八章四十三条，内容包括：第一章总则，第二章电子认证服务机构，第三章电子认证服务，第四章电子认证服务的暂停、终止，第五章电子签名认证证书，第六章监督管理，第七章罚则，第八章附则。

知识拓展

资料包/第5章/工业和信息化部《电子认证服务管理办法》

5.2.3　电子认证许可制度

《电子签名法》第二十九条规定，未经许可提供电子认证服务的，由国务院信息产业主管部门责令停止违法行为；有违法所得的，没收违法所得；违法所得30万元以上的，处违法所得1倍以上3倍以下的罚款；没有违法所得或者违法所得不足30万元的，处10万元以上30万元以下的罚款。我国实行电子认证许可制度，包括申请、审查、批准、工商登记、网上公示、制定业务规则和提供认证服务 7 个环节。

1. 申请

电子认证服务机构的申请，是指从事电子认证服务应当向国务院信息产业主管部门提出申请，并提交符合相关规定条件的材料。提交材料的申请人应该对材料的真实性、有效性、合法性负责。

《电子认证服务管理办法》第六条规定，申请电子认证服务许可的，应当向工业和信息化部提交下列材料：第一，书面申请；第二，人员证明；第三，企业法人营业执照副本及复印件；第四，经营场所证明；第五，国家有关认证检测机构出具的技术、设备、物理环境符合国家有关安全标准的凭证；第六，国家密码管理机构同意使用密码的证明文件。

2. 审查

审查环节，是指工业和信息化部对申请人提交的申请材料进行审查，依法作出是否受理的决定的活动。根据《电子认证服务管理办法》第七条、第八条的规定，工业和信息化部的审查，分为形式审查和实质审查两种。

第一，形式审查，即工业和信息化部对提交的申请材料进行的形式审查。申请材料齐全、符合法定形式的，应当向申请人出具受理通知书。申请材料不齐全或者不符合法定形式的，应当当场或者在5日内一次告知申请人需要补正的全部内容。

第二，实质审查，即工业和信息化部对决定受理的申请材料进行的实质审查。需要对有关内容进行核实的，指派两名以上工作人员实地进行核查。在审查过程中，工业和信息化部对与申请人有关事项书面征求中华人民共和国商务部等有关部门的意见。审查的结果有准予许可和不予许可两种。

3. 批准

根据《电子认证服务管理办法》第十条的规定，企业法人的电子认证服务机构申请，不论批准与否，工业和信息化部都应当自接到申请之日起45日内作出准予许可或者不予许可的书面决定。不予许可的，应当书面通知申请人并说明理由；准予许可的，颁发《电子认证服务许可证》，并公布下列信息：第一，《电子认证服务许可证》编号；第二，电子认证服务机构名称；第三，发证机关和发证日期。电子认证服务许可相关信息发生变更的，工业和信息化部应当及时公布。《电子认证服务许可证》的有效期为5年。

根据《电子认证服务管理办法》第十四条规定，《电子认证服务许可证》的有效期届满需要延续的，电子认证服务机构应当在许可证有效期届满30日前向工业和信息化部申请办理延续手续。根据电子认证服务机构的许可证期限和规定的条件，工业和信息化部审查批准，公布予以换发电子认证服务许可证企业名单的通告。

【案例分析】

电子认证服务许可

自2005年8月19日起，工业和信息化部第一批审核批准、准予许可的获得电子认证服务许可的认证机构有5家。至2014年，共有36家获得电子认证服务许可的认证机构。

根据《电子签名法》第十八条规定，从事电子认证服务，应当向国务院信息产业主管部门提出申请，并提交符合本法第十七条规定条件的相关材料。国务院信息产业主管部门接到申请后经依法审查，征求国务院商务主管部门等有关部门的意见后，自接到申请之日起45日内做出许可或者不予许可的决定。予以许可的,颁发电子认证许可证书;不予许可的,应当书面通知申请人并告知理由。

工业和信息化部批准申请发放《电子认证服务许可证》采用的是书面形式。例如,2012年12月3日,其批准东方新诚信数字认证中心有限公司电子认证服务许可申请时的通知是:"工业和信息化部批准东方新诚信数字认证中心有限公司电子认证服务许可申请,根据东方新诚信数字认证中心有限公司的电子认证服务行政许可申请,我部依法对其申请材料进行了形式审查和现场核实。经审查,东方新诚信数字认证中心有限公司符合从事电子认证服务应具备的法定条件,准予其开展电子认证服务,并颁发《电子认证服务许可证》(许可证号:ECP430104×××××)。"

当然,吊销《电子认证服务许可证》的通知也是书面形式的。例如,2011年2月10日,其吊销天津某公司电子认证服务许可证的公告如下。《工业和信息化部关于吊销天津×××××有限公司电子认证服务许可证的公告》(工信部协〔2011〕59号):"经查核实,天津×××××有限公司抽逃注册资本,已不具有与提供电子认证服务相适应的资金,且其未能在整改期限内改正。2011年1月18日,工业和信息化部依据《电子签名法》第三十一条规定,吊销天津×××××有限公司电子认证服务许可证(许可证号:ECP120193××××××)。特此公告。二〇一一年二月十日。"

山东省数字证书认证管理有限公司的许可证如图5-4所示(注:此电子认证服务许可证已过期,仅用于教学)。

《电子认证服务许可证》5年到期,经工业和信息化部审查,予以换发《电子认证服务许可证》。

资料来源:工业和信息化部. 信息公开目录[EB/OL].

图5-4 电子认证服务许可证

4. 工商登记

取得电子认证服务许可的企业法人,应当持《电子认证服务许可证》到工商行政管理机关办理相关手续。根据《电子认证服务管理办法》第十三条规定,电子认证服务机构在《电子认证服务许可证》的有效期内变更公司名称、住所、法定代表人、注册资本的,应当在完成工商变更登记之日起15日内办理《电子认证服务许可证》变更手续。

5. 网上公示

电子认证网上公示,是指取得认证资格的电子认证服务提供者,在提供电子认证服务之前,按照国务院信息产业主管部门的规定,在互联网上公布其名称、许可证号等信息的行为。根据《电子认证服务管理办法》第十二条规定,取得认证资格的电子认证服务机构,在提供电子认证服务之前,应当通过互联网公布下列信息:第一,机构名称和法定代表人;第二,机构住所和联系办法;第三,《电子认证服务许可证》编号;第四,发证机关和发证日期;第五,《电子认证服务许可证》有效期的起止时间。

6. 制定业务规则

电子认证机构在取得《电子认证服务许可证》，办理工商登记后，在开展电子认证服务业务之前，应制定和公布电子认证业务规则。根据《电子签名法》第十九条的规定，电子认证服务提供者应当制定、公布符合国家有关规定的电子认证业务规则，并向国务院信息产业主管部门备案。电子认证业务规则应当包括责任范围、作业操作规范、信息安全保障措施等事项。

根据《电子认证服务管理办法》第十五条的规定，电子认证服务机构应当按照工业和信息化部公布的《电子认证业务规则规范》等要求，制定本机构的电子认证业务规则和相应的证书策略，在提供电子认证服务前予以公布，并向工业和信息化部备案。电子认证业务规则和证书策略发生变更的，电子认证服务机构应当予以公布，并自公布之日起30日内向工业和信息化部备案。

7. 提供认证服务

提供电子认证服务应当规范，电子认证服务机构应当按照公布的电子认证业务规则提供电子认证服务。电子认证服务的申请人，向电子认证服务提供者提出申请电子签名认证证书，应当提供真实、完整和准确的信息。电子认证服务提供者，收到电子签名认证证书申请后，应当对申请人的身份进行查验，并对有关材料进行审查。

（1）电子认证机构提供认证服务的业务范围。

电子认证服务机构按照《电子签名法》《电子认证服务管理办法》《电子认证业务规则规范》等法律法规提供电子认证服务，提供的电子认证服务主要包括：第一，制作、签发、管理电子签名认证证书；第二，确认签发的电子签名认证证书的真实性；第三，提供电子签名认证证书目录信息查询服务；第四，提供电子签名认证证书状态信息查询服务。

（2）电子认证机构的义务。

电子认证机构在提供电子认证服务时，应当履行下列义务。

第一，告知义务，根据《电子认证服务管理办法》第二十一条规定，电子认证机构在受理电子签名认证证书申请前，应当向申请人告知下列事项：①电子签名认证证书和电子签名的使用条件；②服务收费的项目和标准；③保存和使用证书持有人信息的权限和责任；④电子认证机构的责任范围；⑤证书持有人的责任范围；⑥其他需要事先告知的事项。

第二，保证电子签名认证证书内容在有效期内完整、准确。

第三，保证电子签名依赖方能够证实或者了解电子签名认证证书所载内容及其他有关事项。

第四，妥善保存与电子认证服务相关的信息。

第五，电子认证服务机构应当建立完善的安全管理和内部审计制度。

第六，电子认证服务机构应当遵守国家的保密规定，建立完善的保密制度，电子认证服务机构对电子签名人和电子签名依赖方的资料，负有保密的义务。

第七，电子认证服务机构有根据工业和信息化部的安排承接其他机构开展的电子认证服务业务的义务。

第八，电子认证服务提供者应当妥善保存与认证相关的信息，信息保存期限至少为电子签名认证证书失效后 5 年。

（3）电子认证机构受理认证服务业务要签订合同。

为了保证电子认证服务业务双方的权益，明确责任和义务，电子认证机构受理业务要签订合同。根据《电子认证服务管理办法》第二十二条规定，电子认证服务机构受理电子签名认证申请后，应当与证书申请人签订合同，明确双方的权利义务。

（4）提供认证服务的业务暂停或终止。

根据《电子认证服务管理办法》第二十三条规定，电子认证服务机构在《电子认证服务许可证》的有效期内拟终止电子认证服务的，应在终止服务 60 日前向工业和信息化部报告，同时向工业和信息化部申请办理证书注销手续，并持工业和信息化部的相关证明文件向工商行政管理机关申请办理注销登记或者变更登记。根据第二十四条规定，电子认证服务机构拟暂停或者终止电子认证服务的，应在暂停或者终止电子认证服务 90 日前，就业务承接及其他有关事项通知有关各方。电子认证服务机构拟暂停或者终止电子认证服务的，应当在暂停或者终止电子认证服务 60 日前向工业和信息化部报告，并与其他电子认证服务机构就业务承接进行协商，作出妥善安排。

第二十五条规定，电子认证服务机构拟暂停或者终止电子认证服务，未能就业务承接事项与其他电子认证服务机构达成协议的，应当申请工业和信息化部安排其他电子认证服务机构承接其业务。第二十六条规定，电子认证服务机构被依法吊销电子认证服务许可的，其业务承接事项的处理按照工业和信息化部的规定进行。第二十七条规定，电子认证服务机构有根据工业和信息化部的安排承接其他机构开展的电子认证服务业务的义务。

《电子签名法》第三十条规定，电子认证服务提供者暂停或者终止电子认证服务，未在暂停或者终止服务 60 日前向国务院信息产业主管部门报告的，由国务院信息产业主管部门对其直接负责的主管人员处 1 万元以上 5 万元以下的罚款。

5.2.4 电子认证机构监管的法律法规

根据《电子签名法》第二十五条规定，国务院信息产业主管部门依照本法制定电子认证服务业的具体管理办法，对电子认证服务提供者依法实施监督管理。我国对电子认证机构的监督管理，主要体现在以下方面。

1. 守信激励、失信惩戒

工业和信息化部推动建立电子认证机构信用评价机制及评价指南，组织第三方机构开展电子认证服务机构信用等级评价。

（1）激励。

在工业和信息化部网站、"信用中国"网站等公布联合激励的电子认证机构名单，将其纳入工业和信息化部主管的行业信用信息数据库，树立为诚信典型，向社会推介①。工业和信息化部认定并公布的严格遵守《电子签名法》等法律法规、遵从认证业务规则、拥有良好的认证服务记录、具有较高信用评价等级，且在全国信用信息共享平台及国家企业信用信息公示系统无失信记录的电子认证机构，可以给予守信联合激励。

（2）惩戒。

工业和信息化部认定并公布的存在严重失信行为的电子认证服务机构，未经许可从事电子认证服务的企事业单位或其他组织（以下简称"失信机构"）及其法定代表人、主要负责人和负有直接责任的有关人员（以下简称"失信人员"），为失信联合惩戒的电子认证机构。

"严重失信行为"是指不遵守法律法规、未严格按照认证业务规则操作，并对消费者权益造成严重损害的行为。工业和信息化部依法依规采取的主要惩戒措施如下。

第一，责令限期改正或停止失信行为，列为重点监管对象，加强日常监督检查频次，向社会公布检查结果。

第二，在工业和信息化部网站公示联合惩戒对象名单及有关信息；对失信机构在一定期限内限制从事电子认证服务，对失信人员在一定期限内实施行业禁入。

第三，在增值电信业务经营许可等行政审批中，对失信机构从严审核。

2. 年检

工业和信息化部对电子认证服务机构进行年度检查并公布检查结果。年度检查采取报告审查和现场核查相结合的方式。经工业和信息化部批准，对于守信诚信的电子认证机构，在电子认证服务许可证延续审查中，根据情况对其实施"容缺受理"、缩减审查事项等便利措施；其在年度电子认证服务监督检查中可以免检一次。

3. 保持条件

根据《电子认证服务管理办法》第三十三条规定，取得电子认证服务许可的电子认证服务机构，在电子认证服务许可的有效期内不得降低其设立时所应具备的条件。

电子认证机构取得认证许可，获得工业和信息化部颁发的《电子认证服务许可证》后，应该按照规定的申报时的条件开展电子认证服务。如果自行降低条件，由工业和信息化部依据职权责令限期改正，处以 3 万元以下的罚款，并将上述情况向社会公告。情节严重者，工业和信息化部将依据法律法规，吊销其《电子认证服务许可证》。

4. 报送资料

电子认证机构在正常提供电子认证服务过程中，应当向工业和信息化部提供相关资料。发生异常情况和重大事件时，也应当报告工业和信息化部。报送资料的内容和范围，主要包括以下内容。

第一，业务、财务资料。电子认证服务机构应当如实向工业和信息化部报送认证业务开展情况报告、财务会计报告等有关资料。

---

① 国家发改委. 关于在电子认证服务行业实施守信联合激励和失信联合惩戒的合作备忘录[EB/OL]（2017-05-04）[2017-06-15].

第二，统计资料。电子认证服务机构应当按照工业和信息化部信息统计的要求，按时并如实报送认证业务开展情况及有关资料。

第三，异常情况和重大事件资料。电子认证服务机构有下列情况之一的，应当及时向工业和信息化部报告：①重大系统、关键设备事故；②重大财产损失；③重大法律诉讼；④关键岗位人员变动。

根据《电子认证服务管理办法》第三十八条规定，电子认证服务机构向工业和信息化部隐瞒有关情况、提供虚假材料或者拒绝提供反映其活动的真实材料的，由工业和信息化部责令改正，给予警告或者处以 5 000 元以上 1 万元以下的罚款。

5. 监管形式

工业和信息化部根据监督管理工作的需要，可以委托有关省、自治区和直辖市的信息产业主管部门承担具体的监督管理事项。《电子签名法》第三十一条规定，电子认证服务提供者不遵守认证业务规则、未妥善保存与认证相关的信息，或者有其他违法行为的，由国务院信息产业主管部门责令限期改正；逾期未改正的，吊销电子认证许可证书，其直接负责的主管人员和其他直接责任人员 10 年内不得从事电子认证服务。吊销电子认证许可证书的，应当予以公告并通知工商行政管理部门。

6. 公示

对电子认证机构取得、到期更换《电子认证服务许可证》的情况，工业和信息化部都将在其网站公布；同时，其对于吊销《电子认证服务许可证》以及对电子认证机构的处罚，也应当予以公告。

5.2.5　电子认证机构的法律责任

1. 赔偿责任

根据《电子签名法》第二十八条规定，电子签名人或者电子签名依赖方因依据电子认证服务提供者提供的电子签名认证服务从事民事活动遭受损失，电子认证服务提供者不能证明自己无过错的，承担赔偿责任。

2. 未经许可的责任

《电子签名法》第二十九条规定，未经许可提供电子认证服务的，由国务院信息产业主管部门责令停止违法行为；有违法所得的，没收违法所得；违法所得 30 万元以上的，处违法所得 1 倍以上 3 倍以下的罚款；没有违法所得或者违法所得不足 30 万元的，处 10 万元以上 30 万元以下的罚款。

3. 暂停业务未报告的责任

《电子签名法》第三十条规定，电子认证服务提供者暂停或者终止电子认证服务，未在暂停或者终止服务 60 日前向国务院信息产业主管部门报告的，由国务院信息产业主管部门对其直接负责的主管人员处 1 万元以上 5 万元以下的罚款。

4. 未遵守规则和未承接工业和信息化部业务的责任

电子认证服务机构未遵守业务规则、未按规定承接工业和信息化部业务的，由工业和信息化部依据职权责令限期改正，并处以警告或 1 万元以下的罚款，或者同时处以以上两种处罚。

5. 降低条件的责任

电子认证服务机构在电子认证服务许可的有效期内降低其设立时所应具备条件的，由工业和信息化部依据职权责令限期改正，并处 3 万元以下罚款。

6. 电子认证机构的其他法律责任

电子认证机构未保存与认证相关信息，或者有其他违法行为的，由国务院信息产业主管部门责令限期改正；逾期未改正的，吊销电子认证许可证书，其直接负责的主管人员和其他直接责任人员 10 年内不得从事电子认证服务。吊销电子认证许可证书的，应当予以公告并通知工商行政管理部门。

5.3 电子认证证书管理的法律法规

5.3.1 电子认证证书概述

1. 电子认证证书的定义

认证证书，是指认证机构对身份、资格、产品、服务和管理体系等进行认证，其通过认证并达到国家法律法规、标准性文件要求时认证机构所颁发的证明性文件。《认证认可条例》第二十四条规定，认证结论为产品、服务、管理体系符合认证要求的，认证机构应当及时向委托人出具认证证书。

电子认证证书（Electronic Certification Certificate），又称数字证书，是指由经国家有关部门批准的电子认证服务机构，对身份、资格、产品、服务和管理体系等通过认证达国家法律法规、标准性文件要求时，所颁发的电子认证的证明性文件。

《电子签名法》第三十四条第（三）项规定，电子签名认证证书，是指可证实电子签名人与电子签名制作数据有联系的数据电文或者其他电子记录。

【数据摘要】

我国有效电子认证证书持有量

截至 2018 年 3 月 31 日，有效电子认证证书持有量合计 3.82 亿张，3 月增加 1 538 万张，环比增长 4.19%。其中机构证书 7 210 万张，本月增加 534 万张，环比增长 8.00%。个人证书 3.07 亿张，本月增加 1 008 万张，环比增长 3.39%。设备证书 357 万张，本月减少 4 万张，环比降低 1.11%。

资料来源：工业和信息化部信息化和软件服务业司. 2018 年 3 月电子认证服务业动态[EB/OL].（2018-03-31）[2018-03-31].

2. 电子认证证书的内容

根据我国情况，《电子签名法》对电子签名认证证书的内容作了规定。该法第二十一条规定，电子认证服务提供者签发的电子签名认证证书应当准确无误，并应当载明下列内容。

第一，电子认证服务提供者名称。

第二，证书持有人名称。

第三，证书序列号。

第四，证书有效期。

第五，证书持有人的电子签名验证数据。

第六，电子认证服务提供者的电子签名。

第七，国务院信息产业主管部门规定的其他内容。

5.3.2　电子认证证书管理法律法规的内容

1. 电子认证证书申请、审查、发放、接受的法律法规

根据《电子签名法》《电子认证服务管理办法》和信息产业部（现为"工业和信息化部"）电子认证服务管理办公室制定的《电子认证业务规则规范（试行）》[①]，电子认证证书的管理，分为申请、审查等环节。

（1）电子认证证书的申请。

根据《电子认证服务管理办法》第二十二条的规定，电子认证机构受理电子签名认证申请后，应当与证书申请人签订合同，明确双方的权利义务。根据《电子认证业务规则规范（试行）》的规定，电子认证证书的申请包括如下。

第一，提交电子认证申请的主体，包括证书申请人、注册机构。

第二，申请人在提交证书申请时所使用的注册过程，以及在此过程中各方的责任。为了接收证书申请，电子认证机构或注册机构可能负有建立注册过程的责任。同样，证书申请人可能负有在其证书申请中提供准确信息的责任。

（2）电子认证证书的审查。

电子认证证书申请处理，由电子认证机构接受申请，并进行审查核实。例如，为了验证证书申请，电子认证机构或注册机构可能要执行身份标识和鉴别流程。根据这些步骤，电子认证机构或注册机构将可能依照某些准则批准或者拒绝该证书申请。最后，要设置电子认证机构或注册机构必须受理并处理证书申请的时间期限。

【案例分析】

电子认证证书的式样

根据电子认证证书的种类以及发放的电子认证服务机构不同，电子认证证书的式样、包括的基本内容差别较大。

2015年11月19日，安徽中德机床股份有限公司官方网站通过中国电子认证服务产业联盟实名网站认证。该认证由工业和信息化部指导，认证权威可信，严格遵循认证联盟业务规范，多维度

---

① 信息产业部电子认证服务管理办公室. 电子认证业务规则规范（试行）[EB/OL].（2005-04-01）[2005-04-01].

权威数据库比对，确保实名网站认证结果权威、真实、可信。图5-5所示为网站电子认证证书。

2016年6月30日，中国电信集团号百114MALL电子商务平台第一批获得由上海质量体系审核中心颁发的带有"中国电子商务认证联盟"标志的《B2C商品类电子商务交易服务认证证书》，认证级别为四星。图5-6所示为电子商务（B2C类）认证证书。

图 5-5　网站电子认证证书（仅用于教学）　　　图 5-6　电子商务（B2C 类）认证证书（仅用于教学）

（3）电子认证证书的发放。

通过电子认证机构的审核，符合法律法规、规范性标准的，应当签发电子认证证书。证书签发过程如下。

第一，电子认证机构的行为，如电子认证机构验证注册机构签名和确认注册机构的权限、并生成证书的过程。

第二，电子认证机构签发证书时对订户的通告机制，如电子认证机构用电子邮件将证书发送给订户或注册机构，或者用电子邮件将允许订户到网站下载证书的信息告知用户。

（4）电子认证证书的接受。

电子认证申请人，按照电子认证机构确定的方式和方法，接受电子认证证书。接受证书的行为，包括表示接受的确认步骤、暗示接受的操作、没能成功反对证书或其内容。电子认证机构对证书的发布方式加以确定，例如，电子认证机构可以将证书发布到 X.500（全球分布式名录服务系统的协议）或轻型目录访问协议（Lightweight Directory Access Protocol，LDAP）证书库。电子认证机构在颁发证书时对其他实体进行通告，例如，电子认证机构可能发送证书到注册机构。

【法规简要】

《电子认证业务规则规范（试行）》

信息产业部电子认证服务管理办公室，于2005年4月，为了规范电子认证业务规则的基本框架、主要内容和编写格式，根据目前电子认证系统大多采用基于非对称密钥的公钥基础设施（Public Key Infrastructure，PKI）技术的现状，参考国家标准化部门正在制定的相关标准，编制了《电子认证业务规则规范（试行）》。电子认证机构应参照本规范，结合电子认证业务的具体情况，编制电子认证业务规则。《电子认证业务规则规范（试行）》内容包括：第一部分，电子认证业务规则的主要组成部分；第二部分，主要组成部分的内容说明；第三部分，电子认证业务规则的标题结构参考模板。

知识拓展

资料包/第5章/《电子认证业务规则规范（试行）》

---

2. 电子认证证书使用、更新的法律法规

（1）密钥对和证书的使用。

通过明确密钥和证书使用相关的责任来确定认证证书的使用。首先，确定与订户使用其私钥和证书相关的订户责任。例如，订户可能被要求只能在恰当的应用范围内使用私钥和证书，这些应用在证书策略（Certificate Policy，CP）中设置，并且与有关的证书内容相一致（如密钥用途字段等）。其次，确定与使用订户公钥和证书相关的依赖方责任。例如，依赖方只能在恰当的应用范围内依赖于证书，这些应用在 CP 中设置，并且与有关的证书内容相一致（如密钥用途扩展等）。

（2）电子认证证书的更新。

电子认证证书更新，是指在不改变证书中订户的公钥或其他任何信息的情况下，为订户签发一张新证书的行为。例如，证书期限已到，需要更新等。

关于电子认证证书的更新主要涉及的内容包括如下。

第一，电子认证证书更新的情况，例如，证书已到期，但策略允许继续使用相同的密钥对。

第二，请求电子认证证书更新的实体，例如，订户、注册机构或电子认证服务机构可以自动更新订户证书。

第三，为签发新的电子认证证书，电子认证机构或注册机构处理更新请求，例如，使用令牌、口令，来重新鉴别订户或使用与原始签发证书相同的过程。

第四，颁发新电子认证证书给订户时的通告，例如，在网站上告知或公示。

第五，构成接受更新电子认证证书的行为，是指接受方对新电子认证证书的接受活动。

第六，电子认证机构对更新证书的情况进行发布，告知相关更新电子认证证书者。

第七，电子认证机构在颁发电子认证证书时对其他实体的通告，要向社会公众发出。

（3）电子认证证书密钥的更新。

电子认证证书密钥更新，是指订户或其他参与者生成一对新密钥并申请为新公钥签发一个新电子认证证书的行为。其包括的内容如下。

第一，电子认证证书密钥更新的情形，例如，因私钥泄露而吊销电子认证证书之后或者电子认证证书到期并且密钥对的使用期也到期之后。

第二，可以请求电子认证证书密钥更新的实体，如订户等。

第三，为签发新电子认证证书，电子认证机构或注册机构处理密钥更新请求的过程。

第四，颁发新电子认证证书给订户时的通告。

第五，构成接受密钥更新电子认证证书的行为。

第六，电子认证机构对密钥更新电子认证证书的发布。

第七，电子认证机构在颁发电子认证证书时对其他实体的通告。

（4）电子认证证书的变更。

电子认证证书变更，是指改变证书中除订户公钥之外的信息而签发新电子认证证书的情形。其包括的内容如下。

第一，电子认证证书变更的情形，例如，名称改变等而造成的实体身份改变。

第二，可以请求电子认证证书变更的实体，如订户或注册机构等。

第三，为签发新电子认证证书，电子认证机构或注册机构处理电子认证证书变更请求的过程，例如，采用与原始电子认证证书签发相同的过程。

第四，颁发新电子认证证书给订户时的通告。

第五，构成接受变更电子认证证书的行为。

第六，电子认证机构对变更电子认证证书的发布。

第七，电子认证机构在颁发电子认证证书时对其他实体的通告。

3. 电子认证证书吊销、挂起、查询、停止、撤销的法律法规

（1）电子认证证书的吊销。

电子认证证书的吊销内容如下。

第一，可以请求吊销电子认证证书的实体，例如，对最终用户电子认证证书而言，可能是订户、注册机构或电子认证机构。

第二，电子认证证书吊销请求的流程，例如，由注册机构签署的消息、由订户签署的消息或由注册机构电话通知。

第三，订户可用的宽限期，订户必须在此时间内提出吊销请求。

第四，电子认证机构必须处理吊销请求的时间。

第五，为检查其所依赖电子认证证书的状态，依赖方可以或必须使用的检查机制。

第六，如果使用证书吊销列表（Certificate Revocation List，CRL），其发布频率是多少。

第七，如果使用 CRL，产生 CRL 并将其发布到证书库的最大延迟是多少（也就是在生成 CRL 之后，在将其发布到电子认证证书库中所用的处理和通信相关最长延迟）。

第八，在线电子认证证书状态查询的可用性，例如在线证书状态协议（Online Certificate Status

Protocol，OCSP）和状态查询的网站。

第九，依赖方执行在线吊销状态查询的要求。

第十，吊销信息的其他可用发布形式。

（2）电子认证证书的挂起。

电子认证证书的挂起主要内容如下。

第一，电子认证证书的挂起的情形，如私钥损害等。

第二，可以请求电子认证证书挂起的实体，例如，对于最终用户证书而言，订户、订户的上级或者注册机构。

第三，请求电子认证证书挂起的过程，例如，由订户或注册机构签署的消息或注册机构的电话请求。

第四，电子认证证书挂起的最长时间。

（3）电子认证证书查询和停止。

电子认证证书在使用时，其状态可查询，并且操作方便。当电子认证证书停止使用时，说明订户停止使用电子认证服务。

（4）电子签名认证证书的撤销。

根据《电子认证服务管理办法》第二十九条的规定，有下列情况之一的，电子认证服务机构可以撤销其签发的电子签名认证证书：第一，证书持有人申请撤销证书；第二，证书持有人提供的信息不真实；第三，证书持有人没有履行双方合同规定的义务；第四，证书的安全性不能得到保证；第五，法律、行政法规规定的其他情况。

《电子认证服务管理办法》第三十条规定，有下列情况之一的，电子认证服务机构应当对申请人提供的证明身份的有关材料进行查验，并对有关材料进行审查：第一，申请人申请电子签名认证证书；第二，证书持有人申请更新证书；第三，证书持有人申请撤销证书。

《电子认证服务管理办法》第三十一条规定，电子认证机构更新或者撤销电子签名认证证书时，应当予以公告。

关键术语

认证   CCC 认证   电子商务认证   认证机构   电子认证机构   电子认证证书
电子签名认证证书

基本知识

（1）电子商务认证的作用。

（2）电子认证机构的条件。

（3）电子认证证书的内容。

思考讨论

（1）我国电子认证制度。

（2）电子认证证书的管理。

（3）我国电子认证的未来发展。

案例分析

电子认证服务四大纠结

《电子签名法》实施以来，电子认证证书发放量十分有限，连网民数、网银用户数和服务器数量的1/20都不到。这说明我国的电子认证服务市场潜力很大，未来大有可为；同时，也不得不令人怀疑，是什么原因阻碍了电子认证证书在中国的快速应用？《计算机世界》报社记者经过多方调查采访，终于找到了目前电子认证服务方面的四大纠结。

纠结一：关于电子认证证书知之甚少。

很多人不了解电子认证证书——这是阻碍电子认证服务市场的第一大"拦路虎"。

为了搞清楚究竟有多少业内人士了解电子认证证书和电子认证机构（CA），记者曾经在"计算机世界网"的用户中心页面发起过一份调查：你了解电子签名和认证技术吗？结果只有18.9%的人完全了解；45.67%的人了解一半；35.43%的人完全不了解。有人问："第一次听到电子认证，是数字电视的条件接收吗？"。还有人问："这个CA与CA公司是什么关系？"调查结果非常令人失望，这是在专业的互联网技术（Internet Technology，IT）人士中的一次调查。在普通老百姓中呢？有多少人了解电子签名和电子认证呢？结果更不敢想象。虽然一方面政府职能部门和电子认证机构在大力倡导、积极推进电子签名的应用；但另一方面，作为用户机构，很多人确实不了解新兴的电子签名认证服务。例如，在电子商务、网游领域，电子认证证书能为他们带来什么？目前还真没人能说得清楚。

纠结二：电子认证证书使用体验差。

首先，电子认证证书安装的复杂性导致用户的担心。记者在安装某商业银行网上银行电子认证证书的时候，就曾经遇到系统不兼容的问题。记者的计算机安装了微软Windows7操作系统，电子认证证书安装中提示要求使用低版本的操作系统。

其次，电子认证证书与其他流行的通用软件不能相互认证，导致使用体验极差。广州市信息安全测评中心副主任周晓斌对记者说："在中国使用电子认证证书的人群中，至少90%不是专业IT人员，对于电子认证证书的使用或多或少都会遇到各种问题。例如，很多电子认证证书的驱动程序对浏览器有很高的要求；现在很多网银使用的电子认证证书不支持微软新的IE8浏览器，不支持Firefox浏览器，这样给消费者会带来很大的麻烦。"同时，电子认证证书不被流行的浏览器认证，将导致用户经常面临困惑，由此制约电子认证证书的发放。

此外，各种电子认证机构颁发的电子认证证书不能相互认证，也是制约电子认证证书发放的根本原因。有专家曾经提议建立"根CA"或"桥CA"，目的是希望通过一个密钥（Key），能访问多个应用。但由于技术和商业模式的限制，这两种方式没有实行，而各个电子认证机构依然在条块分割的市场各自为战，无法合作。

纠结三：自建CA进行认证存隐患。

目前，中国对电子认证服务行业实行的是行政许可和市场准入制度，2005年实施的《中华人民共和国电子签名法》和《电子认证服务管理办法》确立了合法电子认证机构的认定程序和法律责任。由国务院信息产业主管部门依法对电子认证机构实施监督管理。这意味着，依照《中华人民共和国电子签名法》成立地获得了工业和信息化部市场许可的CA，其签发的电子认证证书以及使用有效电子认证证书进行的可靠电子签名，均具法律效力。而那些没有获得工业和信息化部等权威部门许可的非第三方电子认证机构，根据《中华人民共和国电子签名法》的规定，他们在未取得电子认证服务许可证前，其涉及的电子签名的法律效力有待鉴别。

如果金融机构这样的重量级用户能够采用依法建立的电子认证服务，不但能减少其自身在部署和运营电子认证证书中存在的风险，更能整合电子认证机构的优势资源，形成合力推广电子认证服务，促进优质服务，确保网上应用系统安全、稳定、健康发展。

纠结四：电子认证服务有待深化。

许多电子认证机构都具有官方背景，还没有从管理者的角色中转变出来，往往错误地将自己定位为管理机构而非服务机构。很多人认为电子认证机构就是一个赚钱的部门，并且利润丰厚。因此大家竞相涌入这一领域。但现实情况如何呢？

如果这个综合性的电子认证技术平台可以更好地为用户服务，那么在未来也许可以打破条块化的电子认证服务市场，促使各家电子认证机构成为真正的全国性服务机构，而不只局限于某一地，从而让电子认证服务市场得到进一步扩大。

资料来源：胡英，汤铭. 电子认证服务四大纠结[J]. 计算机世界，2010（24）.

知识拓展

资料包/第5章/电子认证服务相关资料

根据《电子签名法》和电子认证的相关法律法规，回答以下问题。

① 你对电子签名、电子认证和电子认证证书有怎样的认识。

② 你认为我国电子认证存在的主要问题是什么？如何解决？

③ 你是否办理过电子认证证书？请说明具体的情况及其原因。如果现在还没有办理过电子认证证书，以后是否想办理？为什么？

【目标要求】

（1）掌握合同、电子合同、电子代理人、点击合同的定义和电子合同的特点。

（2）熟悉电子合同要约与要约邀请的区分、电子合同与传统合同的区别和电子合同的履行。

（3）了解要约邀请、要约、承诺的定义，要约的条件、承诺的条件。

【重点和难点】

（1）重点：合同、电子合同、电子代理人、点击合同的定义和电子合同的特点。

（2）难点：电子合同要约与要约邀请的区分、电子合同与传统合同的区别。

6.1 电子合同概述

6.1.1 电子合同的概念

1. 合同的定义

根据《中华人民共和国合同法》第二条的规定，合同是平等主体的自然人、法人、其他组织之间设立、变更、终止民事权利义务关系的协议。

电子合同的定义和特点

在民间，现在合同仍然有"契约"的说法，这主要是从古代合同的叫法延续而来的。在古代，合同被称为"书契""质剂""傅别"等。《周易》记述："上古结绳而治，后世对人易之以书契。""书契"的"书"是指文字，而"契"是将文字刻在木板上的意思，所以，把文字刻在木板上，一分为二（左契、右契），作为依据。西周时期把合同称作"质剂"，其实是两份书契。"质剂"的"质"指长的书契，用于购买牛马；而"剂"指短的书契，用于购买兵器和珍奇物。"傅别"即古代的合同。"傅别"的"傅"指用文字来形成约束力，"别"是分为两半、各持一半的意思。从字面来看"合同"，有协商一致、意见相同、合为同一件书契的意思。

2. 电子合同的定义

电子合同（Electronic Contract）是指在网络环境下，平等主体的自然人、法人、其他组织之间利用电子信息技术手段，设立、变更、终止民事权利义务关系的协议。对以上电子合同定义进行简单分析如下。

第一，从订立形式看，电子合同使用的是电子信息技术手段，这与传统合同存在很大差别。信息技术手段，包括电子信息手段（如传真、计算机网络等）、数字通信技术（如电子数据交换、电子邮件等）和计算机网络（如内部网络、互联网等）。

第二，从记载载体看，电子合同的载体是磁介质，即通常所说的数据电文。电子合同的生成以

及存储、发送、接收，其载体都是数据电文。

第三，从广义角度看，只要以电子信息技术手段在网络环境下订立的合同，都应该属于电子合同。

第四，从本质上看，电子合同没有改变合同的实质，改变的只是形式。在实质上，电子合同仍然是一种确立权利义务关系的协议。

> **知识拓展**
>
> 资料包/第6章/《中华人民共和国合同法》

3. 电子合同与传统合同的区别

（1）签订的方式不同。

传统合同发生在现实世界里，交易双方可以面对面地协商；而电子合同发生在虚拟空间中，交易双方一般互不见面。在电子自动交易中，甚至不能确定交易对方的身份，签订合同有时是自动进行的，身份要靠密码的辨认或认证机构的认证。在电子商务合同中，要约与承诺的发出和收到的时间较传统合同复杂，其合同成立和生效的构成条件也有所不同。

（2）记载形式不同。

电子合同的内容，是通过数据电文形式表现出来的，不存在原件与复印件的区分；而传统合同是纸介质的，通过传统纸张表现合同的文字内容。

（3）签名方式不同。

电子合同是用数据电文形式表现的，所以其签名方式是数字认证、电子签名；而传统合同是纸介质的，其签名方式采用传统签字、盖章的形式。

（4）生效时间、地点不同。

与传统合同相比，电子合同的形式发生了变化。使用电子信息技术手段形成的电子合同，其生效的时间、地点，与传统合同有很大的区别，同时合同的履行也产生了变化，履行主要采用电子支付方式。

（5）当事人的权利和义务不同。

电子合同中，既存在由合同内容决定的传统合同的实体权利义务关系，又存在由特殊合同形式产生的形式上的权利义务关系，如数字签名、电子认证等法律关系。在传统合同中，重视实体权利义务法律关系；而在电子合同中，一些权利义务关系显得十分重要，如信息披露义务、保护隐私权义务等。

6.1.2　电子合同的类别

1. 按在交易中电子合同适用的程度划分

按在交易中电子合同适用的程度划分，电子合同分为完全电子合同和不完全电子合同。

完全电子合同，是指业务或交易内容全部采用订立电子合同的形式。不完全电子合同，是指部分业务或交易内容，采用非订立电子合同的形式。

2. 按电子合同的标的划分

按电子合同的标的划分，电子合同分为一般电子合同和计算机信息电子合同。

一般电子合同，是指合同标的是一般物的电子合同。计算机信息电子合同，是指合同标的是计算机信息的电子合同。

3. 按电子合同的订立形式划分

按电子合同的订立形式划分，电子合同分为格式电子合同和非格式电子合同。

格式电子合同，是指电子合同的全部或主要条款为格式条款的合同。格式条款，是当事人为了重复使用而预先拟定，并在订立合同时未与对方协商的条款。非格式电子合同，是指电子合同的全部或主要条款为当事人协商而订立的合同。

因为格式电子合同的全部或主要条款是事先拟定的，所以，合同通常是由当事人的一方事先拟定备好。格式电子合同，是电子商务中常用的一种合同订立的形式。

4. 按电子合同的范围划分

按电子合同的范围划分，电子合同分为广义电子合同和狭义电子合同。

广义电子合同，是指所有在网络环境下，平等主体的自然人、法人、其他组织之间利用现代信息技术手段，设立、变更、终止民事权利义务关系的协议。狭义电子合同，是指只通过互联网订立的电子合同。

6.2 电子合同订立的法律法规

6.2.1 电子合同的当事人和电子代理人

1. 电子合同当事人的定义

电子合同的当事人，是指依法订立电子合同的双方或多方，是按照合同约定履行义务和行使权利的自然人、法人及其他组织。通常情况下，合同当事人是指订立合同的双方，但是，有些合同当事人可能是三方或多方。合同当事人是合同的重要内容，法律法规一般会对当事人的资格进行限定。

2. 电子合同当事人的确认

电子合同当事人的真实、有效，是电子合同订立的前提。确认电子合同当事人的方式方法，与传统合同的不同，其确认方法主要采用电子签名、电子认证和其他方法。

3. 电子合同当事人订约能力

订立电子合同的当事人，按照法律法规的规定，应当具有相应的民事权利能力和民事行为能力。在当事人同意的情况下，其依法可以委托代理人订立合同。

《中华人民共和国合同法》（以下简称《合同法》）第九条规定，当事人订立合同，应当具有相应的民事权利能力和民事行为能力。当事人依法可以委托代理人订立合同。《电子商务法》第四十八条第二款规定，在电子商务中推定当事人具有相应的民事行为能力。但是，有相反证据足以推翻的除外。

【知识要点】

民事权利能力和民事行为能力

民事权利能力，是指法律赋予民事主体享有民事权利和承担民事义务的能力，即民事主体享有权利和承担义务的资格，是作为民事主体进行民事活动的前提条件。

民事行为能力，是指民事主体以自己的行为享有民事权利、承担民事义务的能力，即民事主体以自己的行为享有民事权利、承担民事义务的资格。

民事行为能力以民事权利能力为前提，只有具备民事权利能力，才有可能具有民事行为能力。但有民事权利能力，不一定有民事行为能力。民事行为能力既包括民事主体对其实施的合法行为取得民事权利、承担民事义务的能力，也包括对其实施的违法行为承担民事责任的能力。

《中华人民共和国民法总则》第十六条至二十四条规定如下。

涉及遗产继承、接受赠与等胎儿利益保护的，胎儿视为具有民事权利能力。但是胎儿娩出时为死体的，其民事权利能力自始不存在。

十八周岁以上的自然人为成年人。不满十八周岁的自然人为未成年人。

成年人为完全民事行为能力人，可以独立实施民事法律行为。十六周岁以上的未成年人，以自己的劳动收入为主要生活来源的，视为完全民事行为能力人。

八周岁以上的未成年人为限制民事行为能力人，实施民事法律行为由其法定代理人代理或者经其法定代理人同意、追认，但是可以独立实施纯获利益的民事法律行为或者与其年龄、智力相适应的民事法律行为。

不满八周岁的未成年人为无民事行为能力人，由其法定代理人代理实施民事法律行为。

不能辨认自己行为的成年人为无民事行为能力人，由其法定代理人代理实施民事法律行为。八周岁以上的未成年人不能辨认自己行为的，适用前款规定。

不能完全辨认自己行为的成年人为限制民事行为能力人，实施民事法律行为由其法定代理人代理或者经其法定代理人同意、追认，但是可以独立实施纯获利益的民事法律行为或者与其智力、精神健康状况相适应的民事法律行为。

无民事行为能力人、限制民事行为能力人的监护人是其法定代理人。

不能辨认或者不能完全辨认自己行为的成年人，其利害关系人或者有关组织，可以向人民法院申请认定该成年人为无民事行为能力人或者限制民事行为能力人。被人民法院认定为无民事行为能力人或者限制民事行为能力人的，经本人、利害关系人或者有关组织申请，人民法院可以根据其智力、精神健康恢复的状况，认定该成年人恢复为限制民事行为能力人或者完全民事行为能力人。本条规定的有关组织包括：居民委员会、村民委员会、学校、医疗机构、妇女联合会、残疾人联合会、依法设立的老年人组织、民政部门等。

资料来源：全国人民代表大会. 中华人民共和国民法总则[EB/OL]. (2017-03-15) [2017-10-01].

【法律简要】

《中华人民共和国民法总则》

《中华人民共和国民法总则》（以下简称《民法总则》）于2017年3月15日经第十二届全国人民代表大会第五次会议通过，以国家主席令第66号公布，自2017年10月1日起施行。

《中华人民共和国民法总则》旨在保护民事主体的合法权益，调整民事关系，维护社会和经济秩序，适应中国特色社会主义发展要求，弘扬社会主义核心价值观，共十一章二百零六条，其主要内容如下。

第一章基本规定，第二章自然人（第一节民事权利能力和民事行为能力、第二节监护、第三节宣告失踪和宣告死亡、第四节个体工商户和农村承包经营户），第三章法人（第一节一般规定、第二节营利法人、第三节非营利法人、第四节特别法人），第四章非法人组织，第五章民事权利，第六章民事法律行为（第一节一般规定、第二节意思表示、第三节民事法律行为的效力、第四节民事法律行为的附条件和附期限），第七章代理（第一节一般规定、第二节委托代理、第三节代理终止），第八章民事责任，第九章诉讼时效，第十章期间计算，第十一章附则。

知识拓展

资料包/第6章/《中华人民共和国民法总则》

---

4. 电子合同的电子代理人

（1）电子代理人的定义。

电子代理人（Electronic Agent），是指不需要人的审查或操作，而能用于独立地发出、回应电子记录，以及部分或全部地履行合同的计算程序、电子或其他计算机自动化手段。

根据 1999 年 7 月美国统一州法全国委员会通过的《统一计算机信息交易法》（Uniform Computer Information Transaction Act，UCITA）第一百零二条的规定，电子代理人是指："某人用来代表该人对电子信息或对方的行为采取行动或做出反应，且在做出此种行动或反应之时无需该人对该电子信息或对方的行为进行审查或做出反应的一个计算机程序、电子手段或其他自动化手段。"在 1999 年美国制定的《统一电子交易法》（Uniform Electronic Transaction Act）也借鉴了这一概念。1999 年联合国国际贸易法委员会在草拟的《统一电子签名规范》（1999 年 2 月第 3 稿）第八条"强化证书的内容"中，也使用了"电子代理人"一词，此后该词为许多国家所普遍接受。目前，电子代理人已成为一个国际上普遍接受的术语[1]。

还有一种提法，称为"自动电文系统"。自动电文系统（Automated Message Systems）是指一种计算机程序或者一种电子手段或其他自动手段，用以引发一个行动或者全部或部分地对数据电文或执行生成答复，而无需每次在系统引发行动或生成答复时由自然人进行复查或干预[2]。

---

[1] 谢波. 关于电子代理人的法律问题[EB/OL]. （2009-12-19）[2017-12-20].
[2] 杨坚争. 电子商务法教程[M]. 3 版. 北京：高等教育出版社，2017（07）：135.

"自动电文系统"在《联合国国际合同使用电子通信公约》第十二条"自动电文系统在合同订立中的使用"中被提及。

（2）电子代理人的实质。

电子代理人，实质上是一种由人类制造或开发的自动化交易手段或工具。电子代理人不具有独立的人格和财产，不能独立地承担民事责任。它只是合同当事人预先设定的程序，该程序包含了当事人预先设定的要约、承诺条件、订立和履行合同的方式等。法律法规对电子代理人的所有者或被代理人，应该有相应的限制条件，以防止滥用。

《电子商务法》第四十八条第一款规定，电子商务当事人使用自动信息系统订立或者履行合同的行为对使用该系统的当事人具有法律效力。

（3）电子代理人的法律问题。

电子代理人目前应用的范围有扩大趋势。随着互联网的运用范围迅猛扩大，更多的项目和服务内容，由原来的人工操作改为计算机程序进行。例如，网络交易的商品选择、发送订单、接收订单、自动支付结算等业务。计算机程序替代人工已经普及。

知识拓展

资料包/第6章/电子代理人相关资料

《联合国国际合同使用电子通信公约》第十二条"自动电文系统在合同订立中的使用"规定："通过自动电文系统与自然人之间的交互动作或者通过若干自动电文系统之间的交互动作订立的合同，不得仅仅因为无自然人复查或干预这些系统进行的每一动作或者由此产生的合同而被否定效力或可执行性。"同时，对电子代理人使用者的条件，在原则上不应予以限制。但考虑到电子商务交易的运行系统的安全性以及对交易的互相确认，有必要对电子代理人的使用者进行严格的资格和条件审查。

6.2.2 电子合同的要约和承诺

合同订立的过程一般是：要约—承诺。但是，有时会存在要约邀请，于是合同的订立过程变成了：要约邀请—要约—承诺。订立合同的过程在实际工作中比较复杂，一个"要约—承诺"过程很难将相关的权利和义务确定下来，所以实际的情况是：要约邀请—要约—新要约—再要约—承诺。《合同法》第十三条规定，当事人订立合同，采取要约、承诺方式。

1. 合同的要约邀请

要约邀请是希望他人向自己发出要约的意思表示。通常在订立合同之前，有一方将想与别人订立合同的意思表示出来，但这些表示的内容（例如商品名录、价格表、拍卖公告、招标公告、招股说明书、商业广告等）并不具有对方能够做出确定是否订立合同的具体的内容和形式，所以，这种行为称为要约邀请。

《电子商务法》第五十条规定，电子商务经营者应当清晰、全面、明确地告知用户订立合同的步骤、注意事项、下载方法等事项，并保证用户能够便利、完整地阅览和下载。电子商务经营者应当保证用户在提交订单前可以更正输入错误。

2. 合同的要约

（1）要约的含义。

要约是希望和他人订立合同的意思表示。

（2）要约的条件。

构成合同要约必须具备的基本条件如下。

第一，内容具体确定。

第二，表明经受要约人承诺，要约人即受该意思表示约束。

第三，电子合同要约的形式多样性。

要约的内容必须具体。一方面，作为发出方，要有具体的订立合同的内容、形式的意思表示，这是前提，要告诉对方，具体的合同相关的内容，否则对方无法回答；另一面，对于合同的接收要约的一方，需要详细具体地知道关于合同订立内容、形式的要求，一个表述不具体的意思，无法知道和确定并做出回答。要约经受要约人承诺后，要约人要承担责任。电子合同是一种数据电文形式的合同，其要约受电子商务系统、网络和计算机程序多方面因素决定，表现出多种形式。《合同法》第十四条规定，要约是希望和他人订立合同的意思表示，该意思表示应当符合下列规定。

第一，内容具体确定。

第二，表明经受要约人承诺，要约人即受该意思表示约束。

《电子商务法》第四十九条规定，电子商务经营者发布的商品或者服务信息符合要约条件的，用户选择该商品或者服务并提交订单成功，合同成立。当事人另有约定的，从其约定。电子商务经营者不得以格式条款等方式约定消费者支付价款后合同不成立；格式条款等含有该内容的，其内容无效。

（3）要约效力的限制。

要约效力是指要约受限制的条件。要约发出后，对要约人和受要约人都具有约束力。但是，要约真正对受要约人的约束，应该是从要约到达受要约人起的。符合规定情况，要约人可以撤回、撤销要约。《合同法》第十六条规定，要约到达受要约人时生效。采用数据电文形式订立合同，收件人指定特定系统接收数据电文的，该数据电文进入该特定系统的时间，视为到达时间；未指定特定系统的，该数据电文进入收件人的任何系统的首次时间，视为到达时间。

（4）要约的撤回、撤销。

关于要约的撤回、撤销，《合同法》第十七条规定，要约可以撤回。撤回要约的通知应当在要约到达受要约人之前或者与要约同时到达受要约人。第十八条规定，要约可以撤销。撤销要约的通知应当在受要约人发出承诺通知之前到达受要约人。所以，虽然法律规定要约可以撤回、撤销，但是，应当符合法律规定的条件。有时要约不得撤销。

《合同法》第十九条规定，有下列情形之一的，要约不得撤销。

第一，要约人确定了承诺期限或者以其他形式明示要约不可撤销。

第二，受要约人有理由认为要约是不可撤销的，并已经为履行合同做了准备工作。

（5）要约的失效。

要约在到达受要约人时生效，在一些情况下要约失效。《合同法》第二十条规定，有下列情形之一的，要约失效。

第一，拒绝要约的通知到达要约人。

第二，要约人依法撤销要约。

第三，承诺期限届满，受要约人未作出承诺。

第四，受要约人对要约的内容作出实质性变更。

3. 合同的承诺

（1）承诺的含义。

承诺，是受要约人同意要约的意思表示。关于承诺的方式，《合同法》第二十二条规定，承诺应当以通知的方式作出，但根据交易习惯或者要约表明可以通过行为作出承诺的除外。承诺在合同订立中，是非常重要的。承诺涉及承诺的条件、承诺的确认、承诺与新要约等内容。

（2）承诺的条件。

订立合同的承诺，必须具备相应的条件，这是法律的要求，也是确定合同订立的权利和义务准确、避免发生合同纠纷的需要。承诺应具备的条件如下。

第一，必须由受要约人发出。要约是由要约人向受要约人发出的，而承诺是由受要约人向要约人发出的，用以回复要约人的要约。

第二，必须向要约人作出。承诺必须向要约人作出，因为承诺是对要约的回复，并且承诺一旦生效，要约人和承诺人所订立的合同即成立。《合同法》第二十五条规定，承诺生效时合同成立。

第三，在有效期内作出。一般情况下，承诺是有期限限定的，除非当事人有约定或者有特殊情形。约定或规定期限内容的承诺，才能有效。

《合同法》第二十三条规定，承诺应当在要约确定的期限内到达要约人。要约没有确定承诺期限的，承诺应当依照下列规定到达：一是，要约以对话方式作出的，应当即时作出承诺，但当事人另有约定的除外；二是，要约以非对话方式作出的，承诺应当在合理期限内到达。特殊情形的承诺期限有另外的规定。《合同法》第二十九条规定，受要约人在承诺期限内发出承诺，按照通常情形能够及时到达要约人，但因其他原因承诺到达要约人时超过承诺期限的，除要约人及时通知受要约人因承诺超过期限不接受该承诺的以外，该承诺有效。

第四，内容必须与要约一致。承诺的内容，是否与要约的内容一致，以及是否存在差异的内容，是判定承诺是否成立的重要条件。这不仅涉及合同双方或多方是否能协商一致，达成合同，而且也是判断是承诺还是新要约的标准之一。

《合同法》第三十条规定，承诺的内容应当与要约的内容一致。受要约人对要约的内容作出实质性变更的，为新要约。有关合同标的、数量、质量、价款或者报酬、履行期限、履行地点和方式、违约责任和解决争议方法等的变更，是对要约内容的实质性变更。《合同法》第三十一条规定，承诺对要约的内容作出非实质性变更的，除要约人及时表示反对或者要约表明承诺不得对要约的内容作出任何变更的以外，该承诺有效，合同的内容以承诺的内容为准。

（3）电子合同的承诺。

电子合同采用数据电文形式，其承诺受形式制约。《合同法》第十六条规定，采用数据电文形式订立合同，收件人指定特定系统接收数据电文的，该数据电文进入该特定系统的时间，视为到达时间；未指定特定系统的，该数据电文进入收件人的任何系统的首次时间，视为到达时间。在采用数据电文形式订立合同时，签订确认书更为重要。由于数据电文形式的要约或者承诺的存储形式和传输方式的特殊性，当事人确认是不容忽视的环节。

《合同法》第三十三条规定，当事人采用信件、数据电文等形式订立合同的，可以在合同成立之前要求签订确认书。签订确认书时合同成立。

（4）承诺的撤回。

承诺的通知在约定或者规定期限内到达要约人时，承诺生效。但是，承诺可以撤回。《合同法》第二十七条规定，承诺可以撤回，撤回承诺的通知应当在承诺通知到达要约人之前或者与承诺通知同时到达要约人。

4. 合同的新要约

新要约，是指受要约人对要约的内容作出了实质性变更的回复的要约。从实质上看，作为受要约人，其并不认同要约人对订立合同内容的观点，对有些方面和内容，提出了自己的意见。例如，最为常见的是新的价格建议，这时订立合同前的待定的新价格问题，成了原受要约人发出的新的订立合同的实质性内容的意思表示。所以，价格问题没有达成一致，合同不能成立，双方就要继续协商。此时受要约人向原要约人发出的，不能称为承诺，而是新要约。根据《合同法》的规定，新要约的确定基于以下两个方面。

第一，受要约人超过承诺期限的承诺。承诺人的承诺过期了，但是，要约人并未认可此承诺。《合同法》第二十八条规定，受要约人超过承诺期限发出承诺的，除要约人及时通知受要约人该承诺有效的以外，为新要约。

第二，受要约人对要约的内容作出实质性变更。对要约内容的实质性变更，改变了原要约的主要意思表示，涉及订立合同双方或多方的利益，在实质性内容上有分歧，就需要继续协商，合同不能成立。《合同法》第三十条规定，承诺的内容应当与要约的内容一致。受要约人对要约的内容作出实质性变更的，为新要约。有关合同标的、数量、质量、价款或者报酬、履行期限、履行地点和方式、违约责任和解决争议方法等的变更，是对要约内容的实质性变更。

6.2.3　电子合同的成立时间地点

1. 电子合同成立的时间

关于合同成立的时间确定，一般认为是在签字盖章时。对于传统合同而言，签字盖章表示对合同内容和相关事项的认可、合同成立是没有什么疑问的，但是电子合同成立的时间法律另有规定。

《合同法》第三十二条规定，当事人采用合同书形式订立合同的，自双方当事人签字或者盖章时合同成立。《合同法》第三十三条规定，当事人采用信件、数据电文等形式订立合同的，可以在合同成立之前要求签订确认书。签订确认书时合同成立。采用数据电文形式订立合同，收件人指定特定系统接收数据电文的，该数据电文进入该特定系统的时间，视为到达时间；未指定特定系统的，该数据电文进入收件人的任何系统的首次时间，视为到达时间。

2. 电子合同成立的地点

通常情况，承诺生效的地点，即为合同成立的地点。如果当事人采用合同书形式订立合同的，双方当事人签字或者盖章的地点为合同成立的地点。但是，电子合同另有规定。

《合同法》第三十四条第二款规定，采用数据电文形式订立合同的，收件人的主营业地为合同成立的地点；没有主营业地的，其经常居住地为合同成立的地点。当事人另有约定的，按照其约定。

6.2.4　点击合同

1. 电子合同订立的一般形式

电子合同一般采取格式合同的形式来订立。电子商务交易常用的是格式合同。合同全部或者主要的条款，都事先拟定下来了。在进行交易时，合同当事人不用为每一项内容、每一个条款而进行协商，直接选择同意与否即可。因为是格式合同，所以方便快捷。但是，格式条款在运用时，当事人为了重复使用而预先拟定并在订立合同时未与对方协商，因此，可能显失公平，甚至可能出现"霸王合同"或"霸王条款"的现象。

2. 点击合同的定义

点击合同，是指在网络环境下，一方当事人预先拟定合同全部或主要条款，然后将其条款用计算机程序定型，相对方当事人通过"点击"的简单操作选择和设置相关内容而订立的格式电子合同。点击合同是通过网络直接操作的，可以重复使用，而且相对人不受限，具有互动性。点击合同操作简单、订立快捷、使用方便，效率高、成本低。目前，网上流行的一种格式合同形式被称作"点击合同"。

《电子商务法》第四十八条规定，电子商务当事人使用自动信息系统订立或者履行合同的行为对使用该系统的当事人具有法律效力。在电子商务中推定当事人具有相应的民事行为能力。但是，有相反证据足以推翻的除外。

> **知识拓展**
>
> 资料包/第6章/点击合同相关资料

【案例分析】

点击合同的成立

2001年10月，易趣网络信息服务（上海）有限公司向上海市静安区人民法院起诉，称：被告刘某某于2001年1月1日以"本田一郎"为用户名注册，成为原告的易趣网交易平台用户。2001年4月4日，被告又以"Jaliseng"为用户名在易趣网交易平台注册。被告注册后，即以上述两个用户名在原告的交易平台发布商品信息，至2001年9月24日，被告共应支付原告交易平台使用费4 336.6元。被告注册两个用户名及拖欠使用费的行为违反了双方间的服务协议，要求判令被告支付交易平台使用费4 336元，赔偿原告律师费损失2 000元、调查费损失4元。

被告刘某某答辩称："本田一郎"用户名不是其注册的。原告的《服务协议》过于冗长，致使用户在注册时不可能阅读全文，故被告不应受该协议的约束。被告发布的信息经常遭原告无理删除、修改，因此被告不同意全额支付原告起诉的服务费。

法院经审理查明：2001年3月31日，被告刘某某以"Jaliseng"为用户名在原告经营的易趣网交易平台注册，成为易趣网的用户，由易趣网为被告提供免费的网络交易平台服务。2001年7月1日，易趣网开始向用户收取交易平台使用费，并于2001年9月18日发布了新的《服务协议》供新、老用户确认。该协议对用户注册程序、网上交易程序、收费标准和方式及违约责任等作了具体的约定。之后，被告确认了该《服务协议》，并继续使用交易平台。至2001年9月24日，被告尚欠易趣网交易平台使用费1 330元。

法院认为：原告制定的《服务协议》，经被告确认后即对双方产生约束力，故该份《服务协议》应认定为合法有效，双方均应遵守。被告未按约定支付服务费已构成违约，应承担支付欠款并赔偿损失的民事责任。"本田一郎"用户名是被告之父注册使用的，被告也认可此点，原告要求被告支付用户"本田一郎"的服务费，缺乏充分的事实依据，本院不予支持。因原告的服务协议中约定，如用户不按协议付款将承担赔偿损失的费用中包括了律师费用，故本着当事人意思自治的精神，对原告诉请的律师费用可予支持，但应扣除原告要求被告支付"本田一郎"服务费而付出的律师费部分。被告辩称其发布的信息经常遭原告删除、修改，但其提供的证人均未证实该事实，且被告又未提供其他相应证据予以佐证，故不予采信。

依照《合同法》第八条、第一百零七条的规定，该院于2001年12月30日判决如下：第一，被告刘某某支付原告易趣网络信息服务（上海）有限公司网络平台使用费1 330元；第二，被告刘某某赔偿原告易趣网络信息服务（上海）有限公司律师费损失613.38元、调查费损失4元；第三，原告易趣网络信息服务（上海）有限公司的其他诉讼请求，不予支持。

资料来源：邱联. 易趣网络信息服务（上海）有限公司诉刘某某支付网络平台使用费案[EB/OL]. [2018-02-21].

3. 电子格式合同订立可能出现的问题

目前网络上使用的电子格式合同，由于多方面的原因，存在以下弊端和问题。

（1）权利义务不对等。

比较典型的例子是网站上注册用户的《会员协议》经常会出现一些条款，这

电子合同订立的
特殊问题

些条款强调注册人应该遵守什么、只能做什么、交什么费用等，义务多、权利少、不对等、不公平。在网络上，合同的解释权通常归拟定合同的一方。

（2）限制或剥夺相对人的权利。

在一些电子商务交易中使用的电子合同或条款，对商品、服务等的质量、标准不公示，或公布的信息不全面、不清晰；指定商品、服务进行交易。这些属于限制购买者的知情权、选择权。

（3）格式合同或条款的信息公布问题。

在网络上，有些网站对格式合同或格式条款的公示方式采用只显示部分内容，或修改内容更新不及时；分页显示时，将对相对人不利的信息放在最下面，甚至是相对人不注意、容易忽视的位置；条款所用文字模糊、晦涩，选用不常用、不常见的字词；条款繁杂，条目多；重点、关键权利义务内容没有提示，或者提示位置、方式不合理。

（4）格式合同订立时的问题。

在网络上，相对人在订立电子格式合同时，自己所能确定的内容非常有限：主要条款已经定型，不能更新和修改；备选项中的条款、内容极度有限；查看合同条款的时间有限，没有足够的对信息的考虑时间、订立前的信息确定时间。

4. 电子格式合同的效力限制

关于格式合同或格式条款，我国《合同法》有相关的规定，以限制其法律效力。

（1）遵循公平原则。

《合同法》第三十九条规定，采用格式条款订立合同的，提供格式条款的一方应当遵循公平原则确定当事人之间的权利和义务，并采取合理的方式提请对方注意免除或者限制其责任的条款，按照对方的要求，对该条款予以说明。格式条款是当事人为了重复使用而预先拟定，并在订立合同时未与对方协商的条款。

（2）判定无效。

《合同法》第四十条规定，格式条款具有合同无效和免责条款的规定情形（《合同法》第五十二条和第五十三条规定情形）的，或者提供格式条款一方免除其责任、加重对方责任、排除对方主要权利的，该条款无效。

（3）解释的确定。

《合同法》第四十一条规定，对格式条款的理解发生争议的，应当按照通常理解予以解释。对格式条款有两种以上解释的，应当作出不利于提供格式条款一方的解释。格式条款和非格式条款不一致的，应当采用非格式条款。

《电子商务法》第五十条规定，电子商务经营者应当清晰、全面、明确地告知用户订立合同的步骤、注意事项、下载方法等事项，并保证用户能够便利、完整地阅览和下载。电子商务经营者应当保证用户在提交订单前可以更正输入错误。

6.3 电子合同内容的法律法规

6.3.1 电子合同的主要条款

电子合同在订立时，其主要条款必须明确。电子合同的主要内容经当事人协商一致，合同的权利义务才能确定，合同才能成立。《合同法》第十二条规定，合同的内容由当事人约定，一般包括以下条款。

第一，当事人的名称或者姓名和住所。

第二，标的。

第三，数量。

第四，质量。

第五，价款或者报酬。

第六，履行期限、地点和方式。

第七，违约责任。

第八，解决争议的方法。

当事人可以参照各类合同的示范文本订立合同。

我国《合同法》规定的以上8条合同的主要条款，不是"必备条款"，并非强制当事人订立每个合同时必须具备的，合同的具体条款需要根据合同的不同情形来具体确定。另外，合同的种类不同，条款中文字的表述也会不同。

当事人对合同条款的理解有争议的，应当按照合同所使用的词句、合同的有关条款、合同的目的、交易习惯以及诚实信用原则，确定该条款的真实意思。合同文本采用两种以上文字订立并约定具有同等效力的，对各文本使用的词句推定具有相同含义。各文本使用的词句不一致的，应根据合同的目的予以解释。

6.3.2 电子合同的标的

1. 合同标的的定义

合同的标的，是指合同的当事人权利和义务共同指向的对象。在合同法律关系中，合同的标的，称为合同的客体。合同的标的，必须是确定的、合法的、可能的，否则，合同不能成立，也无法履行。合同标的是合同成立的必要条款，没有标的，合同不能成立。而且，标的条款，必须清楚写明标的物的名称，以使标的特定化，从而能够界定权利和义务。由于合同的类型不同，标的有多种形式。通常见到的标的包括有形财产、无形财产、劳务和工作成果4类。

2. 电子合同标的的类别

（1）传统货物。

在电子合同中，有一种情形是以传统货物为标的的。这种电子合同与传统合同在标的的特征和要求上以及当事人的权利和义务的确定上是相同的。传统合同与电子合同的差别在于订立合同的形式。

（2）信息产品。

信息产品的特点包括以下几个方面。

第一，容易复制。信息产品，可以很容易地被复制。除非在程序中加以限制，通常信息产品可以进行无限次数据的重复性制作，不仅操作简单，而且成本低廉，在开发费用和成本既定的情况下，增加的只是复制的成本。所以，信息产品的许可使用尤其重要，知识产权保护难度大。

第二，容易篡改。信息产品，在交易使用中，容易被修改和改进。在经授权允许的情况下，对信息产品的修改、二次开发是可以的。但是，随着信息技术的发展，购买信息产品的人利用各种技术手段，对他人具有著作权的信息产品未经允许进行修改，从而侵犯了信息产品的著作权，造成所有权人的经济损失。

第三，容易交易。相比一般商品，信息产品在交易时，不存在传统商品的物理特征，所以，交付非常方便，省时省力，节约物流配送成本。当信息产品成交后，可以在出卖方规定的系统中直接下载、浏览、复制信息产品，也可按照出卖方的授权账号、密码，直接使用。

【案例分析】

合同有效须具备的条件：小孩订立的合同是否有效

根据《中华人民共和国民法总则》第一百四十三条规定，具备下列条件的民事法律行为有效：第一，行为人具有相应的民事行为能力；第二，意思表示真实；第三，不违反法律、行政法规的强制性规定，不违背公序良俗。

① 行为人在缔约时具有相应的民事行为能力。

民事行为能力是指民事主体以自己的行为设定民事权利或者义务的能力。合同作为民事法律行为，只有具备相应民事行为能力的人才有资格订立；不具有相应的民事行为能力的人所订立的合同为效力待定的合同。但不具有相应民事行为能力的人可以通过其法定代理人订立合同。

② 意思表示真实。

意思表示真实是指意思表示的行为人的表示行为应当真实反映其内心的效果意思，当事人的内在意志和外在意思一致，就是真实的。

③ 不违反法律、行政法规的强制性规定，不违背公序良俗。

合同的目的是当事人缔结合同所欲达到的效果，合同的内容是合同中规定的权利和义务所指向的对象。合同的目的或内容不违反法律、行政法规的强制性规定，不违背公序良俗，否则，合同无效。虽然我国的合同法奉行合同自由原则，即当事人可自由协商确定合同的内容，但是，当事人的自由不能超出法律的限制。

④ 小孩订立的合同是否有效。

合同订立的主体包括自然人、法人和其他组织等，而自然人又有成年人与未成年之分。对于有完全民事行为能力的人与他人订立的合同一般是有效的，但是作为未成年人的小孩订立的合同是否有效呢？视情况而定。

第一，如果是8周岁以下的小孩，即无民事行为能力人，其所订立的合同是无效的。不满8周岁的未成年人是无民事行为能力人，由他的法定代理人代理民事活动。无民事行为能力人与他人订立的合同没有法律效力。

第二，8周岁以上的未成年人，即限制民事行为能力人，其所订立的合同要区分情况。限制民事行为能力人订立的合同，是可撤销的合同。但是经法定代理人追认后，该合同有效。但如果限制民事行为能力人订立的是纯获利益的合同，或者与其年龄、智力、精神健康状况相适应而订立的合同，不必经法定代理人追认。例如赠与合同等，不必经其法定代理人追认。

资料来源：[1] 泉城法韵. 当事人订立合同应具有相应的什么能力[EB/OL]. [2017-01-01].
　　　　　[2] 律师365. 小孩订立的合同是否有效[EB/OL]. [2016-10-18].

知识拓展

资料包/第6章/合同有效须具备的条件相关资料

6.4 电子合同履行的法律法规

6.4.1 电子合同履行概述

1. 电子合同履行的含义

电子合同的履行，是指当事人全面地、适当地完成合同约定的义务，以使合同得以实现的活动。合同的履行，一般分为执行合同义务的准备、具体合同义务的执行、义务执行的善后三个阶段。当事人首先应该为完成合同中约定的义务进行相应的准备，例如，买卖合同的卖方对所卖商品进行生产、组织货源、包装等活动。具体合同义务的执行，是对合同中义务的具体实施和行动，例如，买卖合同的卖方交付商品，买方支付价款等活动。具体合同义务的执行，是合同履行的核心内容，是合同履行的关键。合同义务执行完毕后的善后义务，是合同相关的一些活动，例如，合同履行之后的通知、协助、保密事项等义务。

在《合同法》理论研究方面，有"先合同义务""合同义务"和"后合同义务"的说法。所谓"先合同义务"，是指当事人在执行合同义务的准备阶段所承担的义务；所谓"合同义务"，是指具体合同义务的执行阶段所承担的义务；所谓"后合同义务"，是指当事人在合同义务执行的善后阶段所承担的义务。

《合同法》第九十二条规定，合同的权利义务终止后，当事人应当遵循诚实信用原则，根据交易习惯履行通知、协助、保密等义务。这就是一种"后合同义务"的法定内容。

2. 电子合同履行的原则

《合同法》第六十条规定，当事人应当按照约定全面履行自己的义务。当事人应当遵循诚实信用原则，根据合同的性质、目的和交易习惯履行通知、协助、保密等义务。虽然我国《合同法》并没有明确规定合同的履行原则，但是，从《合同法》的条款和内容中，不难总结出，我国合同履行的原则主要有适当履行原则和协作履行原则①。

（1）适当履行原则。

适当履行原则，是指当事人按照合同的约定或法律的规定履行合同义务的原则，又称正确履行原则或全面履行原则。当事人应当按照法律规定或者合同约定的标的及其质量、数量，由适当的主体在适当的履行期限、履行地点，以适当的履行方式，全面完成债务的履行。《中华人民共和国民法通则》第八十八条第一款规定，合同的当事人应当按照合同的约定，全部履行自己的义务。

（2）协作履行原则。

协作履行原则，是指当事人既适当履行自己的合同义务，又应该协助对方当事人履行其合同义务的原则。履行合同，不仅是一方当事人自己的事，也是另一方当事人的事。协助履行往往是合同在履行过程中，需要对方的协助，这是一种履行合同的特殊义务。只有双方当事人在合同履行过程中，相互配合、相互协作、协助共力，合同才会得到全面履行。

一般认为，合同的协作履行原则包括的主要内容有：第一，债务人履行债务，债权人应适当受领给付；第二，债务人履行债务，时常要求债权人创造必要的条件，提供方便；第三，因故不能履行或不能完全履行时，应积极采取措施，避免或减少损失，否则还要就扩大的损失自负其责；第四，发生纠纷时，各自应主动承担责任，不得推诿②。

3. 电子合同履行的方式

（1）在线付款，在线交货。

在线支付结算，直接通过网络，实现交货。这种方式环节少、履行简单、成本费用低，但是，标的物仅限于信息产品。例如，网上购买的计算机应用程序，如游戏、财务软件等，可以在出卖方的网站或指定网址上，直接下载安装使用。

（2）在线付款，离线交货。

在线支付结算，通过物流配送环节，实现交货。目前的 B2B、B2C 电子商务平台（网站），如淘宝网、京东商城等所进行的实体商品的交易，多数是在网上支付结算的，而商品是通过物流配送到消费者手中的。

（3）离线付款，离线交货。

在线交易，离线支付结算，通过物流配送环节，实现交货。例如，目前一些同城的生鲜电子商务，在网上订货下单，在线下配送，确认收货后，支付现金或者用信用卡付款。

《电子商务法》第五十一条规定，合同标的为交付商品并采用快递物流方式交付的，收货人签收时间为交付时间。合同标的为提供服务的，生成的电子凭证或者实物凭证中载明的时间为交付时间；前述凭证没有载明时间或者载明时间与实际提供服务时间不一致的，实际提供服务的时间为交付时

① 彭万林. 民法学[M]. 北京：中国政法大学出版社，1999.
② 找法网. 合同的协作履行原则[EB/OL].（2013-10-10）[2018-02-03].

间。合同标的为采用在线传输方式交付的，合同标的进入对方当事人指定的特定系统并且能够检索识别的时间为交付时间。合同当事人对交付方式、交付时间另有约定的，从其约定。

6.4.2 电子合同违约的法律法规

1. 电子合同的违约归责原则

合同的违约责任，是指在当事人不履行合同义务时所应承担的违约的法律责任。我国《合同法》及相关法律法规，确定了严格责任原则和过错责任原则。

（1）严格责任原则。

严格责任原则，又称无过错责任原则，是指违约发生以后，确定违约当事人电子合同违约责任
的责任应主要考虑违约的结果是否因违约方的行为造成的，而不考虑违约方的故意或过失。《合同法》中把归责原则确定为严格责任是因为以下四点原因。第一，严格责任的确立，《合同法》第一百零七条规定，当事人一方不履行合同义务或者履行合同义务不符合约定的，应当承担继续履行、采取补救措施或者赔偿损失等违约责任。这条规定所确定的合同违约责任的承担，采用的是严格责任原则。第二，选择严格责任具有方便裁判和增强合同责任感的作用。第三，严格责任原则符合违约责任的本质。第四，确立严格责任，有助于更好地同国际间经贸交往的规则接轨，如《联合国国际货物销售合同公约》《国际商事合同通则》等采用的是严格责任原则[①]。

（2）过错责任原则。

过错责任原则，是指当事人发生违约以后，确定违约当事人的责任应主要考虑违约的过错或过失。《合同法》第一百八十条规定，供电人因供电设施计划检修、临时检修、依法限电或者用电人违法用电等原因，需要中断供电时，应当按照国家有关规定事先通知用电人。未事先通知用电人中断供电，造成用电人损失的，应当承担损害赔偿责任。这条规定所确定的合同违约责任的承担，采用的就是过错责任原则。

2. 电子合同违约的免责事由

（1）不可抗力。

《合同法》第一百一十七条规定，因不可抗力不能履行合同的，根据不可抗力的影响，部分或者全部免除责任，但法律另有规定的除外。当事人迟延履行后发生不可抗力的，不能免除责任。《合同法》所称不可抗力，是指不能预见、不能避免并不能克服的客观情况。《合同法》第一百一十八条规定，当事人一方因不可抗力不能履行合同的，应当及时通知对方，以减轻可能给对方造成的损失，并应当在合理期限内提供证明。

（2）未采取适当措施。

《合同法》第一百一十九条规定，当事人一方违约后，对方应当采取适当措施防止损失的扩大；没有采取适当措施致使损失扩大的，不得就扩大的损失要求赔偿。当事人因防止损失扩大而支出的

---

① 孙思琦. 违约责任的归责原则是什么？[EB/OL]．（2016-10-21）[2018-02-03].

合理费用，由违约方承担。

（3）双方违约。

《合同法》第一百二十条规定，当事人双方都违反合同的，应当各自承担相应的责任。

3．电子合同违约责任的主要方式

（1）提存。

《合同法》第一百零一条规定，有下列情形之一，难以履行债务的，债务人可以将标的物提存：第一，债权人无正当理由拒绝受领；第二，债权人下落不明；第三，债权人死亡未确定继承人或者丧失民事行为能力未确定监护人；第四，法律规定的其他情形。标的物不适于提存或者提存费用过高的，债务人依法可以拍卖或者变卖标的物，提存所得的价款。

（2）违约金。

合同当事人既约定违约金，又约定定金的情形，一方当事人违约时，对方可以选择适用违约金或者定金条款。

《合同法》第一百一十四条规定，当事人可以约定一方违约时应当根据违约情况向对方支付一定数额的违约金，也可以约定因违约产生的损失赔偿额的计算方法。约定的违约金低于造成的损失的，当事人可以请求人民法院或者仲裁机构予以增加；约定的违约金过分高于造成的损失的，当事人可以请求人民法院或者仲裁机构予以适当减少。当事人就迟延履行约定违约金的，违约方支付违约金后，还应当履行债务。

（3）定金。

《合同法》第一百一十五条规定，当事人可以依照《中华人民共和国担保法》约定一方向对方给付定金作为债权的担保。债务人履行债务后，定金应当抵作价款或者收回。给付定金的一方不履行约定的债务的，无权要求返还定金；收受定金的一方不履行约定的债务的，应当双倍返还定金。

（4）继续履行。

《合同法》第一百零九条规定，当事人一方未支付价款或者报酬的，对方可以要求其支付价款或者报酬。第一百一十条规定，当事人一方不履行非金钱债务或者履行非金钱债务不符合约定的，对方可以要求履行，但有下列情形之一的除外：第一，法律上或者事实上不能履行；第二，债务的标的不适于强制履行或者履行费用过高；第三，债权人在合理期限内未要求履行。合同违约造成损失的，关于赔偿额的确定，是一项合同违约的重要内容。

《合同法》第一百一十三条规定，当事人一方不履行合同义务或者履行合同义务不符合约定，给对方造成损失的，损失赔偿额应当相当于因违约所造成的损失，包括合同履行后可以获得的利益，但不得超过违反合同一方订立合同时预见到或者应当预见到的因违反合同可能造成的损失。经营者对消费者提供商品或者服务有欺诈行为的，依照《中华人民共和国消费者权益保护法》的规定承担损害赔偿责任。

【案例分析】

解除合同，还是继续履行？

（1）基本案情。

2008年，泸州市某某区人民政府（以下简称"区政府"）通过公开招商，与民营企业重庆某某投资（集团）有限公司（以下简称"某某投资公司"）订立一系列土地整理项目投资协议，约定由该投资公司投资3.2亿元对该区两块土地实施土地整理。协议订立后，该投资公司陆续投入1亿余元资金用于该项目。2014年，区政府向某某投资公司发函称，以上协议违反《国务院办公厅关于规范国有土地使用权出让收支管理的通知》和《省国土资源厅 省财政厅 省监察厅 省审计厅关于进一步加强国有土地使用权出让收支管理的通知》文件精神，要求终止履行以上协议。某某投资公司诉至法院，请求确认区政府终止履行协议的函无效，并要求区政府继续履行协议。

（2）判决结果。

人民法院经审理后认为：区政府解除行为是否产生效力应当依据《合同法》第九十四条的规定进行审查。本案中，区政府所提及的两份文件并非法律、行政法规，且未对本案所涉协议明令禁止，区政府以政策变化为由要求解除相关协议的理由不能成立，其发出的终止履行协议的函不产生解除合同的效力，遂作出"（2014）渝高法民初字第00070号"民事判决：某某区政府继续履行与某某投资公司签订的相关协议。一审判决后，双方当事人均未上诉。

（3）典型意义：有约必守，依法保护企业合同权益。

诚信守约是民事合同的基本要求，行政机关作为一方民事主体，更应带头守约践诺。明确在民事合同的履行中作为合同主体的基本规则，对于营造良好的营商环境，维护投资主体合法权益具有重要意义。本案中，人民法院依法平等对待涉案企业与区政府，准确使用《合同法》关于合同解除的相关规定，支持了企业要求继续履行协议的请求，有效地维护了企业的合法权益。本案的裁判行政机关不得擅自解除合同，对于规范政府行为、推动政府践诺守信，具有积极指引作用。

资料来源：最高人民法院. 人民法院充分发挥审判职能作用保护产权和企业家合法权益典型案例[WB/OL].（2018-01-30）[2019-12-08].

关键术语

合同　电子合同　要约邀请　要约　承诺　新要约　电子代理人　点击合同　电子合同履行

基本知识

（1）电子合同的特点。

（2）要约的条件。

（3）承诺的条件。

（4）电子合同履行的原则。

思考讨论

（1）电子合同要约与要约邀请的区分。

（2）电子合同与传统合同的区别。

（3）电子合同违约责任的主要方式。

案例分析

小孩子用大人账号在网络上购买物品的合同是否有效

（1）案情介绍。

许某喜欢通过网络订购商品。某日，某商家将一台值近万元的电视机送到许某家中，但许某表示自己并未在网上订购过这种商品，后来才知是许某不在家时，其未成年的儿子在网上订购的。平时在许某网上购物时，其子时常在旁观看，因此知道许某的账号和密码，也了解一些网上购物的知识。其子在一次在浏览网页时觉得这款电视机特别适合用来玩游戏，就在没有和家人商量的情况下擅作主张下了订单。

许某认为，儿子作为未满18周岁的限制民事行为能力人不具有完全的民事行为能力；商家认为，下单的客户是许某自己的账号，双方为此争执不下因此成讼。

（2）争议焦点。

第一种观点认为，关于未成年买家与商家之间的纠纷愈发普遍，在认定网络环境下买卖双方合同关系时就应该适应现代观念，不区分合同主体的行为能力。在网购过程中，卖方并不能像现实交易一样清楚地认识到购买者的年龄，如果因为买方是未成年人就可以随意地认定合同无效，那么对于卖方来说无疑加重了其风险，这不利于保护网络交易中卖方的利益。为了保护电子商务卖方的权益，促进网络购物的发展，应当认定未成年人通过网络购买物品的合同是有效的。

第二种观点则认为，网络购物中电子合同当事人缔约能力仍应适用《合同法》的相关规定。

无民事行为能力人与限制民事行为能力人本身认知的局限性，导致了他们缺乏进行民事行为所要求具备的意识能力，他们在民事交易中无法准确地预见到自己行为的性质与后果。案件中许某之子作为限制民事行为能力人，其订立的合同应当为效力待定，而后其作出的购买行为并未得到其监护人的事后追认，此时为了保护买方的合法民事权益，他们订立的合同因存在瑕疵而应认定为无效。

资料来源：泰安合同纠纷律师. 小孩子用大人账号在淘宝上买东合同是否有效[EB/OL]. [2017-12-26].

根据以上案例资料，依据《民法总则》《合同法》和相关法律法规的规定，请你结合网购的实际分析以下问题。

  ① 上述两种观点，你赞成哪一种观点？为什么？

  ② 你认为通过网络订立的合同，其有效应当具备什么条件？

知识拓展

资料包/第6章/典型案例相关资料

网络支付结算的法律法规 | 第7章

【目标要求】

（1）掌握网络银行、第三方支付结算的定义和电子支付结算的特点。

（2）熟悉网络银行的审批制和报告制、电子支付结算的安全控制和第三方支付结算的风险管理。

（3）了解网络银行的风险管理、第三方支付结算机构的分类监管。

【重点和难点】

（1）重点：网络银行、第三方支付结算的定义，电子支付结算的特点和安全控制，第三方支付结算的风险管理。

（2）难点：根据网络银行业务类型确定审批制和报告制。

7.1 电子支付结算的法律法规

7.1.1 电子支付结算概述

1. 电子支付结算的定义

电子支付结算（Electronic Funds Transfer，EFT），是指通过电子支付结算系统，个人、单位直接进行或授权他人发出支付结算指令，实现货币支付结算和资金转移的活动。中国人民银行《电子支付指引（第一号）》[①]第二条第一款规定，电子支付是指单位、个人（以下简称"客户"）直接或授权他人通过电子终端发出支付指令，实现货币支付与资金转移的行为。

2. 电子支付结算的类型

中国人民银行《电子支付指引（第一号》第二条第二款规定，电子支付的类型按电子支付指令发起方式分为网上支付、电话支付、移动支付、销售点终端交易、自动柜员机交易和其他电子支付。

第一，网上支付，是指通过互联网和其他网络，在浏览、选择、购买商品后，所选择的网络支付结算工具的一种支付结算方式。

第二，电话支付，是指通过电话，对购买商品，所选择的支付结算工具的一种支付结算方式。

第三，移动支付，是指通过移动互联网和其他网络，在浏览、选择、购买商品后，所选择的网络支付结算工具的一种支付结算方式。

第四，销售点终端交易，是指通过销售点终端，在选择、购买商品后，所选择的支付结算工具

---

① 中国人民银行. 电子支付指引（第一号）[EB/OL].（2005-10-26）[2005-10-30].

的一种支付结算方式。

第五，自动柜员机交易，是指通过自动柜员机，在选择、购买商品后，所选择的支付结算工具的一种支付结算方式。

第六，其他电子支付，是指除上述电子支付结算方式以外的方式。

《电子商务法》第五十三条规定，电子商务当事人可以约定采用电子支付方式支付价款。电子支付服务提供者为电子商务提供电子支付服务，应当遵守国家规定，告知用户电子支付服务的功能、使用方法、注意事项、相关风险和收费标准等事项，不得附加不合理交易条件。电子支付服务提供者应当确保电子支付指令的完整性、一致性、可跟踪稽核和不可篡改。电子支付服务提供者应当向用户免费提供对账服务以及最近 3 年的交易记录。

【法规简要】

《电子支付指引（第一号）》

为规范电子支付业务，防范支付风险，保证资金安全，维护银行及其客户在电子支付活动中的合法权益，促进电子支付业务健康发展，中国人民银行制定了《电子支付指引（第一号）》，该指引于2005年10月26日以中国人民银行公告〔2005〕第23号公布，自公布之日起施行，共六章四十九条，主要内容：第一章总则，第二章电子支付业务的申请，第三章电子支付指令的发起和接收，第四章安全控制，第五章差错处理，第六章附则。

知识拓展

资料包/第7章/中国人民银行《电子支付指引（第一号）》

---

3. 电子支付结算的特点

（1）数字化。

电子支付采用的是数字化货币形式，款项的支付、划转和结算都是通过网络支付系统进行的，其优点是不受传统支付纸币和票据的束缚。

（2）开放的系统平台。

电子支付结算系统是一个基于网络的开放的系统平台，不仅方便快捷，而且运行的监管方式科学。因此，改变了支付结算的监管方式，提高了监管部门对资金运行的监管水平。

（3）低成本和高效性。

相比传统支付而言，电子支付结算更高效、成本更低。同时，提高了企业资金运行的效率，以及支付结算的速度和水平。

（4）方便快捷。

电子支付结算打破了时空限制，24 小时在线，使用者可以随时随地通过互联网和支付结算系统办理支付结算业务。电子支付结算速度快，在几个小时，甚至更短的时间内即可完成，信息查询实现实时化。

（5）安全要求高。

电子支付结算对安全的要求特别高，防范网络和支付系统安全风险尤其重要。例如，防止黑客攻击和入侵，防止系统运行不稳定、内部作案和密码泄露等。

7.1.2 电子支付结算的相关法律法规

1. 电子支付结算的申请

（1）对办理电子支付业务的银行的要求。

按照相关法律法规和《电子支付指引（第一号）》的规定，办理电子支付结算的银行，应当符合以下相关要求和规定。

① 符合要求，公开信息。银行开展电子支付业务应当遵守国家有关法律、行政法规的规定，不得损害客户和社会公共利益。银行与其他机构合作开展电子支付业务的，其合作机构的资质要求应符合有关法规制度的规定，银行要根据公平交易的原则，签订书面协议并建立相应的监督机制。

《电子支付指引（第一号）》第八条规定，办理电子支付业务的银行应公开披露以下信息：第一，银行名称、营业地址及联系方式；第二，客户办理电子支付业务的条件；第三，所提供的电子支付业务品种、操作程序和收费标准等；第四，电子支付交易品种可能存在的全部风险，包括该品种的操作风险、未采取的安全措施、无法采取安全措施的安全漏洞等；第五，客户使用电子支付交易品种可能产生的风险；第六，提醒客户妥善保管、使用或授权他人使用电子支付交易存取工具（如卡、密码、密钥、电子签名制作数据等）的警示性信息；第七，争议及差错处理方式。

② 签订合同。银行应根据审慎性原则，确定办理电子支付业务客户的条件。银行应认真审核客户申请办理电子支付业务的基本资料，并以书面或电子方式与客户签订协议。银行应按会计档案的管理要求妥善保存客户的申请资料，保存期限至该客户撤销电子支付业务后 5 年。

③ 业务办理。银行为客户办理电子支付业务，应根据客户性质、电子支付类型、支付金额等，与客户约定适当的认证方式，如密码、密钥、数字证书、电子签名等。认证方式的约定和使用应遵循《中华人民共和国电子签名法》等法律法规的规定。银行要求客户提供有关资料信息时，应告知客户所提供信息的使用目的和范围、安全保护措施以及客户未提供或未真实提供相关资料信息的后果。

（2）办理电子支付结算的要求。

① 开立银行结算账户。客户办理电子支付业务应在银行开立银行结算账户，账户的开立和使用应符合《人民币银行结算账户管理办法》《境内外汇账户管理规定》等规定。客户可以在其已开立的银行结算账户中指定办理电子支付业务的账户。该账户也可用于办理其他支付结算业务。客户未指定的银行结算账户不得办理电子支付业务。

② 签订合同的内容。《电子支付指引（第一号）》第十三条规定，客户与银行签订的电子支付协

议应包括以下内容：第一，客户指定办理电子支付业务的账户名称和账号；第二，客户应保证办理电子支付业务账户的支付能力；第三，双方约定的电子支付类型、交易规则、认证方式等；第四，银行对客户提供的申请资料和其他信息的保密义务；第五，银行根据客户要求提供交易记录的时间和方式；第六，争议、差错处理和损害赔偿责任。

③ 发生特殊情形的申请。《电子支付指引（第一号）》第十四条规定，有以下情形之一的，客户应及时向银行提出电子或书面申请：第一，终止电子支付协议的；第二，客户基本资料发生变更的；第三，约定的认证方式需要变更的；第四，有关电子支付业务资料、存取工具被盗或遗失的；第五，客户与银行约定的其他情形。

2. 电子支付指令的发起和接收

（1）电子支付指令的发起。

根据《电子支付指引（第一号）》第十七条至第十九条的规定，电子支付指令的发起行应建立必要的安全程序，对客户身份和电子支付指令进行确认，并形成日志文件等记录，保存至交易后 5 年；应采取有效措施，在客户发出电子支付指令前，提示客户对指令的准确性和完整性进行确认；应确保正确执行客户的电子支付指令，对电子支付指令进行确认后，应能够向客户提供纸质或电子交易回单；执行通过安全程序的电子支付指令后，客户不得要求变更或撤销电子支付指令。

（2）电子支付指令的接收。

《电子支付指引（第一号）》第二十二条规定，电子支付指令需转换为纸质支付凭证的，其纸质支付凭证必须记载以下事项（具体格式由银行确定）：第一，付款人开户行名称和签章；第二，付款人名称、账号；第三，接收行名称；第四，收款人名称、账号；第五，大写金额和小写金额；第六，发起日期和交易序列号。

（3）电子支付指令的发起和接收要求。

《电子支付指引（第一号）》第二十条规定，发起行、接收行应确保电子支付指令传递的可跟踪稽核和不可篡改。第二十一条规定，发起行、接收行之间应按照协议规定及时发送、接收和执行电子支付指令，并回复确认。

3. 电子支付结算的安全控制

（1）电子支付结算系统的安全。

银行开展电子支付业务采用的信息安全标准、技术标准、业务标准等应当符合有关规定。银行应针对与电子支付业务活动相关的风险建立有效的管理制度。

（2）电子支付结算的金额控制。

银行应根据审慎性原则并针对不同客户，在电子支付类型、单笔支付金额和每日累计支付金额等方面做出合理限制。银行通过互联网为个人客户办理电子支付业务，除采用电子认证证书、电子签名等安全认证方式外，单笔金额不应超过 1 000 元人民币，每日累计金额不应超过 5 000 元人民币。银行为客户办理电子支付业务，单位客户从其银行结算账户支付给个人银行结算账户的款项，其单笔金额不得超过 5 万元人民币，但银行与客户通过协议约定，能够事先提供有效付款依据的除外。银行应在客户的信用卡授信额度内，设定用于网上支付交易的额度供客户选择，但该额度不得超过信用卡的预借现金额度。

（3）电子支付结算的客户信息安全。

银行应确保电子支付业务处理系统的安全性，保证重要交易数据的不可抵赖性、数据存储的完整性、客户身份的真实性，并妥善管理在电子支付业务处理系统中使用的密码、密钥等认证数据。银行使用客户资料、交易记录等，不得超出法律法规许可和客户授权的范围。银行应依法对客户的资料信息、交易记录等保密。除国家法律、行政法规另有规定外，银行应当拒绝除客户本人以外的任何单位或个人的查询。

银行应妥善保管电子支付业务的交易记录，对电子支付业务的差错应作详细备案登记。记录内容应包括差错时间、差错内容与处理部门及人员姓名、客户资料、差错影响或损失、差错原因、处理结果等。银行保管、使用不当，导致客户资料信息泄露或被篡改的，银行应采取有效措施防止因此造成的客户损失，并及时通知和协助客户补救。

（4）电子支付交易数据的完整性、可靠性和保密。

① 电子支付交易数据的完整性和可靠性。《电子支付指引（第一号）》第二十九条规定，银行应采取必要措施保护电子支付交易数据的完整性和可靠性：第一，制定相应的风险控制策略，防止电子支付业务处理系统发生有意或无意的危害数据完整性和可靠性的变化，并具备有效的业务容量、业务连续性计划和应急计划；第二，保证电子支付交易与数据记录程序的设计发生擅自变更时能被有效侦测；第三，有效防止电子支付交易数据在传送、处理、存储、使用和修改过程中被篡改，任何对电子支付交易数据的篡改能通过交易处理、监测和数据记录功能被侦测；第四，按照会计档案管理的要求，对电子支付交易数据，以纸介质或磁性介质的方式进行妥善保存，保存期限为 5 年，并方便调阅。

《电子商务法》第五十四条规定，电子支付服务提供者提供电子支付服务不符合国家有关支付安全管理要求，造成用户损失的，应当承担赔偿责任。

② 电子支付交易数据保密。《电子支付指引（第一号）》第三十条规定，银行应采取必要措施为电子支付交易数据保密：第一，对电子支付交易数据的访问须经合理授权和确认；第二，电子支付交易数据须以安全方式保存，并防止其在公共、私人或内部网络上传输时被擅自查看或非法截取；第三，第三方获取电子支付交易数据必须符合有关法律法规的规定以及银行关于数据使用和保护的标准与控制制度；第四，对电子支付交易数据的访问均须登记，并确保该登记不被篡改。

4. 电子支付结算的差错处理

《电子商务法》第五十五条规定，用户在发出支付指令前，应当核对支付指令所包含的金额、收款人等完整信息。支付指令发生错误的，电子支付服务提供者应当及时查找原因，并采取相关措施予以纠正。造成用户损失的，电子支付服务提供者应当承担赔偿责任，但能够证明支付错误非自身原因造成的除外。

7.2 网络银行的法律法规

7.2.1 网络银行概述

1. 网络银行的定义

网络银行（Online Banking），又称电子银行、网上银行或在线银行，是指通过网络向客户提供信息查询、支付结算、信贷、投资理财等金融服务的一种银行。

中国银行业监督管理委员会（现已并入"中国银行保险监督管理委员会"）发布的《电子银行业务管理办法》[①]第二条规定，本办法所称电子银行业务，是指商业银行等银行业金融机构利用面向社会公众开放的通讯通道或开放型公众网络，以及银行为特定自助服务设施或客户建立的专用网络，向客户提供的银行服务。

2. 我国银行业的电子化和网络化业务

20 世纪 90 年代，中国工商银行在全国率先推出了电话银行服务。

1997 年 4 月，招商银行是中国银行业最早开通网上银行业务的银行；1998 年 4 月，推出"一网通"网上银行业务，服务内容包括网上企业银行、网上个人银行、网上商城、网上证券和网上支付等。

中国建设银行于 1999 年推出网上银行服务。

中国工商银行在 2000 年 2 月推出网上银行服务，其后又推出了"理财 e 站通"等业务。

3. 网络银行业务的类型

根据网络银行办理业务利用工具的不同，将网络银行的业务分为网上银行业务、电话银行业务、手机银行业务和其他网络银行业务 4 种。

网上银行业务，是指利用计算机和互联网开展的银行业务；电话银行业务，是指利用电话等声讯设备和电信网络开展的银行业务；手机银行业务，是指利用移动电话和无线网络开展的银行业务；其他网络银行业务，是指客户利用其他电子服务设备和网络，通过自助服务方式完成金融交易的银行业务。

【法规简要】

《电子银行业务管理办法》

为加强电子银行业务的风险管理，保障客户及银行的合法权益，促进电子银行业务的健康有序发展，根据《中华人民共和国银行业监督管理法》《中华人民共和国商业银行法》和《中

---

① 中国银行业监督管理委员会. 电子银行业务管理办法[EB/OL]. （2006-01-26）[2006-02-06].

华人民共和国外资金融机构管理条例》等法律法规，中国银行业监督管理委员会制定了《电子银行业务管理办法》。该办法于2006年1月26日以银监会令2006年第5号公布，自2006年3月1日起施行，共九章九十九条，主要内容：第一章总则，第二章申请与变更，第三章风险管理，第四章数据交换与转移管理，第五章业务外包管理，第六章跨境业务活动管理，第七章监督管理，第八章法律责任，第九章附则。

> **知识拓展**
>
> 资料包/第7章/中国银行业监督管理委员会制定的《电子银行业务管理办法》

4. 安全第一网络银行（SFNB）

1995年10月18日，美国诞生了第一家网络银行——安全第一网络银行（Security First Network Bank，SFNB）。这是世界上第一家将所有银行业务都通过互联网处理的开放式银行。安全第一网络银行是一家网络银行，由美国几家金融机构合资成立，资产4 000万美元。该行的营业厅就是网页界面，网上营业厅设有账户设立、客户服务以及个人理财3个主要的服务柜台，此外还有供客户查询的咨询台、行长台等。1998年，加拿大皇家银行以2万美元收购了安全第一网络银行（除技术部门以外的所有部分），此时安全第一网络银行的客户已超过1万个，而其存款余额早在1997年就超过了4亿美元，而且其网络银行业务一直处于世界领先地位。

> **知识拓展**
>
> 资料包/第7章/安全第一网络银行及其资料

7.2.2 网络银行的相关法律法规

1. 网络银行的条件

（1）传统银行应当具备的条件。

根据《中华人民共和国商业银行法》[①]（以下简称《商业银行法》）的相关规定，设立商业银行，应当经国务院银行业监督管理机构审查批准。未经国务院银行业监督管理机构批准，任何单位和个人不得从事吸收公众存款等商业银行业务，任何单位不得在名称中使用"银行"字样。

《商业银行法》第十二条规定，设立商业银行，应当具备下列条件：第一，有符合本法和《中华人民共和国公司法》规定的章程；第二，有符合本法规定的注册资本最低限额；第三，有具备任职专业知识和业务工作经验的董事、高级管理人员；第四，有健全的组织机构和管理制度；第五，有符合要求的营业场所、安全防范措施和与业务有关的其他设施。设立商业银行，还应当符合其他审慎性条件。

---

① 全国人民代表大会常务委员会. 中华人民共和国商业银行法[EB/OL].（2015-08-29）[2015-10-01].

《商业银行法》第十三条规定，设立全国性商业银行的注册资本最低限额为10亿元人民币。设立城市商业银行的注册资本最低限额为1亿元人民币。设立农村商业银行的注册资本最低限额为5千万元人民币。注册资本应当是实缴资本。国务院银行业监督管理机构根据审慎监管的要求可以调整注册资本最低限额，但不得少于前款规定的限额。

（2）网络银行应当具备的条件。

根据《电子银行业务管理办法》和相关法律法规的规定，网络银行根据其业务的不同，分别规定了相应的应当具备的条件。金融机构在中华人民共和国境内开办网络银行业务，应当依照相关办法的有关规定，向中国银行保险监督管理委员会（以下简称"中国银保监会"），申请或报告。

① 金融机构开办网络银行业务应当具备的条件。《电子银行业务管理办法》第九条规定，金融机构开办网络银行业务，应当具备下列条件：第一，金融机构的经营活动正常，建立了较为完善的风险管理体系和内部控制制度，在申请开办网络银行业务的前一年内，金融机构的主要信息管理系统和业务处理系统没有发生过重大事故；第二，制定了网络银行业务的总体发展战略、发展规划和网络银行安全策略，建立了网络银行业务风险管理的组织体系和制度体系；第三，按照网络银行业务发展规划和安全策略，建立了网络银行业务运营的基础设施和系统，并对相关设施和系统进行了必要的安全检测和业务测试；第四，对网络银行业务风险管理情况和业务运营设施与系统等，进行了符合监管要求的安全评估；第五，建立了明确的网络银行业务管理部门，配备了合格的管理人员和技术人员；第六，中国银保监会要求的其他条件。

② 金融机构开办以互联网为媒介的网上银行业务、手机银行业务等网络银行业务，应当具备的条件。根据《电子银行业务管理办法》第十条规定，金融机构开办以互联网为媒介的网上银行业务、手机银行业务等网络银行业务，除应具备第九条所列条件外，还应具备以下条件：第一，网络银行基础设施设备能够保障网络银行的正常运行；第二，网络银行系统具备必要的业务处理能力，能够满足客户适时业务处理的需要；第三，建立了有效的外部攻击侦测机制；第四，中资银行业金融机构的网络银行业务运营系统和业务处理服务器设置在中华人民共和国境内；第五，外资金融机构的网络银行业务运营系统和业务处理服务器可以设置在中华人民共和国境内或境外。设置在境外时，应在中华人民共和国境内设置可以记录和保存业务交易数据的设施设备，能够满足金融监管部门现场检查的要求，在出现法律纠纷时，能够满足中国司法机构调查取证的要求。

③ 外资金融机构开办网络银行业务应当具备的条件。外资金融机构开办网络银行业务，除应具备以上所列条件外，还应当按照法律、行政法规的有关规定，在中华人民共和国境内设有营业性机构，其所在国家（地区）监管当局具备对网络银行业务进行监管的法律框架和监管能力。

2. 根据网络银行业务类型确定审批制和报告制

金融机构申请开办网络银行业务，根据网络银行业务的不同类型，分别适用审批制和报告制。所谓审批制，是指金融机构开办规定的网络银行业务类型，需要向中国银保监会或其派出机构申请，并按照要求提供相关文件、资料，经中国银保监会审核批准，才能从事网络银行业务的制度。所谓报告制，是指金融机构开办规定的网络银行业务类型，不需要向中国银保监会或其派出机构申请，但应当参照提供相关文件、资料的要求，在开办网络银行业务之前一个月，将相关材料报送中国银保监会或其派出机构的制度。

（1）申请开办网络银行业务。

金融机构申请开办网络银行业务，根据网络银行业务的不同类型，分别适用审批制和报告制。

① 适用审批制。利用互联网等开放性网络或无线网络开办的网络银行业务，包括网上银行、手机银行和利用掌上电脑等个人数据辅助设备开办的网络银行业务，适用审批制。

② 适用报告制。第一，利用境内或地区性电信网络、有线网络等开办的网络银行业务，适用报告制；第二，利用银行为特定自助服务设施或与客户建立的专用网络开办的网络银行业务，法律法规和行政规章另有规定的遵照其规定，没有规定的适用报告制。

金融机构开办网络银行业务后，与其特定客户建立直接网络连接提供相关服务，属于网络银行日常服务，不属于开办网络银行业务申请的类型。金融机构申请开办网络银行业务时，可以在一个申请报告中同时申请不同类型的网络银行业务，但在申请中应注明所申请的网络银行业务类型。

（2）增加或变更网络银行业务。

① 金融机构增加或者变更以下电子银行业务类型，适用审批制：第一，有关法律法规和行政规章规定需要审批但金融机构尚未申请批准，并准备利用电子银行开办的；第二，金融机构将已获批准的业务应用于电子银行时，需要与证券业、保险业相关机构进行直接实时数据交换才能实施的；第三，金融机构之间通过互联电子银行平台联合开展的；第四，提供跨境电子银行服务的。

② 其他电子银行业务类型适用报告制。

3. 报送文件、资料

（1）申请开办网络银行业务。

根据《电子银行业务管理办法》第十五条规定，金融机构向中国银保监会或其派出机构申请开办电子银行业务，应提交以下文件、资料（一式三份）：第一，由金融机构法定代表人签署的开办电子银行业务的申请报告；第二，拟申请的电子银行业务类型及拟开展的业务种类；第三，电子银行业务发展规划；第四，电子银行业务运营设施与技术系统介绍；第五，电子银行业务系统测试报告；第六，电子银行安全评估报告；第七，电子银行业务运行应急计划和业务连续性计划；第八，电子银行业务风险管理体系及相应的规章制度；第九，电子银行业务的管理部门、管理职责，以及主要负责人介绍；第十，申请单位联系人以及联系电话、传真、电子邮件信箱等联系方式；第十一，中国银保监会要求提供的其他文件和资料。

金融机构开办适用于报告制的网络银行业务类型，不需申请，但应参照上述第十五条的有关规定，在开办网络银行业务之前一个月，将相关材料报送中国银保监会或其派出机构。

（2）增加或变更需要审批的网络银行业务类型。

根据《电子银行业务管理办法》第二十三条规定，金融机构增加或变更需要审批的网络银行业务类型，应向中国银保监会或其派出机构报送以下文件和资料（一式三份）：第一，由金融机构法定代表人签署的增加或变更业务类型的申请；第二，拟增加或变更业务类型的定义和操作流程；第三，拟增加或变更业务类型的风险特征和防范措施；第四，有关管理规章制度；第五，申请单位联系人以及联系电话、传真、电子邮件信箱等联系方式；第六，中国银保监会要求提供的其他文件和资料。

其他电子银行业务类型适用报告制，金融机构增加或变更时不需申请，但应在开办该业务类型前一个月内，参照上述第二十三条的有关规定，将有关材料报送中国银保监会或其派出机构。

4. 网络银行的风险管理

（1）网络银行安全评估制度。

根据《电子银行安全评估指引》规定，电子银行实行安全评估制度。在中国银保监会的监督指导下，在开展电子银行业务过程中，至少每两年对电子银行进行一次全面的安全评估。电子银行安全评估的内容包括电子银行的安全策略、内控制度、风险管理、系统安全、客户保护等方面的安全测试和管控。安全评估可以通过外部专业化的评估机构，也可以利用内部独立于电子银行业务运营和管理部门的评估部门进行。为了保证电子银行安全评估能够及时、客观地得以实施，金融机构应建立电子银行安全评估的规章制度体系和工作规程。

（2）网络银行安全控制。

根据《电子银行业务管理办法》第三十七条规定，金融机构应当保障电子银行运营设施设备，以及安全控制设施设备的安全，对电子银行的重要设施设备和数据，采取适当的保护措施。第一，有形场所的物理安全控制，必须符合国家有关法律法规和安全标准的要求，对尚没有统一安全标准的有形场所的安全控制，金融机构应确保其制定的安全制度有效地覆盖可能面临的主要风险；第二，以开放型网络为媒介的电子银行系统，应合理设置和使用防火墙、防病毒软件等安全产品与技术，确保电子银行有足够的反攻击能力、防病毒能力和入侵防护能力；第三，对重要设施设备的接触、检查、维修和应急处理，应有明确的权限界定、责任划分和操作流程，并建立日志文件管理制度，如实记录并妥善保管相关记录；第四，对重要技术参数，应严格控制接触权限，并建立相应的技术参数调整与变更机制，并保证在更换关键人员后，能够有效防止有关技术参数的泄露；第五，对电子银行管理的关键岗位和关键人员，应实行轮岗和强制性休假制度，建立严格的内部监督管理制度。

（3）加强用户身份验证管理。

根据《中国银监会办公厅关于做好网上银行风险管理和服务的通知》的规定，各商业银行应对所有网上银行高风险账户操作统一使用双重身份认证。双重身份认证由基本身份认证和附加身份认证组成。基本身份认证是指网上银行用户知晓并使用，预先注册在银行的本人用户名及口令或密码；附加身份认证是指网上银行用户持有、保管并使用可实现其他身份认证方式的信息（物理介质或电子设备等）。附加身份认证信息应不易被复制、修改和破解。

商业银行可根据业务发展需要和风险控制要求对本行网上银行高风险账户操作进行具体界定。高风险账户操作应至少包括向非本人账户（不含与本行签订业务合作等法律协议和客户预先约定的指定账户，如代收费、第三方支付、贷款还款账户等）转移资金单笔超过 1 000 元或日累计超过 5 000 元。对于身份认证强度相对较弱的网上银行账户操作，商业银行应充分评估风险，进一步采取控制措施（如限制资金转移功能、限定资金转移额度等）进行有效防范。商业银行还应积极研发和应用各类维护网上银行使用安全的技术和手段，保证安全技术和管理水平能够持续适应网上银行业务发展的安全要求。

5. 网络银行的数据交换与转移管理

金融机构根据业务发展需要，可以与其他开展网络银行业务的金融机构建立网络银行系统数据交换机制，实现网络银行业务平台的直接连接，进行境内实时信息交换和跨行资金转移，也可以与非银行业金融机构直接交换或转移部分网络银行业务数据。

金融机构可以为电子商务经营者提供网上支付平台。为电子商务经营者提供网上支付平台时，金融机构应严格审查合作对象，签订书面合作协议，建立有效监督机制，防范不法机构或人员利用网络银行支付平台从事违法资金转移或其他非法活动。

6. 网络银行业务外包管理

金融机构可以将网络银行部分系统的开发、建设，网络银行业务的部分服务与技术支持，网络银行系统的维护等专业化程度较高的业务工作，委托给外部专业机构承担。在进行网络银行业务外包时，应根据实际需要，合理确定外包的原则和范围，认真分析和评估业务外包存在的潜在风险，建立健全有关规章制度，制定相应的风险防范措施。网络银行外包业务，应当与外包服务供应商签订书面合同，明确双方的权利、义务。在合同中，应明确规定外包服务供应商的保密义务、保密责任。

7. 网络银行的跨境业务管理

开办网络银行业务的金融机构可以利用境内的网络银行系统，向境外居民或企业提供网络银行服务。金融机构的境内客户在境外使用网络银行服务，不属于跨境业务活动。提供跨境网络银行服务，除应遵守我国法律法规和外汇管理政策等规定外，还应遵守境外居民所在国家（地区）的法律规定。境外网络银行监管部门对跨境网络银行业务要求审批的，金融机构在提供跨境业务活动之前，应获得境外网络银行监管部门的批准。

8. 网络银行的法律责任

金融机构在提供网络银行服务时，因网络银行系统存在安全隐患、金融机构内部违规操作和其他非客户原因等造成损失的，金融机构应当承担相应责任。因客户有意泄露交易密码，或者未按照服务协议尽到应尽的安全防范与保密义务造成损失的，金融机构可以根据服务协议的约定免于承担相应责任，但法律法规另有规定的除外。

金融机构未经批准擅自开办网络银行业务，或者未经批准增加或变更需要审批的网络银行业务类型，造成客户损失的，金融机构应承担全部责任。法律法规明确规定应由客户承担的责任除外。

根据《电子银行业务管理办法》第九十二条规定，金融机构开展网络银行业务违反审慎经营规则但尚不构成违法违规，并导致网络银行系统存在较大安全隐患的，中国银保监会将责令限期改正；逾期未改正，或者其安全隐患在短时间难以解决的，中国银保监会可以区别情形，采取下列措施：第一，暂停批准增加新的网络银行业务类型；第二，责令金融机构限制发展新的网络银行客户；第三，责令调整网络银行管理。

【案例分析】

手机银行业务发展趋势

近期，徽商银行、华融湘江银行、宁波银行、成都农商银行、锦州银行、大连银行接连发布了新版手机银行。据悉广发银行App也即将迭代升级。在银行业数字化转型提速背景下，各商业银行更加重视打造便捷、安全、智能、开放、有特色的一站式金融服务平台。

手机银行优化"形象"，提升"内涵"。此轮手机银行"上新"潮，在界面视觉设计、业务流程梳理、操作交互体验、金融科技功能等方面都有所改变。

从"焕然一新"的首屏来看，各家手机银行摒弃繁杂的布局，主张给用户以简洁、时尚的印象，其中，徽商银行更是突出了个性化定制界面的特点。

在科技应用方面，人脸、指纹识别技术已成为标配，以方便用户快速登录和理财支付，解决忘记密码或输入密码的烦恼。此外，一些安全性创新功能和智能服务为手机银行的用户提供更为便捷的服务，例如，宁波银行利用手机"云证书"实现100万元大额转账。

各家银行的手机银行迭代升级，也呈现出更加整合、开放、生态的特点。比如，个人银行与企业银行页面实现双模式自由切换；整合直销银行功能，帮助用户掌握更多投资理财渠道，实现保银协同；开展特色经营模式，实现用户纯线上的账户开立、手机银行注册、贷款申请、支用、还款。

手机银行创新展望：数字化趋势，优惠待遇，方便快捷，安全多功能等。比如，手机银行的普及和运用，结合5G、区块链技术，数字化探索，手机银行、掌上生活、云闪付优惠福利，获客、活客、留存、收益转化等更多数字化营销能力提升。

各银行的线上渠道同质化竞争日益加剧，如何借助非金融场景、特色资源禀赋、数据驱动智能等差异化服务，打造出具有用户忠诚度高的手机银行产品，需要银行更敏捷地洞察，更科学地前瞻，更勇敢地创新和容错。

资料来源：韩希宇. 六家银行发布新版手机银行都新在哪？[EB/OL]．（2019-11-11）[2019-12-20].

📖 **知识拓展**

资料包/第7章/手机银行的相关资料

7.3 | 第三方支付结算的法律法规

7.3.1 第三方支付结算概述

1. 广义的第三方支付结算的定义

广义的第三方支付结算，又称非金融机构支付结算，是指非金融机构在收付款人之间作为中介机构提供资金的支付、结算和转移的一种支付结算方式。

广义的第三方支付结算包括网络支付、预付卡的发行与受理、银行卡收单和中国人民银行确定的其他支付服务的部分或全部货币资金转移服务的业务。其中，网络支付，是指依托公共网络或专用网络在收付款人之间转移货币资金的行为，包括货币汇兑、互联网支付、移动电话支付、固定电话支付、数字电视支付等。预付卡，是指以盈利为目的发行的、在发行机构之外购买商品或服务的预付价值，包括采用磁条、芯片等技术以卡片、密码等形式发行的预付卡。银行卡收单，是指通过销售点（Point of Sales，POS）终端等为银行卡特约商户代收货币资金的行为。但是，预付卡不包括仅限于发放社会保障金的预付卡、仅限于乘坐公共交通工具的预付卡、仅限于缴纳电话费等通信费用的预付卡和发行机构与特约商户为同一法人的预付卡。

第三方支付结算

2. 狭义的第三方支付结算的定义

狭义的第三方支付结算，又称网络支付结算、第三方支付平台支付结算或者电子商务第三方支付结算，是指依法取得《支付业务许可证》的非银行第三方支付结算机构，获准办理互联网支付、移动电话支付、固定电话支付、数字电视支付等网络支付业务的一种支付结算方式。

> **知识拓展**
>
> 资料包/第7章/第三方支付结算概念的相关资料

根据《非银行支付机构网络支付业务管理办法》[①]第二条第三、四款规定，网络支付业务，是指收款人或付款人通过计算机、移动终端等电子设备，依托公共网络信息系统远程发起支付指令，且付款人电子设备不与收款人特定专属设备交互，由支付机构为收付款人提供货币资金转移服务的活动。收款人特定专属设备，是指专门用于交易收款，在交易过程中与支付机构业务系统交互并参与生成、传输、处理支付指令的电子设备。

【法规简要】

《非银行支付机构网络支付业务管理办法》

为规范非银行支付机构网络支付业务，防范支付风险，保护当事人合法权益，根据《中华人民共和国中国人民银行法》《非金融机构支付服务管理办法》（中国人民银行令〔2010〕第2

号发布）等规定，中国人民银行《非银行支付机构网络支付业务管理办法》。该办法于2015年12月28日以中国人民银行公告〔2015〕第43号公布，自2016年7月1日起施行，共七章四十六条，主要内容：第一章总则，第二章客户管理，第三章业务管理，第四章风险管理与客户权益保护，第五章监督管理，第六章法律责任，第七章附则。

> **知识拓展**
>
> 资料包/第7章/中国人民银行制定的《非银行支付机构网络支付业务管理办法》

7.3.2　第三方支付结算的相关法律法规

1．第三方支付结算机构的资格

（1）申请。

非金融机构提供支付服务，应当依据《非金融机构支付服务管理办法》①规定取得《支付业务许可证》，成为支付机构，并依法接受中国人民银行的监督管理。未经中国人民银行批准，任何非金融机构和个人不得从事或变相从事支付业务。申请《支付业务许可证》的，需经所在地中国人民银行副省级城市中心支行以上的分支机构审查后，报中国人民银行批准。

【法规简要】

《非金融机构支付服务管理办法》及其细则

为促进支付服务市场健康发展，规范非金融机构支付服务行为，防范支付风险，保护当事人的合法权益，根据《中华人民共和国中国人民银行法》等法律法规，中国人民银行制定了《非金融机构支付服务管理办法》。该办法于2010年6月14日以中国人民银行令〔2010〕第2号公布，自2010年9月1日起施行，共五章五十条，主要内容：第一章总则，第二章申请与许可，第三章监督与管理，第四章罚则，第五章附则。

为配合《非金融机构支付服务管理办法》实施工作，中国人民银行制定了《非金融机构支付服务管理办法实施细则》。该细则于2010年12月1日以中国人民银行公告〔2010〕第17号公布，自发布之日起实施，共四十二条。

【案例分析】

违反《非金融机构支付服务管理办法》被处罚

2019年2月28日，中国人民银行北京营业管理部（下称"央行营管部"）一连发布对4家支付机构的行政处罚信息，由于违反清算管理规定、《非金融机构支付服务管理办法》相关规定，4家机构及相关责任人合计罚没金额约1 967万元。

---

① 中国人民银行. 非金融机构支付服务管理办法[EB/OL].（2010-06-14）[2010-06-21].

在本批处罚中，易宝支付有限公司（以下简称"易宝支付"）合计罚没近千万元，其被罚总额最大。

行政处罚信息显示，易宝支付因违反清算管理规定、《非金融机构支付服务管理办法》相关规定，被给予警告，没收违法所得446.43万元，并处以约496万元罚款，罚没总额合计942.43万元。同时，易宝支付一名相关责任人因违反清算管理业务规定被央行营管部给予警告，并处以10万元罚款。

资料来源：蓝鲸财经. 央行再开巨额罚单，易宝支付违规清算违反人行"2号令"被罚近千万. [EB/OL]（2019-02-28）[2019-12-20].

知识拓展

资料包/第7章/第三方支付机构被中国人民银行处罚的相关资料

（2）条件。

《非金融机构支付服务管理办法》第八条规定，《支付业务许可证》的申请人应当具备下列条件：第一，在中华人民共和国境内依法设立的有限责任公司或股份有限公司，且为非金融机构法人；第二，有符合本办法规定的注册资本最低限额；第三，有符合本办法规定的出资人；第四，有5名以上熟悉支付业务的高级管理人员；第五，有符合要求的反洗钱措施；第六，有符合要求的支付业务设施；第七，有健全的组织机构、内部控制制度和风险管理措施；第八，有符合要求的营业场所和安全保障措施；第九，申请人及其高级管理人员最近3年内未因利用支付业务实施违法犯罪活动或为违法犯罪活动办理支付业务等受过处罚。

关于以上条件的具体要求如下。

① 关于注册资本最低限额的规定。申请人拟在全国范围内、跨省（自治区、直辖市）设立分支机构从事支付业务，或客户可跨省（自治区、直辖市）办理支付业务的情形从事支付业务的，其注册资本最低限额为1亿元人民币；拟在省（自治区、直辖市）范围内从事支付业务的，其注册资本最低限额为3 000千万元人民币。注册资本最低限额为实缴货币资本。中国人民银行根据国家有关法律法规和政策规定，调整申请人的注册资本最低限额。外商投资支付机构的业务范围、境外出资人的资格条件和出资比例等，由中国人民银行另行规定，报国务院批准。

② 关于出资人的规定。申请人的主要出资人（包括拥有申请人实际控制权的出资人和持有申请人10%以上股权的出资人）应当符合以下条件：第一，为依法设立的有限责任公司或股份有限公司；第二，截至申请日，连续为金融机构提供信息处理支持服务2年以上，或连续为电子商务活动提供信息处理支持服务2年以上；第三，截至申请日，连续盈利2年以上；第四，最近3年内未因利用支付业务实施违法犯罪活动或为违法犯罪活动办理支付业务等受过处罚。

③ 关于5名以上熟悉支付业务的高级管理人员的规定。有5名以上熟悉支付业务的高级管理人员，是指申请人的高级管理人员（包括总经理、副总经理、财务负责人、技术负责人或实际履行上述职责的人员）中至少有5名人员具备下列条件：第一，具有大学本科以上学历或具有会

计、经济、金融、计算机、电子通信、信息安全等专业的中级技术职称；第二，从事支付结算业务或金融信息处理业务 2 年以上或从事会计、经济、金融、计算机、电子通信、信息安全工作 3 年以上。

④ 关于符合要求的反洗钱措施的规定。反洗钱措施，具体包括反洗钱内部控制、客户身份识别、可疑交易报告、客户身份资料和交易记录保存等预防洗钱、恐怖融资等金融犯罪活动的措施。

⑤ 关于符合要求的支付业务设施的规定。支付业务设施，具体包括支付业务处理系统、网络通信系统以及容纳上述系统的专用机房。

⑥ 关于组织机构的规定。组织机构，具体包括具有合规管理、风险管理、资金管理和系统运行维护职能的部门。

（3）提交的文件、资料。

根据《非金融机构支付服务管理办法》第十一条规定，申请人应当向所在地中国人民银行分支机构提交下列文件、资料：第一，书面申请，载明申请人的名称、住所、注册资本、组织机构设置、拟申请支付业务等；第二，公司营业执照（副本）复印件；第三，公司章程；第四，验资证明；第五，经会计师事务所审计的财务会计报告；第六，支付业务可行性研究报告；第七，反洗钱措施验收材料；第八，技术安全检测认证证明；第九，高级管理人员的履历材料；第十，申请人及其高级管理人员的无犯罪记录证明材料；第十一，主要出资人的相关材料；第十二，申请资料真实性声明。

（4）公告事项。

根据《非金融机构支付服务管理办法》第十二条规定，申请人应当在收到受理通知后按规定公告下列事项：第一，申请人的注册资本及股权结构；第二，主要出资人的名单、持股比例及其财务状况；第三，拟申请的支付业务；第四，申请人的营业场所；第五，支付业务设施的技术安全检测认证证明。

（5）审查批准。

根据《非金融机构支付服务管理办法》第十三条规定，中国人民银行分支机构依法受理符合要求的各项申请，并将初审意见和申请资料报送中国人民银行。中国人民银行审查批准的，依法颁发《支付业务许可证》，并予以公告。《支付业务许可证》自颁发之日起，有效期 5 年。支付机构拟于《支付业务许可证》期满后继续从事支付业务的，应当在期满前 6 个月内向所在地中国人民银行分支机构提出续展申请。中国人民银行准予续展的，每次续展的有效期为 5 年。支付机构不得转让、出租、出借《支付业务许可证》。

第三方支付机构变更规定事项的，应当在向公司登记机关申请变更登记前报中国人民银行同意。申请终止支付业务的，应当向所在地中国人民银行分支机构提交规定的文件、资料。准予终止的，支付机构应当按照中国人民银行的批复完成终止工作，交回《支付业务许可证》。

【案例分析】

中国人民银行对第三方支付机构的监管力度加强

近年来，第三方支付机构为了抢占支付市场野蛮扩张，违法、违规等乱象频现。与此同时，中国人民银行（以下简称"央行"）对第三方支付机构的处罚频率和力度明显加强。随着监管升级，大浪淘沙，支付牌照数量逐渐收紧。数据显示，目前央行合计注销了24张《支付业务许可证》，其中有19张是在2017年注销的。其中，9家第三方支付机构因为违规不予续展，10家则是由于业务合并被注销。

据不完全统计，截至2017年12月20日，央行2017年已经开出百余张罚单，约为2016年罚单数量34张的3倍。其中共包含67家第三方支付机构，累计罚款金额约2 468万元。据不完全统计，处罚原因主要是备付金、反洗钱、客户权益及业务合规等层面的问题。

资料来源：信陵神州. 盘点：2017年支付行业大事记[EB/OL]. （2018-01-04）[2018-01-04].

2. 第三方支付结算的业务管理

（1）业务范围。

第三方支付机构应当按照《支付业务许可证》核准的业务范围从事经营活动，不得从事核准范围之外的业务，不得将业务外包。不得经营或者变相经营证券、保险、信贷、融资、理财、担保、信托、货币兑换、现金存取等业务。

（2）公开收费项目和标准。

第三方支付机构应当按照审慎经营的要求，制定支付业务办法及客户权益保障措施，建立健全风险管理和内部控制制度，并报所在地中国人民银行分支机构备案。确定支付业务的收费项目和收费标准，并报所在地中国人民银行分支机构备案。公开披露其支付业务的收费项目和收费标准。

（3）建立健全客户身份识别机制。

第三方支付机构为客户开立支付账户的，应当对客户实行实名制管理，登记并采取有效措施验证客户身份基本信息，按规定核对有效身份证件并留存有效身份证件复印件或者影印件，建立客户唯一识别编码，并在与客户业务关系存续期间采取持续的身份识别措施，确保有效核实客户身份及其真实意愿，不得开立匿名、假名支付账户。

（4）签订支付服务协议。

第三方支付机构应当与客户签订服务协议，约定双方责任、权利和义务，至少明确业务规则（包括但不限于业务功能和流程、身份识别和交易验证方式、资金结算方式等），收费项目和标准，查询、差错争议及投诉等服务流程和规则，业务风险和非法活动防范及处置措施，客户损失责任划分和赔付规则等内容。为客户开立支付账户的，还应在服务协议中以显著方式告知客户，并采取有效方式确认客户充分知晓并清晰理解下列内容："支付账户所记录的资金余额不同于客户本人的银行存款，不受《存款保险条例》保护，其实质为客户委托支付机构保管的，所有权归属于客户的预付价值。

该预付价值对应的货币资金虽然属于客户，但不以客户本人名义存放在银行，而是以支付机构名义存放在银行的，并且由支付机构向银行发起资金调拨指令。"确保协议内容清晰、易懂，并以显著方式提示客户注意与其有重大利害关系的事项。

获得互联网支付业务许可的支付机构，经客户主动提出申请，可为其开立支付账户；仅获得移动电话支付、固定电话支付、数字电视支付业务许可的支付机构，不得为客户开立支付账户，不得为金融机构以及从事信贷、融资、理财、担保、信托、货币兑换等金融业务的其他机构开立支付账户。

（5）交易信息的要求。

第三方支付机构应当确保交易信息的真实性、完整性、可追溯性以及在支付全流程中的一致性，不得篡改或者隐匿交易信息。交易信息包括但不限于下列内容：第一，交易渠道、交易终端或接口类型、交易类型、交易金额、交易时间，以及直接向客户提供商品或者服务的特约商户名称、编码和按照国家与金融行业标准设置的商户类别码；第二，收付款客户名称，收付款支付账户账号或者银行账户的开户银行名称及账号；第三，付款客户的身份验证和交易授权信息；第四，有效追溯交易的标识；第五，单位客户单笔超过5万元的转账业务的付款用途和事由。对于客户的网络支付业务操作行为，包括但不限于登录和注销登录、身份识别和交易验证、变更身份信息和联系方式、调整业务功能、调整交易限额、变更资金收付方式，以及变更或挂失密码、电子认证证书、电子签名等。第三方支付机构应当在确认客户身份及真实意愿后及时办理，并在操作生效之日起至少5年内，真实、完整保存操作记录。

【案例分析】

我国第三方支付机构前十名榜单

支付宝ALIPAY（浙江蚂蚁小微金融服务集团有限公司）

集支付和生活应用为一体的电子支付软件，国内领先的第三方支付平台，浙江蚂蚁小微金融服务集团有限公司。

微信支付（深圳市腾讯计算机系统有限公司）

腾讯旗下，微信联合知名第三方支付平台财付通推出的极具成长力的移动端支付服务，深圳市腾讯计算机系统有限公司。

银联商务（银联商务有限公司）

国内非金融支付行业综合支付的知名企业，国内较大的银行卡收单专业化服务机构，中国银联旗下，银联商务有限公司。

银联在线（上海银联电子支付服务有限公司）

中国银联打造的互联网业务综合商务平台，第三方支付平台的领先者，中国银联控股上海银联电子支付服务有限公司。

快钱（快钱支付清算信息有限公司）

万达集团旗下，国内首家基于E-mail和手机号码的大型综合支付平台，领先的互联网金融平台，快钱支付清算信息有限公司。

壹钱包 ［中国平安保险（集团）股份有限公司］

中国平安旗下平安付推出的移动支付客户端，提供互联网支付、移动支付等多元化的第三方支付的个人创新互联网金融及消费服务。

拉卡拉（拉卡拉支付股份有限公司）

第三方移动支付的知名企业，国内率先开发出电子账单服务平台，知名便民金融服务平台，拉卡拉支付股份有限公司。

汇付天下（汇付天下有限公司）

国内领先的新金融综合服务集团，提供网上支付、基金理财、POS收单、移动支付等支付服务和定制化综合支付解决方案，汇付天下有限公司。

易宝支付YEEPAY（易宝支付有限公司）

十大第三方支付平台，提供量身定制的行业支付解决方案，国内互联网金融行业创新型企业，易宝支付有限公司。

京东支付 ［北京京东叁佰陆拾度电子商务有限公司］

京东金融旗下网银在线开发，专注于提供综合电子支付服务，国内知名电子支付解决方案提供商，网银在线（北京）科技有限公司。

资料来源：十大品牌网. 第三方支付十大品牌[EB/OL]. （2018-01-06）[2018-01-06].

3. 第三方支付结算的风险管理

（1）建立制度，采取措施。

第三方支付机构应当综合客户类型、身份核实方式、交易行为特征、资信状况等因素，建立客户风险评级管理制度和机制，并动态调整客户风险评级及相关风险控制措施。第三方支付机构应当根据客户风险评级、交易验证方式、交易渠道、交易终端或接口类型、交易类型、交易金额、交易时间、商户类别等因素，建立交易风险管理制度和交易监测系统，对疑似欺诈、套现、洗钱、非法融资、恐怖融资等交易，及时采取调查核实、延迟结算、终止服务等措施。

（2）警示和公告。

第三方支付机构应当向客户充分提示网络支付业务的潜在风险，及时揭示不法分子新型作案手段，对客户进行必要的安全教育，并对高风险业务在操作前、操作中进行风险警示。为客户购买合作机构的金融类产品提供网络支付服务的，应当确保合作机构为取得相应经营资质并依法开展业务的机构，并在首次购买时向客户展示合作机构信息和产品信息，充分提示相关责任、权利、义务及潜在风险，协助客户与合作机构完成协议签订。

建立健全风险准备金制度和交易赔付制度，并对不能有效证明因客户原因导致的资金损失及时先行全额赔付，保障客户合法权益。支付机构应于每年 1 月 31 日前，将前一年度发生的风险事件、客户风险损失发生和赔付等情况放在网站上对外公告。支付机构应在年度监管报告中如实反映上述内容和风险准备金计提、使用及结余等情况。

（3）客户信息保密与管理。

第三方支付机构应当依照中国人民银行有关客户信息保护的规定，制定有效的客户信息保护措施和风险控制机制，履行客户信息保护义务。不得存储客户银行卡的磁道信息或芯片信息、验证码、密码等敏感信息，原则上不得存储银行卡有效期。因特殊业务需要，支付机构确需存储客户银行卡有效期的，应当取得客户和开户银行的授权，以加密形式存储。

（4）验证。

支付机构应当通过协议约定禁止特约商户存储客户银行卡的磁道信息或芯片信息、验证码、有效期、密码等敏感信息，并采取定期检查、技术监测等必要监督措施。特约商户违反协议约定存储上述敏感信息的，支付机构应当立即暂停或者终止为其提供网络支付服务，采取有效措施删除敏感信息、防止信息泄露，并依法承担因相关信息泄露造成的损失和责任。

第三方支付机构可以组合选用下列 3 类要素，对客户使用支付账户余额付款的交易进行验证：第一，仅客户本人知悉的要素，如静态密码等；第二，仅客户本人持有并特有的、不可复制或者不可重复利用的要素，如经过安全认证的电子认证证书、电子签名以及通过安全渠道生成和传输的一次性密码等；第三，客户本人生理特征要素，如指纹等。确保采用的要素相互独立，部分要素的损坏或者泄露不应导致其他要素损坏或者泄露。

（5）交易限额管理。

第三方支付机构应根据交易验证方式的安全级别，按照下列要求对个人客户使用支付账户余额付款的交易进行限额管理。

第一，支付机构采用包括电子认证证书或电子签名在内的两类（含）以上有效要素进行验证的交易，单日累计限额由支付机构与客户通过协议自主约定。

第二，支付机构采用不包括电子认证证书、电子签名在内的两类（含）以上有效要素进行验证的交易，单个客户所有支付账户单日累计金额应不超过 5 000 元（不包括支付账户向客户本人同名银行账户转账）。

第三，支付机构采用不足两类有效要素进行验证的交易，单个客户所有支付账户单日累计金额应不超过 1 000 元（不包括支付账户向客户本人同名银行账户转账），且支付机构应当承诺无条件全额承担此类交易的风险损失赔付责任。

4. 第三方支付结算的客户权益保护

（1）信息查询和投诉公告。

第三方支付机构应当通过具有合法独立域名的网站和统一的服务电话等渠道，为客户免费提供至少最近 1 年以内的交易信息查询服务，并建立健全差错争议和纠纷投诉处理制度，配备专业部门和人员据实、准确、及时处理交易差错和客户投诉。支付机构应当告知客户相关服务的正确获取途径，指导客户有效辨识服务渠道的真实性。支付机构应于每年 1 月 31 日前，将前一年度发生的客户投诉数量和类型、处理完毕的投诉占比、投诉处理速度等情况放在网站上对外公告。

（2）接受服务自由。

第三方支付机构应当充分尊重客户自主选择权，不得强迫客户使用本机构提供的支付服务，不得阻碍客户使用其他机构提供的支付服务。公平展示客户可选用的各种资金收付方式，不得以任何形式诱导、强迫客户开立支付账户或者通过支付账户办理资金收付，不得附加不合理条件。

（3）其他权益保护。

第三方支付机构因系统升级、调试等原因，需暂停网络支付服务的，应当至少提前 5 个工作日予以公告。变更协议条款、提高服务收费标准或者新设收费项目的，应当于实施之前在网站等服务渠道以显著方式连续公示 30 日，并于客户首次办理相关业务前确认客户知悉且接受拟调整的全部详细内容。

5. 第三方支付结算机构的分类监管

中国人民银行可以结合支付机构的企业资质、风险管控，特别是客户备付金管理等因素，确立支付机构分类监管指标体系，建立持续分类评价工作机制，并对支付机构实施动态分类管理。具体办法由中国人民银行另行制定。

（1）分类标准。

按照中国人民银行制定的《非银行支付机构网络支付业务管理办法》的规定，根据客户身份对同一客户在第三方支付机构开立的所有支付账户进行关联管理，并按照要求对个人支付账户分为 3 类进行管理。

① Ⅰ类支付账户。对于以非面对面方式通过至少 1 个合法安全的外部渠道进行身份基本信息验证，且为首次在本机构开立支付账户的个人客户，支付机构可以为其开立Ⅰ类支付账户。该账户余额仅可用于消费和转账，余额付款交易自账户开立起累计不超过 1 000 元（包括支付账户向客户本人同名银行账户转账）。客户身份基本信息外部验证渠道包括但不限于政府部门数据库、商业银行信息系统、商业化数据库等。其中，通过商业银行验证个人客户身份基本信息的，应为Ⅰ类银行账户或信用卡。

② Ⅱ类支付账户。对于支付机构自主或委托合作机构以面对面方式核实身份的个人客户，或以非面对面方式通过至少 3 个合法安全的外部渠道进行身份基本信息多重交叉验证的个人客户，支付机构可以为其开立Ⅱ类支付账户。该账户余额仅可用于消费和转账，其所有支付账户的余额付款交易年累计不超过 10 万元（不包括支付账户向客户本人同名银行账户转账）。

③ Ⅲ类支付账户。对于支付机构自主或委托合作机构以面对面方式核实身份的个人客户，或以非面对面方式通过至少 5 个合法安全的外部渠道进行身份基本信息多重交叉验证的个人客户，支付机构可以为其开立Ⅲ类支付账户。该账户余额可以用于消费、转账以及购买投资理财等金融类产品，其

所有支付账户的余额付款交易年累计不超过 20 万元（不包括支付账户向客户本人同名银行账户转账）。

支付机构办理银行账户与支付账户之间转账业务的，相关银行账户与支付账户应属于同一客户。支付机构应按照与客户的约定及时办理支付账户向客户本人银行账户转账业务，不得对Ⅱ类、Ⅲ类支付账户向客户本人银行账户转账设置限额。

（2）分类监管。

① 评定为"A"类且Ⅱ类、Ⅲ类支付账户实名比例超过 95%的支付机构，可以采用能够切实落实实名制要求的其他客户身份核实方法，经法人所在地中国人民银行分支机构评估认可并向中国人民银行备案后实施。

② 评定为"A"类且Ⅱ类、Ⅲ类支付账户实名比例超过 95%的支付机构，可以对从事电子商务经营活动、不具备工商登记注册条件且相关法律法规允许不进行工商登记注册的个人客户（以下简称"个人卖家"）参照单位客户管理，但应建立持续监测电子商务经营活动、对个人卖家实施动态管理的有效机制，并向法人所在地中国人民银行分支机构备案。支付机构参照单位客户管理的个人卖家，应至少符合下列条件：第一，相关电子商务交易平台已依照相关法律法规对其真实身份信息进行审查和登记，与其签订登记协议，建立登记档案并定期核实更新，核发证明个人身份信息真实合法的标记，加载在其从事电子商务经营活动的主页面醒目位置；第二，支付机构已按照开立Ⅲ类个人支付账户的标准对其完成身份核实；第三，持续从事电子商务经营活动满 6 个月，且期间使用支付账户收取的经营收入累计超过 20 万元。

③ 评定为"A"类且Ⅱ类、Ⅲ类支付账户实名比例超过 95%的支付机构，对于已经实名确认、达到实名制管理要求的支付账户，在办理《非银行支付机构网络支付业务管理办法》第十二条第一款所述转账业务时，相关银行账户与支付账户可以不属于同一客户。但支付机构应在交易中向银行准确、完整发送交易渠道、交易终端或接口类型、交易类型、收付款客户名称和账号等交易信息。

④ 评定为"A"类且Ⅱ类、Ⅲ类支付账户实名比例超过 95%的支付机构，可以将达到实名制管理要求的Ⅱ类、Ⅲ类支付账户的余额付款单日累计限额，提高至《非银行支付机构网络支付业务管理办法》第二十四条规定的 2 倍。

⑤ 评定为"B"类及以上，且Ⅱ类、Ⅲ类支付账户实名比例超过 90%的支付机构，可以将达到实名制管理要求的Ⅱ类、Ⅲ类支付账户的余额付款单日累计限额，提高至《非银行支付机构网络支付业务管理办法》第二十四条规定的 1.5 倍。

⑥ 评定为"A"类的支付机构按照《非银行支付机构网络支付业务管理办法》第十条规定办理相关业务时，可以与银行根据业务需要，通过协议自主约定由支付机构代替进行交易验证的情形，但支付机构应在交易中向银行完整、准确发送交易渠道、交易终端或接口类型、交易类型、商户名称、商户编码、商户类别码、收付款客户名称和账号等交易信息；银行应核实支付机构验证手段或渠道的安全性，且对客户资金安全的管理责任不因支付机构代替验证而转移。

⑦ 对于评定为"C"类及以下、支付账户实名比例较低、对零售支付体系或社会公众非现金支

付信心产生重大影响的支付机构，中国人民银行及其分支机构可以在《非银行支付机构网络支付业务管理办法》第十九条、第二十八条等规定的基础上适度提高公开披露相关信息的要求，并加强非现场监管和现场检查。

关键术语

电子支付结算　网络银行　广义的第三方支付结算　狭义的第三方支付结算
网络银行的审批制　网络银行的报告制

基本知识

（1）电子支付结算的特点。

（2）网络银行的风险管理。

（3）第三方支付结算机构的分类监管。

思考讨论

（1）电子支付结算的安全控制。

（2）根据网络银行业务类型确定审批制和报告制。

（3）第三方支付结算的风险管理。

案例分析

无现金支付

中国"无现金社会"的概念，最早可以追溯到2015年8月8日，当时微信支付首次提出"无现金日"活动。2017年2月28日，支付宝宣布希望用5年时间推动中国率先进入无现金社会，"无现金社会是未来，而未来正在到来"。

"无现金社会"概念正式提出以后，微信支付、支付宝在内的中国移动支付企业加速布局线下支付场景，均为"无现金社会"的建成发力。这其中，尤以2017年8月的微信支付"无现金日"和支付宝"无现金周"的活动最为火热。

"无现金社会"建设如火如荼，相关的争议也随之而来，尤其是部分商家"拒收现金"等情况被媒体曝出后，更是在社会上引发了对"无现金社会"合理与否的全民讨论。在众多舆论压力下，微信支付和支付宝纷纷将无现金日、无现金周、无现金城市、无现金社会等词语隐去。此后，两家改口称"建设移动智慧城市"。不过，不同的称呼，一样的目的，微信支付、支付宝在内的中国移动支付平台继续发展线下支付场景。

2017年9月1日，支付宝宣布在肯德基的KPRO餐厅上线"刷脸支付"，正式将"刷脸支付"

推向了商用。2017年8月底，京东线下的京东之家体验店已经开始内测"刷脸支付"功能。而百度早在2017年5月就把刷脸支付搬进了自家食堂。此外，农业银行总行已下发通知，要求全国推广"刷脸支付"，将为全国24 064家分支机构、30 089台柜员机、10万个ATM机安装人脸识别系统！"刷脸支付"的时代已然来临。

资料来源：信陵神州. 盘点：2017年支付行业大事记[EB/OL].（2018-01-04）[2018-01-04].

根据以上案例资料，依据第三方支付相关法律法规，结合当前的支付宝、微信支付等移动支付平台，请你结合自己使用第三方支付的实际回答以下问题。

① 第三方支付的优势表现在哪些方面？存在什么主要问题？如何完善第三方支付？

② 无现金支付的内涵是什么？"无现金社会"能到来吗？为什么？

互联网广告和跨境电子商务的法律法规

第8章

【目标要求】

（1）掌握互联网广告、广告的行政管辖权、虚假广告、跨境电子商务的定义和互联网广告的特点。

（2）熟悉互联网广告管辖权、主体的法律法规，虚假广告的法律界定和处罚，杭州跨境电子商务综合试验区的"六大体系"和"两个平台"。

（3）了解互联网广告活动中不得出现的行为规定，电子邮件广告的法律法规，跨境电子商务通关和税收的法律法规。

【重点和难点】

（1）重点：虚假广告的定义和互联网广告的特点、虚假广告的法律界定和处罚。

（2）难点：互联网广告管辖权、主体的法律法规，互联网广告活动中不得有的行为规定，杭州跨境电子商务综合试验区的"六大体系"和"两个平台"。

8.1 互联网广告概述

8.1.1 互联网广告的定义和形式

1. 广告的定义

广告，是指商品经营者或者服务提供者，通过一定媒介和形式直接或者间接地介绍自己所推销的商品或者服务的商业活动。

广义的广告是指不以盈利为目的的广告，如政府公告、政党、宗教、教育、文化、市政、社会团体等方面的启事、声明等。狭义的广告是指以盈利为目的的广告，包括商业广告、经济广告等，是工商企业为推销商品或提供服务，以付费方式，通过广告媒体向消费者或用户传播商品或服务信息的手段。例如，常见的网络上的商品广告，属于商业广告的范围。

《中华人民共和国广告法》[①]（以下简称《广告法》）第二条规定，在中华人民共和国境内，商品经营者或者服务提供者通过一定媒介和形式直接或者间接地介绍自己所推销的商品或者服务的商业广告活动，适用本法。第四十四条第一款规定，利用互联网从事广告活动，适用本法的各项规定。

---

① 全国人民代表大会常务委员会. 中华人民共和国广告法[EB. OL]. （2015-04-24）[2015-04-24].

【法律简要】

《中华人民共和国广告法》

《广告法》于1994年10月27日经第八届全国人民代表大会常务委员会第十次会议通过，自1995年2月1日起施行；于2015年4月24日经第十二届全国人民代表大会常务委员会第十四次会议修订并公布，自2015年9月1日起施行。

《广告法》旨在规范广告活动，保护消费者的合法权益，促进广告业的健康发展，维护社会经济秩序，共六章七十五条。主要内容：第一章总则，第二章广告内容准则，第三章广告行为规范，第四章监督管理，第五章法律责任，第六章附则。

> **知识拓展**
>
> 资料包/第8章/《中华人民共和国广告法》

2. 互联网广告的定义

互联网广告，是指商品经营者或者服务提供者，通过网络媒介和形式直接或者间接地介绍自己所推销的商品或者服务的商业活动。广义的网络广告，包括各种网络上的广告活动；狭义的网络广告是指互联网广告。

互联网广告的定义和特点

网络广告利用网络的各种投放平台和手段，包括电子商务平台、政府网络平台等网站，博客、微博、微信、QQ等社交网络，电子邮件、短信等电子手段，刊登、发布文字、图像、音像等形式的信息。因此，网络广告是一种现代化的高科技广告方式，广告效率高，监管难度大。

国家工商行政管理总局发布的《互联网广告管理暂行办法》[①]第三条规定，本办法所称互联网广告，是指通过网站、网页、互联网应用程序等互联网媒介，以文字、图片、音频、视频或者其他形式，直接或者间接地推销商品或者服务的商业广告。

【法规简要】

《互联网广告管理暂行办法》

为了规范互联网广告活动，保护消费者的合法权益，促进互联网广告业的健康发展，维护公平竞争的市场经济秩序，根据《中华人民共和国广告法》等法律、行政法规，国家工商行政管理总局制定了《互联网广告管理暂行办法》。该办法于2016年7月4日以国家工商行政管理总局令第87号公布，自2016年9月1日起施行。

> **知识拓展**
>
> 资料包/第8章/国家工商行政管理总局制定的《互联网广告管理暂行办法》

---

① 国家工商行政管理总局. 互联网广告管理暂行办法[EB/OL].（2016-07-04）[2016-09-01].

3. 互联网广告的形式

第一，推销商品或者服务的含有链接的文字、图片或者视频等形式的广告。这是互联网广告最普通、普遍的形式，此类广告在网页中大量存在。例如，在网页中的带有链接的广告，当打开广告，会链接到一个目标网站（通常是购物网站）

第二，推销商品或者服务的电子邮件广告。这是一种以电子邮件形式，发送到电子邮箱的一种广告形式。例如邮箱中收到的商品介绍和信息。

第三，推销商品或者服务的付费搜索广告。这是一种在搜索引擎中加入的互联网广告形式，通过搜索来传播。例如百度搜索等。

第四，推销商品或者服务的商业性展示中的广告。这是一种在互联网上利用网络特殊的优势，对商品或服务进行展示的网络广告形式。例如，在综合性网站的汽车栏目，用动画展示的汽车新品等。

第五，其他通过互联网媒介推销商品或者服务的商业广告。

8.1.2　互联网广告的特点

互联网广告与传统的四大传播媒体（报纸、杂志、电视、广播）广告相比较，主要具有多样性、针对性、广泛性、便捷性和交互性等特点。

1. 多样性

所谓互联网广告的多样性，是指互联网广告在形式上、内容上、载体上、功能上具有多样化的特点。互联网广告的形式多种多样。随着信息技术和网络技术的发展，更加多彩的、吸引力强的互联网广告被制作并投放到互联网上。广告的内容可以根据广告主的要求，进行设计和制作。广告的载体、功能可以根据广告主不同的需要、投放的位置和方式来具有确定，例如旗帜广告、网页广告、横幅广告、动画广告、视频广告等载体，具有收听、收看、试用、体验、调查问卷等功能。

2. 针对性

所谓互联网广告的针对性，是指互联网广告的投放可以精准地选择对象。根据网站及其数据分析，能够掌握不同广告方式、不同网页的受众情况，例如年龄、性别、爱好、收入、职业、婚姻、消费习惯等，然后确定广告的投放时间、位置、网站、网页。因此，针对性强，效益高。

3. 广泛性

所谓互联网广告的广泛性，是指互联网广告的传播范围非常广泛，互联网能把广告信息全天候24 小时不间断地传播到地球的各个地方。例如，一条互联网广告在网上发布后，互联网广告的受众遍布世界各地，在世界上能连接互联网的任何地方，都能够随时随地浏览互联网广告信息。这是互联网广告的时空优势。

4. 便捷性

所谓互联网广告的便捷性，是指互联网广告的制作、发布、投放、收看等各个环节快速、及时、费用低。互联网广告制作周期短，费用低；互联网广告发布轻松、快速；互联网广告的投放准确、及时；互联网广告的收看随时随地。与传统广告相比，互联网广告不仅制作费用低，而且发布、投放等费用也低。

5. 交互性

所谓互联网广告的交互性，是指互联网广告发布后，可以与广告的受众实现互动和交流，这是互联网络媒体优势的体现。例如，互联网广告在网页上线后，设置信息反馈功能，受众对广告所涉及的信息可以进一步提问、留言、提出建议和意见。

【案例分析】

互联网是广告监管的主战场

（1）互联网广告违法案件突出。

国家工商行政管理总局发布的2017年我国广告数据显示，2017年全国广告经营额6 896.41亿元，同比增长6.3%；广告经营单位112.31万户，同比增长28.3%。其中电子商务广告302万条次，其他互联网服务广告646.95万条次。

2017年广告违法案件数量占前三位的媒介是互联网、户外和印刷品。互联网广告违法案件14 904件，户外广告违法案件4 895件，印刷品广告违法案件3 103件。与2016年相比，互联网广告违法案件增长1.68倍，是影响广告违法案件数量增长的主要因素。

据浙江工商局公布十大违法广告案例显示，2017年上半年，该省互联网广告案件和罚没款继续大幅增加，共查处互联网广告违法案件962起，同比增加186.31%，占总案件数的73.83%，互联网成为广告监管的主战场。

（2）整治互联网广告的重点。

国家工商行政管理总局于2018年2月12日发布《工商总局关于开展互联网广告专项整治工作的通知》，严肃查处虚假违法互联网广告，切实维护互联网广告市场秩序，集中整治以下5类互联网广告。

第一，涉及导向问题、政治敏感性问题、损害国家利益的违法互联网广告。

第二，危害人民群众人身安全、身体健康的食品、保健食品、医疗药品、医疗器械等虚假违法互联网广告。

第三，含有欺骗误导消费者内容、损害人民群众财产利益的金融投资、招商、收藏品等虚假违法互联网广告。

第四，妨碍社会公共秩序、违背社会良好风尚、造成恶劣社会影响、损害未成年人身心健康的虚假违法互联网广告。

第五，社会公众反映强烈的其他虚假违法互联网广告等。

资料来源: [1] 中国广告门户网. 国家工商行政管理总局发布 2017 年全国广告行业数据，经营额 6 896 亿元[EB/OL]. （2018-02-06）[2018-02-06].

[2] 国家工商行政管理总局. 关于开展互联网广告专项整治工作的通知[EB/OL]. （2018-02-12）[2018-02-12].

知识拓展

资料包/第8章/浙江工商局公布十大违法广告案例资料

8.2 互联网广告的法律法规

8.2.1 互联网广告管辖权的法律法规

1. 广告的行政管辖权

广告的行政管辖权，是指对行政管理监督主体的广告，相应的行政事务的管理监督处罚等划分的首次处置权限。首次处置权交由哪个监管机构或部门，并不是个简单的问题。行政管辖权不仅确定行政事务首次处置权的行政监管主体，有利于监管行政事务，而且，也会使行政监管的相对人事先知道行政事务受理的行政主体，便于问题的处理和解决。广义的行政管辖权，应该包括行政事务监管办法的制定、行政事务的监督管理和行政事务的违法违规的查处等权力。狭义的行政管辖权，一般包括级别管辖权、地域管辖权和特别管辖权。

（1）广告的级别管辖权。

我国的广告监督管理，实行的是级别管辖。《广告法》第六条规定，国务院市场监督管理部门主管全国的广告监督管理工作，国务院有关部门在各自的职责范围内负责广告管理相关工作。县级以上地方市场监督管理部门主管本行政区域的广告监督管理工作，县级以上地方人民政府有关部门在各自的职责范围内负责广告管理相关工作。

（2）广告的地域管辖权。

对广告违法案件的处罚，实行地域管辖。《中华人民共和国行政处罚法》第二十条规定，行政处罚由违法行为发生地的县级以上地方人民政府具有行政处罚权的行政机关管辖。法律、行政法规另有规定的除外。对涉及违法广告活动进行行政处罚，应当遵守该规定。

（3）广告的具体监管权限。

在市场监督管理部门履行广告监督管理职责时，涉及具体的权限问题，需要授予或明确，以便监管机构依法执法。《广告法》第四十九条规定，市场监督管理部门履行广告监督管理职责，可以行使下列职权：第一，对涉嫌从事违法广告活动的场所实施现场检查；第二，询问涉嫌违法当事人或者其法定代表人、主要负责人和其他有关人员，对有关单位或者个人进行调查；第三，要求涉嫌违法当事人限期提供有关证明文件；第四，查阅、复制与涉嫌违法广告有关的合同、票据、账簿、广告作品和其他有关资料；第五，查封、扣押与涉嫌违法广告直接相关的广告物品、经营工具、设备等财物；第六，责令暂停发布可能造成严重后果的涉嫌违法广告；第七，法律、行政法规规定的其他职权。

市场监督管理部门应当建立健全广告监测制度，完善监测措施，及时发现和依法查处违法广告行为。

2. 受理投诉、举报监管权

在行政事务监督管理中，市场监督管理部门对违法违规者进行社会监督，发挥社会监管的力量，所以，需要确定一个受理投诉、举报的机构并授予其相应的监管权。

《广告法》第五十三条规定，任何单位或者个人有权向市场监督管理部门和有关部门投诉、举报违反本法的行为。市场监督管理部门和有关部门应当向社会公开受理投诉、举报的电话、信箱或者电子邮件地址，接到投诉、举报的部门应当自收到投诉之日起7个工作日内，予以处理并告知投诉、举报人。市场监督管理部门和有关部门不依法履行职责的，任何单位或者个人有权向其上级机关或者监察机关举报。接到举报的机关应当依法作出处理，并将处理结果及时告知举报人。有关部门应当为投诉、举报人保密。第五十四条规定，消费者协会和其他消费者组织对违反本法规定，发布虚假广告侵害消费者合法权益，以及其他损害社会公共利益的行为，依法进行社会监督。

3. 互联网广告管辖权的相关法律法规

（1）以广告发布者所在地管辖为主。

《互联网广告管理暂行办法》第十八条第一款规定，对互联网广告违法行为实施行政处罚，由广告发布者所在地市场监督管理部门管辖。广告发布者所在地市场监督管理部门管辖异地广告主、广告经营者有困难的，可以将广告主、广告经营者的违法情况移交广告主、广告经营者所在地市场监督管理部门处理。这是根据《工商行政管理机关行政处罚程序规定》中确定的广告发布者所在地管辖的原则为基础，对网络广告管辖权的确定。

（2）以广告主所在地、广告经营者所在地管辖为辅。

《互联网广告管理暂行办法》第十八条第二款规定，广告主所在地、广告经营者所在地市场监督管理部门先行发现违法线索或者收到投诉、举报的，也可以进行管辖。这是考虑到互联网广告发布链条长、广告资源碎片化、广告精准投放带来的不同浏览者同一时间在同一网站上看到的是完全不同的广告等特征，而对网络广告管辖权的确定。

（3）广告主自行发布广告的，由广告主所在地管辖。

《互联网广告管理暂行办法》第十八条第三款规定，对广告主自行发布的违法广告实施行政处罚，由广告主所在地市场监督管理部门管辖。

从互联网广告的情况看，大量的互联网广告是由广告主在自设网站或者其拥有合法使用权的互联网媒介上自行发布的。这一部分广告出现违法，由互联网广告的广告主所在地管辖。这样规定的优点是，发现违法线索或者接到投诉、举报后，可以更快断开违法广告链接，形成"一处违法被查，全网清扫干净"的高效监管局面，更具可操作性。

【知识要点】

全国互联网广告监测中心

2012年，国家工商行政管理总局与浙江省人民政府签署《关于共同推进浙江省广告产业发展战略合作协议》，国家工商行政管理总局同意浙江省工商局筹建互联网广告监测中心。目标是按照"互联网＋广告监管"的理念，充分利用信息化技术，打造一个高科技、现代化、多功能的监测平台系统，对互联网广告实行精准监测和分析研判，大力提升广告监管效能。

2016年9月1日，互联网广告监测中心硬件基础设施、监测平台系统、监测队伍等建设任务顺利完成，投入试运行。试运行一年来，共监测发现涉嫌违法广告线索13万条次。通过线索派发，各地对涉案主体开展约谈整改、案件查办，有效规范了互联网广告秩序，全国互联网广告涉嫌违法率下降了42.5%，监管工作效能大大提升。

2017年9月1日，全国互联网广告监测中心正式启用。监测中心坐落在杭州运河（国家）广告产业园，占地面积2 180平方米。根据互联网广告的特点，互联网广告监测系统对互联网广告的构成和渠道进行综合分析，采取具有针对性的技术手段进行功能配置，实现有限投入下的"双重点监测"——重点广告平台日常监测和重点广告问题巡回监测，并由此形成广告监测系统的总体架构。

基于云计算、大数据、分布式处理等先进技术，全国互联网广告监测中心将联合中国广告协会打造集监测、展示、预警、分析、评价、指挥六大核心功能为一体的国家互联网广告监管平台。

监测互联网违法广告宏观变化，探索违法广告规律，高位引领全国广告事中事后监管机制，为互联网动态监管构建基础；通过建设开放式的监测环境，实时向社会和同行展示透明化的广告监管、监测流程，展现高科技对等监管的力量和成效；在宏观监测的基础上，开展全国范围的互联网违法广告预警，敦促广告行业自律，帮助消费者防范违法广告侵害；开展数据分析，探求广告市场发展规律，为广告监管和促进发展工作提供依据，为研判经济形势和市场变化提供手段；总结传统广告领域信用评价工作经验，建立符合互联网特点的信用评价规则，将广告信用评价工作推向互联网领域；建立广告监管工作的"齐抓共管"机制，打造高度信息化的监管信息调度平台，高效调动系统力量，监控和处置区域性、系统性风险。

浙江省工商局披露，全国互联网广告监测中心自2017年9月1日正式启用以来，已实现对全国46个副省级以上行政区划的1 004家重点网站及百度、盘石、蘑菇街、贝贝网等4家广告联盟和电子商务平台广告数据的软件开发工具包（Software Development Kit, SDK）监测。据统计，该监测中心已采集发布广告信息10.6亿条次，发现违法广告23万条次，上报国家工商行政管理总局违法案件线索4 740批次。全国互联网广告的违法率从开展监测前的7.1%降至1.98%，互联网广告监测的震慑作用初步显现。

浙江省工商局广告处负责人表示，2018年将推进互联网广告监测系统二期建设，完成移动互联网监测系统构建，提高互联网广告异地监测能力，1 000家日常监测网站将拓展至2 000家，动态监测网站将拓展到15万家。

资料来源：徐峰，沈雁. 全国互联网广告监测中心震慑作用显现[N]. 中国工商报，2018-02-09（2）.

知识拓展

资料包/第8章/全国互联网广告监测中心相关资料

8.2.2 互联网广告主体的法律法规

1. 广告主体的法律法规

（1）广告主体的定义。

广告主体，是指广告主和参与设计、制作、发布广告的自然人、法人或者其他组织，主要包括广告主、广告经营者、广告发布者和广告代言人。广告主，是指为推销商品或者服务，自行或者委托他人设计、制作、发布广告的自然人、法人或者其他组织。广告经营者，是指接受委托提供广告设计、制作、代理服务的自然人、法人或者其他组织。广告发布者，是指为广告主或者广告主委托的广告经营者发布广告的自然人、法人或者其他组织。广告代言人，是指广告主以外的，在广告中以自己的名义或者形象对商品、服务作推荐、证明的自然人、法人或者其他组织。

（2）广告主体的法律法规。

广告主、广告经营者、广告发布者从事广告活动，应当遵守法律、法规，诚实信用，公平竞争，不得在广告活动中进行任何形式的不正当竞争。《广告法》第三十条规定，广告主、广告经营者、广告发布者之间在广告活动中应当依法订立书面合同。根据《广告法》和相关法律法规的规定，涉及广告主体的内容主要包括以下几点。

① 广告主的广告业务委托。广告主委托设计、制作、发布广告，应当委托具有合法经营资格的广告经营者、广告发布者。广告主或者广告经营者在广告中使用他人名义或者形象的，应当事先取得其书面同意；使用无民事行为能力人、限制民事行为能力人的名义或者形象的，应当事先取得其监护人的书面同意。

② 广告经营者、广告发布者的广告业务承接。广告经营者、广告发布者应当按照国家有关规定，建立、健全广告业务的承接登记、审核、档案管理制度。依据法律、行政法规查验有关证明文件，核对广告内容。对内容不符或者证明文件不全的广告，广告经营者不得提供设计、制作、代理服务，广告发布者不得发布。收费标准和收费办法，应当事先公布。广告发布者向广告主、广告经营者提供的覆盖率、收视率、点击率、发行量等资料应当真实。

③ 广告代言人的活动。广告代言人在广告中对商品、服务作推荐、证明，应当依据事实，符合广告法和有关法律、行政法规规定，并不得为其未使用过的商品或者未接受过的服务作推荐、证明。

不得利用不满 10 周岁的未成年人作为广告代言人。对在虚假广告中作推荐、证明受到行政处罚未满 3 年的自然人、法人或者其他组织，不得利用其作为广告代言人。

④ 中小学校、幼儿园广告限制。不得在中小学校、幼儿园内开展广告活动，不得利用中小学生和幼儿的教材、教辅材料、练习册、文具、教具、校服、校车等发布或者变相发布广告，但公益广告除外。

2. 互联网广告主体的相关法律法规

根据《广告法》《互联网广告管理暂行办法》和相关法律法规，涉及互联网广告主体的规定主要包括以下几点。

（1）互联网广告订立书面合同。

互联网广告主、广告经营者、广告发布者之间在互联网广告活动中应当依法订立书面合同。

（2）互联网广告主发布互联网广告。

互联网广告主应当对广告内容的真实性负责。互联网广告主发布互联网广告需具备的主体身份、行政许可、引证内容等证明文件，应当真实、合法、有效。广告主可以通过自设网站或者拥有合法使用权的互联网媒介自行发布广告，也可以委托互联网广告经营者、广告发布者发布广告。互联网广告主委托互联网广告经营者、广告发布者发布广告、修改广告内容时，应当以书面形式或者其他可以被确认的方式通知为其提供服务的互联网广告经营者、广告发布者。

（3）互联网广告发布者。

为广告主或者广告经营者推送或者展示互联网广告，并能够核对广告内容、决定广告发布的自然人、法人或者其他组织，是互联网广告的发布者。

（4）互联网广告发布者、广告经营者的义务。

互联网广告发布者、广告经营者应当按照国家有关规定建立、健全互联网广告业务的承接登记、审核、档案管理制度；审核查验并登记广告主的名称、地址和有效联系方式等主体身份信息，建立登记档案并定期核实更新。互联网广告发布者、广告经营者应当查验有关证明文件，核对广告内容，对内容不符或者证明文件不全的广告，不得设计、制作、代理、发布。互联网广告发布者、广告经营者应当配备熟悉广告法规的广告审查人员；有条件的还应当设立专门机构，负责互联网广告的审查。

（5）互联网广告程序化购买广告的方式及其法律法规。

互联网广告可以以程序化购买广告的方式，通过广告需求方平台、媒介方平台以及广告信息交换平台等所提供的信息整合、数据分析等服务进行有针对性的发布。通过程序化购买广告方式发布的互联网广告，广告需求方平台经营者应当清晰标明广告来源。

广告需求方平台是指整合广告主需求，为广告主提供发布服务的广告主服务平台。广告需求方平台的经营者是互联网广告发布者、广告经营者。媒介方平台是指整合媒介方资源，为媒介所有者或者管理者提供程序化的广告分配和筛选的媒介服务平台。广告信息交换平台是提供数据交换、分析匹配、交易结算等服务的数据处理平台。

广告需求方平台经营者、媒介方平台经营者、广告信息交换平台经营者以及媒介方平台的成员，在订立互联网广告合同时，应当查验合同相对方的主体身份证明文件、真实名称、地址和有效联系方式等信息，建立登记档案并定期核实更新。媒介方平台经营者、广告信息交换平台经营者以及媒介方平台成员，对其明知或者应知的违法广告，应当采取删除、屏蔽、断开链接等技术措施和管理措施，予以制止。

8.2.3 虚假广告的法律法规

1. 虚假广告的定义

虚假广告，是指广告内容是虚假的或者是引人误解的广告。所谓"虚"是指广告夸大其词，与商品或服务的实际质量、效果、水平等不符合；所谓"假"是指广告中的商品或服务不存在。查处虚假广告，是保证商家公平竞争，维护社会主义市场秩序，保障消费者权益的重要途径。虚假广告是广告中经常遇到的现象，对于如何判别并进行处罚，《合同法》和相关法律法规作出了规定。

虚假广告主要表现形式有夸大失实、语言模糊令人误解、不公正、消息虚假。夸大失实的广告，一般是对销售商品的质量、成分、性能、用途、产地等情况，所生产工艺、技术水平、技术标准等进行的夸大；语言模糊令人误解的广告，是用词难理解，明示或暗示、省略或含糊使人容易产生误解的广告；不公正的广告，是指通过诽谤、诋毁竞争对手的商品或服务，来宣传自己商品或服务的广告；消息虚假的广告，是指广告中的商品或者服务根本不存在的广告。

2. 虚假广告的法律界定

《广告法》第二十八条规定，广告以虚假或者引人误解的内容欺骗、误导消费者的，构成虚假广告。广告有下列情形之一的，为虚假广告：第一，商品或者服务不存在的；第二，商品的性能、功能、产地、用途、质量、规格、成分、价格、生产者、有效期限、销售状况、曾获荣誉等信息，或者服务的内容、提供者、形式、质量、价格、销售状况、曾获荣誉等信息，以及与商品或者服务有关的允诺等信息与实际情况不符，对购买行为有实质性影响的；第三，使用虚构、伪造或者无法验证的科研成果、统计资料、调查结果、文摘、引用语等信息作证明材料的；第四，虚构使用商品或者接受服务的效果的；第五，以虚假或者引人误解的内容欺骗、误导消费者的其他情形。

《中华人民共和国反不正当竞争法》第八条规定，经营者不得对其商品的性能、功能、质量、销售状况、用户评价、曾获荣誉等做虚假或者引人误解的商业宣传，欺骗、误导消费者。经营者不得通过组织虚假交易等方式，帮助其他经营者进行虚假或者引人误解的商业宣传。

3. 虚假广告的处罚

违法违规广告的查处，是广告行政管辖权的重要内容。对违反广告法规定，发布虚假广告的，不仅由市场监督管理部门负责处罚，还涉及卫生行政等部门；情节严重者，构成犯罪的，由司法部门依法追究刑事责任。

（1）行政处罚。

《广告法》第五十五条第一款规定，违反本法规定，发布虚假广告的，由市场监督管理部门责令停止发布广告，责令广告主在相应范围内消除影响，处广告费用 3 倍以上 5 倍以下的罚款，广告费用无法计算或者明显偏低的，处 20 万元以上 100 万元以下的罚款；2 年内有 3 次以上违法行为或者有其他严重情节的，处广告费用 5 倍以上 10 倍以下的罚款，广告费用无法计算或者明显偏低的，处 100 万元以上 200 万元以下的罚款，可以吊销营业执照，并由广告审查机关撤销广告审查批准文件、1 年内不受理其广告审查申请。

《广告法》第五十五条第二款规定，医疗机构有前款规定违法行为，情节严重的，除由市场监督管理部门依照本法处罚外，卫生行政部门可以吊销诊疗科目或者吊销医疗机构执业许可证。

《广告法》第五十五条第三款规定，广告经营者、广告发布者明知或者应知广告虚假仍设计、制作、代理、发布的，由市场监督管理部门没收广告费用，并处广告费用 3 倍以上 5 倍以下的罚款，广告费用无法计算或者明显偏低的，处 20 万元以上 100 万元以下的罚款；2 年内有 3 次以上违法行为或者有其他严重情节的，处广告费用 5 倍以上 10 倍以下的罚款，广告费用无法计算或者明显偏低的，处 100 万元以上 200 万元以下的罚款，并可以由有关部门暂停广告发布业务、吊销营业执照、吊销广告发布登记证件。

《中华人民共和国消费者权益保护法》第四十五条规定，消费者因经营者利用虚假广告或者其他虚假宣传方式提供商品或者服务，其合法权益受到损害的，可以向经营者要求赔偿。广告经营者、发布者发布虚假广告的，消费者可以请求市场监督管理部门予以惩处。广告经营者、发布者不能提供商品或者服务的经营者的真实名称、地址和有效联系方式的，应当承担赔偿责任。广告经营者、发布者设计、制作、发布关系消费者生命健康的商品或者服务的虚假广告，造成消费者受到损害的，应当与提供该商品或者服务的经营者承担连带责任。社会团体或者其他组织、个人在关系消费者生命健康的商品或者服务的虚假广告或者其他虚假宣传中向消费者推荐该商品或者服务，造成消费者受到损害的，应当与提供该商品或者服务的经营者承担连带责任。

（2）追究刑事责任。

《广告法》第五十五条第四款规定，广告主、广告经营者、广告发布者有本条第一款、第三款规定行为，构成犯罪的，依法追究刑事责任。

《中华人民共和国刑法》第二百二十二条规定，广告主、广告经营者、广告发布者违反国家规定，利用广告对商品或者服务作虚假宣传，情节严重的，处两年以下有期徒刑或者拘役，并处或者单处罚金。第二百三十一条规定，单位犯本节第二百二十一条至第二百三十条规定之罪的，对单位判处罚金，并对其直接负责的主管人员和其他直接责任人员，依照本节该条的规定处罚。

【案例分析】

发布虚假互联网广告，公司老板获刑一年

（1）案例事件。

2011 年 3 月，魏某在北京市房山区注册成立了某网络广告公司，并担任总经理。2013 年年初至 2014 年 9 月，徐某、刘某（二人已判刑）通过该网络广告公司的业务员李某（另案处理）

发布"消渴安胶囊"药品广告。

为了公司获得利益，魏某没有严格按照《广告法》中关于药品广告审查的规定对徐某提供的药品广告进行审查，便通过手机凤凰网发布了徐某提供的虚假"消渴安胶囊"药品广告，导致全国数千名糖尿病患者通过手机凤凰网宣传广告上所留的电话号码，向徐某购买了假药。

后经司法鉴定，在经营期间，徐某、刘某销售假药的收入为292万元，向该网络广告公司支付的广告费为151万元。

2014年9月至2015年4月，许某和聂某（二人已判刑）等人利用网络广告公司，冒用多家担保公司、金融公司的名义发布虚假办理信用卡广告业务，进行大量诈骗犯罪活动。其中，2014年9月至2015年2月，许某、聂某等人通过该网络广告公司业务员白某（已判刑）向网络广告平台发布大量诈骗广告信息，以骗取被害人的信任。

对此，魏某事先也未严格按照《广告法》的规定对许某和聂某提供的办理信用卡的广告进行审查。至案发，许某、聂某等人诈骗团伙共利用虚假的办理信用卡广告信息涉嫌诈骗200多名被害人，已查实6起犯罪事实，许某、聂某等人共计向该网络广告公司支付广告费17.6万元。

（2）判决结果。

南阳市卧龙区法院经审理，以虚假广告罪判处被告人魏某有期徒刑1年，并处罚金人民币2万元。

（3）法理解析。

法院审理后认为，被告人魏某作为网络文化传播广告公司的直接责任人，为获取利益，未按照《广告法》的规定对公司接收的业务进行审查，致使犯罪分子利用该公司发布网络广告信息对商品作虚假宣传，造成消费者损失，情节严重，其行为已构成虚假广告罪，依法应予惩处。

资料来源：王海锋，丁清凌. 发布虚假网上广告，广告公司老板被判刑一年[WB/OL].（2016-08-08）[2016-08-08].

8.2.4 互联网广告内容的法律法规

广告内容的法律法规，是广告法和相关法律法规的重要内容。根据《广告法》《互联网广告管理暂行办法》和相关法律法规，关于广告内容的规定主要有以下几个方面。

1. 广告不得有的情形的规定

《广告法》第九条规定，广告不得有下列情形：第一，使用或者变相使用中华人民共和国的国旗、国歌、国徽，军旗、军歌、军徽；第二，使用或者变相使用国家机关、国家机关工作人员的名义或者形象；第三，使用"国家级""最高级""最佳"等用语；第四，损害国家的尊严或者利益，泄露国家秘密；第五，妨碍社会安定，损害社会公共利益；第六，危害人身、财产安全，泄露个人隐私；第七，妨碍社会公共秩序或者违背社会良好风尚；第八，含有淫秽、色情、赌博、迷信、恐怖、暴力的内容；第九，含有民族、种族、宗教、性别歧视的内容；第十，妨碍环境、自然资源或者文化遗产保护；第十一，法律、行政法规规定禁止的其他情形。

2. 互联网广告活动中不得有的行为规定

《互联网广告管理暂行办法》第十六条规定，互联网广告活动中不得有下列行为：第一，提供或者利用应用程序、硬件等对他人正当经营的广告采取拦截、过滤、覆盖、快进等限制措施；第二，利用网络通路、网络设备、应用程序等破坏正常广告数据传输，篡改或者遮挡他人正当经营的广告，擅自加载广告；第三，利用虚假的统计数据、传播效果或者互联网媒介价值，诱导错误报价，谋取不正当利益或者损害他人利益。

3. 行政许可、专利等事项的规定

广告内容涉及的事项需要取得行政许可的，应当与许可的内容相符合。广告使用数据、统计资料、调查结果、文摘、引用语等引证内容的，应当真实、准确，并标明出处。引证内容有适用范围和有效期限的，应当明确表示。广告中涉及专利产品或者专利方法的，应当标明专利号和专利种类。未取得专利权的，不得在广告中谎称取得专利权。禁止使用未授予专利权的专利申请和已经终止、撤销、无效的专利作广告。

4. 广告标识的法律法规

（1）广告的可识别性。

广告应当具有可识别性，能够使消费者辨明其为广告。大众传播媒介不得以新闻报道形式变相发布广告。通过大众传播媒介发布的广告应当显著标明"广告"，与其他非广告信息相区别，不得使消费者产生误解。广播电台、电视台发布广告，应当遵守国务院有关部门关于时长、方式的规定，并应当对广告时长作出明显提示。

（2）互联网广告的可识别性。

《互联网广告管理暂行办法》第七条规定，互联网广告应当具有可识别性，显著标明"广告"，使消费者能够辨明其为广告。付费搜索广告应当与自然搜索结果明显区分。第八条规定，利用互联网发布、发送广告，不得影响用户正常使用网络。在互联网页面以弹出等形式发布的广告，应当显著标明关闭标志，确保一键关闭。不得以欺骗方式诱使用户点击广告内容。未经允许，不得在用户发送的电子邮件中附加广告或者广告链接。

《互联网广告管理暂行办法》第二十四条规定，违反本办法第八条第一款规定，利用互联网发布广告，未显著标明关闭标志并确保一键关闭的，依照《广告法》第六十三条第二款的规定进行处罚；违反第二款、第三款规定，以欺骗方式诱使用户点击广告内容的，或者未经允许，在用户发送的电子邮件中附加广告或者广告链接的，责令改正，处1万元以上3万元以下的罚款。

【案例分析】

洛阳某某职业学院诱使用户点击广告链接案

2017年7月4日，洛阳市工商局执法人员接到洛阳某某技术学院举报，称在搜索引擎推广广告中洛阳××职业学院的网站冒用其名义诱骗用户点击广告链接，损害其相关利益。

经查，洛阳某某职业学院设立有一官方网站，同时，该网站下还有一个专门用于招生的二级网站，由其招生办老师负责发布一些招生信息，并在线接受用户咨询。为了增加该网站访问量，洛阳某某职业学院招生办老师在该网站后台上加载"洛阳某某技术学院2017年火爆招生，仅限初中生"的标题。当用户在搜索引擎搜索栏中输入"洛阳某某技术学院"关键字后，搜索引擎会根据关键字做宽泛搜索，同时因为洛阳某某职业学院网站做了搜索引擎推广，其网站就会很容易被搜索到。当用户点击搜索到的"洛阳某某技术学院2017年火爆招生，仅限初中生"标题链接后就会进入该网站，从而借机宣传推广洛阳某某职业学院相关招生业务。

洛阳市工商局审理认为：洛阳某某职业学院的上述行为，违反了《互联网广告管理暂行办法》第八条第二款"不得以欺骗方式诱使用户点击广告内容"的规定，依据《互联网广告管理暂行办法》第二十四条的规定，对当事人处以罚款。

资料来源：三门峡市工商行政管理局. 2017网络违法典型案例[EB/OL].（2017-11-11）[2017-11-11].

5. 广告内容的禁止规定

法律、行政法规规定禁止生产、销售的产品或者提供的服务，以及禁止发布广告的商品或者服务，任何单位或者个人不得设计、制作、代理、发布广告。

麻醉药品、精神药品、医疗用毒性药品、放射性药品等特殊药品，药品类易制毒化学品，以及戒毒治疗的药品、医疗器械和治疗方法，不得作广告。规定以外的处方药，只能在国务院卫生行政部门和国务院药品监督管理部门共同指定的医学、药学专业刊物上作广告。广播电台、电视台、报刊音像出版单位、互联网信息服务提供者不得以介绍健康、养生知识等形式变相发布医疗、药品、医疗器械、保健食品广告。

禁止在大众传播媒介或者公共场所、公共交通工具、户外发布烟草广告。禁止向未成年人发送任何形式的烟草广告。禁止利用其他商品或者服务的广告、公益广告，宣传烟草制品名称、商标、包装、装潢以及类似内容。烟草制品生产者或者销售者发布的迁址、更名、招聘等启事中，不得含有烟草制品名称、商标、包装、装潢以及类似内容。

6. 互联网广告内容的禁止和审查规定

法律、行政法规规定禁止生产、销售的商品或者提供的服务，以及禁止发布广告的商品或者服务，任何单位或者个人不得在互联网上设计、制作、代理、发布广告。禁止利用互联网发布处方药和烟草的广告。医疗、药品、特殊医学用途配方食品、医疗器械、农药、兽药、保健食品广告等法律、行政法规规定须经广告审查机关进行审查的特殊商品或者服务的广告，未经审查，不得发布。

8.2.5　电子邮件广告的法律法规

1. 电子邮件广告的含义

（1）电子邮件的定义。

电子邮件（Electronic Mail，E-mail），是指利用计算机网络，所提供的一种媒体信件信息系统。电子邮件服务系统，是处理邮件交换的软件、硬件设备，包括邮件程序、电子邮箱等。电子邮件是计算机网络中最广泛和最普通的、使用最频繁的一项服务。因为电子邮件具有应用范围广泛、通信性能优越和通信手段简便等特点，所以应用广泛。

（2）电子邮件广告的定义。

电子邮件广告（E-mail Advertising），是指以电子邮件的形式，通过互联网将广告发到电子邮箱用户的一种网络广告形式。电子邮件广告以电子邮件为传播载体，通过网络发送电子邮件广告信息，以此来达到宣传和推销商品或者服务的目的。电子邮件广告具有针对性强、传播面广、费用低、信息量大的特点，所以，商家喜欢采用此方式，但是电子邮件接受方并非同意和喜欢此方式。

2．电子邮件广告的法律法规限制

根据相关法律法规的规定，电子邮件制作人、发送者，未经允许不得向他人发送电子邮件广告，否则，要受到处罚。《广告法》第四十三条规定，任何单位或者个人未经当事人同意或者请求，不得向其住宅、交通工具等发送广告，也不得以电子信息方式向其发送广告。以电子信息方式发送广告的，应当明示发送者的真实身份和联系方式，并向接收者提供拒绝继续接收的方式。《互联网广告管理暂行办法》第八条第三款规定，未经允许，不得在用户发送的电子邮件中附加广告或者广告链接。

《互联网电子邮件服务管理办法》[①]第十三条规定，任何组织或者个人不得有下列发送或者委托发送互联网电子邮件的行为：第一，故意隐匿或者伪造互联网电子邮件信封信息；第二，未经互联网电子邮件接收者明确同意，向其发送包含商业广告内容的互联网电子邮件；第三，发送包含商业广告内容的互联网电子邮件时，未在互联网电子邮件标题信息前部注明"广告"或"AD"（Advertising）字样。违反上述规定的，由信息产业部或者通信管理局依据职权责令改正，并处 1 万元以下的罚款；有违法所得的，并处 3 万元以下的罚款。

知识拓展

资料包/第8章/信息产业部制定的《互联网电子邮件服务管理办法》

3．垃圾邮件的法律法规

（1）垃圾邮件的定义。

垃圾邮件，是指未经收件人同意、收件人不满意的任何电子邮件。关于垃圾邮件的定义和垃圾邮件判断，存在多种观点和标准。

中国互联网协会制定的《反垃圾邮件规范》[②]第三条规定，本规范所称垃圾邮件，包括下述属性的电子邮件：第一，收件人事先没有提出要求或者同意接收的广告、电子刊物、各种形式的宣传品等宣传性的电子邮件；第二，收件人无法拒收的电子邮件；第三，隐藏发件人身份、地址、标题等信息的电子邮件；第四，含有虚假的信息源、发件人、路由等信息的电子邮件。

---

① 信息产业部. 互联网电子邮件服务管理办法[EB/OL].（2006-02-20）[2006-03-30].
② 中国互联网协会. 反垃圾邮件规范[EB/OL].（2003-02-25）[2011-08-13].

（2）垃圾邮件的相关法律法规。

我国采取了一系列的反垃圾邮件措施，主要包括成立中国互联网协会反垃圾邮件中心（2004年9月成立）、建立用户反馈举报垃圾邮件系统平台、公布垃圾邮件黑名单、反垃圾邮件技术推广应用和加强国际协作等，近年来取得了显著的效果。

> **知识拓展**
>
> 资料包/第8章/中国互联网协会《反垃圾邮件规范》

8.3 跨境电子商务概述

8.3.1　跨境电子商务的概念

1. 跨境电子商务的定义

跨境电子商务，是指不同关境的交易主体，通过网络和电子商务平台进行商务活动的一种电子商务。

跨境电子商务，是基于互联网和电子信息技术的一种新型的国际商业活动。我国跨境电子商务起步于20世纪90年代中后期，当时以阿里巴巴、生意宝、中国制造等B2B网站为代表，用电子商务形式为我国中小企业打开了国际市场的大门。2000年后，兰亭集势、敦煌、洋码头等网站成立，影响力极强。2015年左右，网易考拉、唯品会、蜜芽、小红书等移动电子商务平台上线，天猫、亚马逊、京东等跨境电子商务业务进入市场。

跨境电子商务的
定义和特点

【数据摘要】

跨境电子商务数据

艾媒新零售产业研究中心发布的《2019Q3中国跨境电商市场监测报告》显示：2020年中国跨境电子商务交易规模将达到12.7万亿元。预计2019年中国海淘用户规模将达到1.49亿人，继续快速增长。

跨境电子商务行业格局生变，阿里系平台占据行业半壁江山。2019年第三季度阿里巴巴实现收购考拉海购，行业头部两大平台考拉海购、天猫国际均归于阿里旗下。两大平台市场份额合计超五成，占据行业半壁江山，头部资源更加集中。

跨境电子商务头部平台整合，价格变化成用户最大关注点。在阿里收购考拉海购后，消费者对此事件普遍持乐观态度。但市场更加集中后，是否会带来价格变化也成为消费者关注重点，其中三成用户最担心考拉海购被收购后商品价格上升。

四成海淘用户曾购买到假货，正品保障问题不容忽视。四成受访海淘用户表示曾经有过购买到假货的经历，行业正品保障问题受到关注。跨境电子商务主打优质、高消费力群体，这部分人群对于商品质量的重视程度高。在此情况下，跨境电子商务平台对于平台商品保障、品牌建设的重要性更为突出。

资料来源：艾媒新零售产业研究中心. 2019Q3 中国跨境电商市场监测报告[EB/OL]. （2019-11-26）[2019-11-26].

知识拓展

资料包/第8章/艾媒新零售产业研究中心《2019Q3中国跨境电商市场监测报告》

---

2. 跨境电子商务的优势和特点

跨境电子商务的优势，主要表现在以下几个方面：运用互联网开展和拓展国际贸易业务，国际贸易的环节少、成本低，可以促进国际经贸协作和世界经济的发展。跨境电子商务具有网络化、数字化、即时性、便捷性和协作性等特点，具有巨大的发展潜力。

2015 年 3 月 7 日，国务院批复同意设立中国（杭州）跨境电子商务综合试验区，杭州成为全国首个跨境电子商务综合试验区[①]。2016 年 1 月 6 日，国务院常务会议决定，在宁波、天津、上海、重庆、合肥、郑州、广州、成都、大连、青岛、深圳、苏州 12 个城市新设一批跨境电子商务综合试验区[②]。2019 年 12 月 15 日，国务院批复同意在石家庄、太原、赤峰、抚顺、珲春、绥芬河、徐州、南通、温州、绍兴、芜湖、福州、泉州、赣州、济南、烟台、洛阳、黄石、岳阳、汕头、佛山、泸州、海东、银川 24 个城市设立跨境电子商务综合试验区，名称分别为中国（城市名）跨境电子商务综合试验区，具体实施方案由城市所在地省级人民政府分别负责印发[③]。

《电子商务法》第七十一条规定，国家促进跨境电子商务发展，建立健全适应跨境电子商务特点的海关、税收、进出境检验检疫、支付结算等管理制度，提高跨境电子商务各环节便利化水平，支持跨境电子商务平台经营者等为跨境电子商务提供仓储物流、报关、报检等服务。国家支持小型微型企业从事跨境电子商务。

【知识要点】

跨境电子商务综合试验区

跨境电子商务综合试验区，是经国务院批准设立的进行跨境电子商务综合改革的区域。

国务院批复同意天津等12个城市设立跨境电子商务综合试验区时指出：跨境电子商务综合试验区建设要全面贯彻党的十八大和十八届二中、三中、四中、五中全会精神，认真落实党中央、国务院决策部署，按照"四个全面"战略布局要求，牢固树立并贯彻落实创新、协调、绿色、开放、共享的发展理念，以深化改革、扩大开放为动力；借鉴杭州跨境电子商务综合试验区建设"六大体系"和"两个平台"的经验和做法，因地制宜，突出本地特色和优势；着力在跨境电子商务企业对企业（B2B）方式相关环节的技术标准、业务流程、监管模式和信息化建

---

① 国务院. 关于同意设立中国（杭州）跨境电子商务综合试验区的批复[EB/OL]. （2015-03-07）[2016-01-07].
② 国务院. 关于同意在天津等 12 个城市设立跨境电子商务综合试验区的批复[EB/OL]. （2016-01-12）[2016-01-15].
③ 国务院. 关于同意在石家庄等 24 个城市设立跨境电子商务综合试验区的批复[EB/OL]. （2019-12-15）[2019-12-24].

设等方面先行先试，为推动全国跨境电子商务健康发展创造更多可复制推广的经验，以更加便捷高效的新模式释放市场活力，吸引大中小企业集聚，促进新业态成长，推动大众创业万众创新，增加就业，支撑外贸优进优出、升级发展。

杭州跨境电子商务综合试验区的"六大体系"和"两个平台"：信息共享体系、在线金融服务体系、智能物流体系、电子商务信用体系、统计监测体系和风险防控体系六大体系；线上"单一窗口"和线下"综合园区"两个平台。

> 知识拓展
> 资料包/第8章/跨境电子商务综合试验区、杭州跨境电子商务综合试验区的相关资料

8.3.2 跨境电子商务的模式

我国跨境电子商务，主要有海外代购平台模式、直发或直运平台模式、自营 B2C 模式和导购或返利跨境电子商务模式等具体模式。

1. 海外代购平台跨境电子商务模式

海外代购平台跨境电子商务模式，是指建立跨境电子商务平台，由符合要求的海外第三方卖家入驻，消费者在平台上订购商品，然后通过转运或直邮模式将商品发往国内消费者的跨境电子商务模式，例如淘宝全球购、京东海外购、易趣全球集市、美国购物网等。这种模式的优势是，能够提供丰富的海外商品，以供国内消费者选择；用户流量大。该模式的缺点是，消费者对入驻的海外商家不了解；对跨境供应链的涉入较浅，或难以建立充分的竞争优势。

2. 直发或直运平台跨境电子商务模式

直发或直运平台跨境电子商务模式，是指通过跨境电子商务平台将接收到的消费者订单信息发给批发商或厂商，然后由其按照订单要求以零售的形式对消费者供货的一种跨境电子商务模式，例如天猫国际、洋码头、海豚村、跨境通、一帆海购网、走秀网等。这种模式的优势是，直接与可靠的海外供应商谈判签订跨境零售供货协议；选择自建国际物流系统（如洋码头等）或者和特定国家的邮政、物流系统达成战略合作关系（如天猫国际等）；跨境供应链的涉入较深，后续发展潜力较大。该模式的缺点是，招商缓慢，前期流量相对不足；前期所需资金量较大。

3. 自营 B2C 跨境电子商务模式

自营 B2C 跨境电子商务模式，是指建立跨境电子商务 B2C 平台，并自备平台上的大多数商品，供消费者选择和购买的跨境电子商务模式，具体又分为综合型自营和垂直型自营两种模式。

（1）综合型自营跨境 B2C 平台。

目前综合型自营跨境 B2C 平台有亚马逊、1 号店的"1 号海购"。优势主要是，跨境供应链管理能力强，有较为完善的跨境物流解决方案；后备资金充裕。缺点是，业务发展会受到行业政策变动的影响。

（2）垂直型自营跨境 B2C 平台。

目前垂直型自营跨境 B2C 平台有蜜芽宝贝、中粮我买网、寺库网、莎莎网、草莓网等。其优势是供应商管理能力相对较强；缺点是前期需要较大的资金支持。

4. 导购或返利跨境电子商务模式

导购或返利跨境电子商务模式，是指通过导购来展示、推介商品，促进成交，从而取得佣金或者提成的中介式的一种跨境电子商务模式，例如小红书、55 海淘、极客海淘、海淘城、小桃酱、什么值得买等。这种模式的优势是，利用社交的口碑效应，具有品牌效应，用户忠诚度高；投入少、团队小、模式轻；容易炒作，打造商品爆款。缺点是，规模小，商业模式可复制性弱；对外部供应商依赖性强；经营难度大，竞争激烈。

8.4 跨境电子商务的法律法规

8.4.1 跨境电子商务主体的法律法规

1. 跨境电子商务主体的定义

跨境电子商务主体，是指参与跨境电子商务的各方，主要包括跨境电子商务平台、海外商家、国内经营者、消费者等。

跨境电子商务平台，又称跨境电子商务第三方交易平台，是指经营跨境电子商务商家入驻、消费者注册、商品展示、交易、支付结算和物流管理业务服务的电子商务平台。海外商家是指跨境电子商务的海外提供商品的厂家、商家等。国内经营者是指跨境电子商务的国内经营自然人、法人或其他机构等。消费者是指跨境电子商务的国内、国外消费者等。

2. 跨境电子商务出口经营主体的法律法规

根据《国务院办公厅转发商务部等部门关于实施支持跨境电子商务零售出口有关政策意见的通知》的规定，主要支持政策如下。

（1）确定电子商务出口经营主体。经营主体分为 3 类：一是自建跨境电子商务销售平台的电子商务出口企业；二是利用第三方跨境电子商务平台开展电子商务出口的企业；三是为电子商务出口企业提供交易服务的跨境电子商务第三方平台。经营主体要按照现行规定办理注册、备案登记手续。在政策未实施地区注册的电子商务企业可在政策实施地区被确认为经营主体[1]。

（2）建立电子商务出口新型海关监管模式并进行专项统计。海关对经营主体的出口商品进行集中监管，并采取清单核放、汇总申报的方式办理通关手续，降低报关费用。经营主体可在网上提交相关电子文件，并在货物实际出境后，按照外汇和税务部门要求，向海关申请签发报关单证明联。

---

① 国务院办公厅. 国务院办公厅转发商务部等部门关于实施支持跨境电子商务零售出口有关政策意见的通知 [EB/OL]. （2013-08-21）[2013-09-02].

将电子商务出口纳入海关统计。

（3）建立电子商务出口检验监管模式。对电子商务出口企业及其产品进行检验检疫备案或准入管理，利用第三方检验鉴定机构进行产品质量安全的合格评定。实行全申报制度，以检疫监管为主，一般工业制成品不再实行法检。实施集中申报、集中办理相关检验检疫手续的便利措施。

（4）支持电子商务出口企业正常收结汇。允许经营主体申请设立外汇账户，凭海关报关信息办理货物出口收结汇业务。加强对银行和经营主体通过跨境电子商务收结汇的监管。

（5）鼓励银行机构和支付机构为跨境电子商务提供支付服务。支付机构办理电子商务外汇资金或人民币资金跨境支付业务，应分别向国家外汇管理局和中国人民银行申请并按照支付机构有关管理政策执行。完善跨境电子支付、清算、结算服务体系，切实加强对银行机构和支付机构跨境支付业务的监管力度。

（6）实施适应电子商务出口的税收政策。对符合条件的电子商务出口货物实行增值税和消费税免税或退税政策，具体办法由财政部和税务总局有关部门另行制定。

（7）建立电子商务出口信用体系。严肃查处商业欺诈，打击侵犯知识产权和销售假冒伪劣产品等行为，不断完善电子商务出口信用体系建设。

3. 参与跨境电子商务业务的企业向海关申报资料

参与跨境电子商务业务的电子商务企业、电子商务交易平台企业、支付企业、物流企业，应当事先向所在地海关提交以下材料：第一，企业法人营业执照副本复印件；第二，组织机构代码证书副本复印件（以统一社会信用代码注册的企业不需要提供）；第三，企业情况登记表，具体包括企业组织机构代码或统一社会信用代码、中文名称、工商注册地址、营业执照注册号，法定代表人（负责人）、身份证件类型、身份证件号码，海关联系人、移动电话、固定电话，跨境电子商务网站网址等。企业按照规定提交复印件的，应当同时向海关交验原件。如需向海关办理报关业务，应当按照海关对报关单位注册登记管理的相关规定办理注册登记[①]。

4. 购买人（订购人）身份信息认证

跨境电子商务零售进口商品购买人（订购人）的身份信息应进行认证；未进行认证的，购买人（订购人）身份信息应与付款人身份信息一致。

8.4.2 跨境电子商务通关的法律法规

《电子商务法》第七十二条规定，国家进出口管理部门应当推进跨境电子商务海关申报、纳税、检验检疫等环节的综合服务和监管体系建设，优化监管流程，推动实现信息共享、监管互认、执法互助，提高跨境电子商务服务和监管效率。跨境电子商务经营者可以凭电子单证向国家进出口管理部门办理有关手续。《电子商务法》第七十三条规定，国家推动建立与不同国家、地区之间跨境电子商务的交流合作，参与电子商务国际规则的制定，促进电子签名、电子身份等国际互认。国家推动

---

① 海关总署. 关于跨境电子商务零售进出口商品有关监管事宜的公告[EB/OL].（2016-04-06）[2016-04-07].

建立与不同国家、地区之间的跨境电子商务争议解决机制。

我国对跨境电子商务实行通关无纸化作业方式进行申报和管理，根据海关总署《关于跨境电子商务零售进出口商品有关监管事宜的公告》的规定，跨境电子商务的通关管理主要法律法规如下。

1. 信息传输

跨境电子商务零售进口商品申报前，电子商务企业或电子商务交易平台企业、支付企业、物流企业应当分别通过跨境电子商务通关服务平台（以下简称"服务平台"）如实向海关传输交易、支付、物流等电子信息。进出境快件运营人、邮政企业可以受电子商务企业、支付企业委托，在书面承诺对传输数据真实性承担相应法律责任的前提下，向海关传输交易、支付等电子信息。跨境电子商务零售出口商品申报前，电子商务企业或其代理人、物流企业应当分别通过服务平台如实向海关传输交易、收款、物流等电子信息。

2. 进出口报关申报

电子商务企业或其代理人应提交《中华人民共和国海关跨境电子商务零售进出口商品申报清单》（以下简称《申报清单》），出口采取"清单核放、汇总申报"方式办理报关手续，进口采取"清单核放"方式办理报关手续。《申报清单》与《中华人民共和国海关进（出）口物报关单》具有同等法律效力。

3. 进口商品消费者的核实

电子商务企业应当对购买跨境电子商务零售进口商品的个人（订购人）身份信息进行核实，并向海关提供由国家主管部门认证的身份有效信息。无法提供或者无法核实订购人身份信息的，订购人与支付人应当为同一人。

4. 跨境电子商务出口统计

跨境电子商务零售商品出口后，电子商务企业或其代理人应当于每月 10 日前（当月 10 日是法定节假日或者法定休息日的，顺延至其后的第一个工作日，第 12 月的清单汇总应当于当月最后一个工作日前完成），将上月（12 月为当月）结关的《申报清单》依据清单表头同一收发货人、同一运输方式、同一运抵国、同一出境口岸，以及清单表体同一 10 位海关商品编码、同一申报计量单位、同一币制规则进行归并，汇总形成《中华人民共和国海关出口货物报关单》向海关申报。

除特殊情况外，《申报清单》和《中华人民共和国海关进（出）口货物报关单》应当采取通关无纸化作业方式进行申报。《申报清单》的修改或者撤销，应当参照海关《中华人民共和国海关进（出）口货物报关单》修改或者撤销有关规定办理。

8.4.3 跨境电子商务税收的法律法规

根据《财政部 海关总署 国家税务总局关于跨境电子商务零售进口税收政策的通知》，海关总署《关于跨境电子商务零售进出口商品有关监管事宜的公告》，《财政部 国家税务总局关于跨境电子商务零售出口税收政策的通知》以及相关法规的规定，跨境电子商务税收的相关征收管理涉及的主要法律法规如下。

1. 跨境电子商务零售进口税收法规

（1）跨境电子商务零售进口商品税种和完税价格。

根据《财政部 海关总署 国家税务总局关于跨境电子商务零售进口税收政策的通知》（财关税〔2016〕18 号）的有关规定，跨境电子商务零售进口商品按照货物征收关税和进口环节增值税、消费税，完税价格为实际交易价格，包括商品零售价格、运费和保险费。

（2）跨境电子商务零售进口税收征税范围。

跨境电子商务零售进口税收政策适用于从其他国家或地区进口的、《跨境电子商务零售进口商品清单》范围内的以下商品。

第一，所有通过与海关联网的电子商务交易平台交易，能够实现交易、支付、物流电子信息"三单"比对的跨境电子商务零售进口商品。

第二，未通过与海关联网的电子商务交易平台交易，但快递、邮政企业能够统一提供交易、支付、物流等电子信息，并承诺承担相应法律责任进境的跨境电子商务零售进口商品。不属于跨境电子商务零售进口的个人物品以及无法提供交易、支付、物流等电子信息的跨境电子商务零售进口商品，按现行规定执行。

财政部等部委于 2016 年 4 月 6 日发布《财政部 国家税务总局关于公布跨境电子商务零售进口商品清单的公告》（2016 年第 40 号）（已废止）①，于 2016 年 4 月 15 日发布《财政部 海关总署 国家税务总局关于公布跨境电子商务零售进口商品清单（第二批）的公告》（2016 年第 47 号）②，公布跨境电子商务零售进口商品的具体清单。

（3）跨境电子商务零售进口商品的纳税人和代收代缴人。

订购人为纳税义务人，在海关注册登记的电子商务企业、电子商务交易平台企业或物流企业作为税款的代收代缴义务人，代为履行纳税义务。代收代缴义务人应当如实、准确地向海关申报跨境电子商务零售进口商品的商品名称、规格型号、税则号列、实际交易价格及相关费用等税收征管要素。跨境电子商务零售进口商品的申报币制为人民币。

（4）跨境电子商务零售进口商品税收申报、担保。

为审核确定跨境电子商务零售进口商品的归类、完税价格等，海关可以要求代收代缴义务人按照有关规定进行补充申报。海关对满足监管规定的跨境电子商务零售进口商品按时段汇总计征税款，代收代缴义务人应当依法向海关提交足额有效的税款担保。海关放行后 30 日内未发生退货或修撤单的，代收代缴义务人在放行后第 31 日至第 45 日内向海关办理纳税手续。

（5）跨境电子商务零售进口商品的减免税。

跨境电子商务零售进口商品的单次交易限值为人民币 2 000 元，个人年度交易限值为人民币 2

---

① 财政部等部委. 财政部 国家税务总局关于公布跨境电子商务零售进口商品清单的公告[EB/OL].（2016-04-06）[2016-04-07].

② 财政部等部委. 财政部 海关总署 国家税务总局关于公布跨境电子商务零售进口商品清单（第二批）的公告[EB/OL].（2016-04-15）[2016-04-16].

万元。在限值以内进口的跨境电子商务零售进口商品，关税税率暂设为 0%；进口环节增值税、消费税取消免征税额，暂按法定应纳税额的 70% 征收。超过单次限值、累加后超过个人年度限值的单次交易，以及完税价格超过 2 000 元限值单个不可分割商品，均按照一般贸易方式全额征税。

2. 跨境电子商务零售出口税收法规

（1）退（免）税的纳税人界定。

适用财政部和国家税务总局规定退（免）税、免税政策的电子商务出口企业，是指自建跨境电子商务销售平台的电子商务出口企业和利用第三方跨境电子商务平台开展电子商务出口的企业。为电子商务出口企业提供交易服务的跨境电子商务第三方平台，不适用退（免）税、免税政策规定，可按现行有关规定执行[①]。

（2）退（免）税的范围。

电子商务出口企业出口货物（财政部、国家税务总局明确不予出口退（免）税或免税的货物除外，下同），同时符合下列条件的，适用增值税、消费税退（免）税政策：第一，电子商务出口企业属于增值税一般纳税人并已向主管税务机关办理出口退（免）税资格认定；第二，出口货物取得海关出口货物报关单（出口退税专用），且与海关出口货物报关单电子信息一致；第三，出口货物在退（免）税申报期截止之日内收汇；第四，电子商务出口企业属于外贸企业的，购进出口货物取得相应的增值税专用发票、消费税专用缴款书（分割单）或海关进口增值税、消费税专用缴款书，且上述凭证有关内容与出口货物报关单（出口退税专用）有关内容相匹配。

（3）免税的范围。

电子商务出口企业出口货物，不符合退（免）税规定条件，但同时符合下列条件的，适用增值税、消费税免税政策：第一，电子商务出口企业已办理税务登记；第二，出口货物取得海关签发的出口货物报关单；第三，购进出口货物取得合法有效的进货凭证。

（4）申报办理。

电子商务出口货物适用退（免）税、免税政策的，由电子商务出口企业按现行规定办理退（免）税、免税申报。

3. 跨境电子商务综合试验区零售出口企业所得税实行核定征收

《国家税务总局关于跨境电子商务综合试验区零售出口企业所得税核定征收有关问题的公告》（国家税务总局公告 2019 年第 36 号）规定，自 2020 年 1 月 1 日起，经国务院批准的跨境电子商务综合试验区（以下简称"综试区"）内的自建跨境电子商务销售平台或利用第三方跨境电子商务平台开展电子商务出口的跨境电子商务零售出口企业（以下简称"跨境电商企业"），同时符合下列条件的，试行核定征收企业所得税办法：第一，在综试区注册，并在注册地跨境电子商务线上综合服务平台登记出口货物日期、名称、计量单位、数量、单价、金额的；第二，出口货物通过综试区所在地海关办理电子商务出口申报手续的；第三，出口货物未取得有效进货凭证，其增值税、消费税享

---

① 国家税务总局. 国家税务总局关于跨境电子商务零售出口税收政策的通知[EB/OL].（2013-12-30）[2014-01-01].

受免税政策的。

综试区内核定征收的跨境电商企业应准确核算收入总额，并采用应税所得率方式核定征收企业所得税。应税所得率统一按照4%确定。

综试区内实行核定征收的跨境电商企业符合小型微利企业优惠政策条件的，可享受小型微利企业所得税优惠政策；其取得的收入属于《中华人民共和国企业所得税法》第二十六条规定的免税收入的，可享受免税收入优惠政策。

【法规简要】

跨境电子商务主要法规

（1）《国务院办公厅关于促进跨境电子商务健康快速发展的指导意见》，于2015年6月16日，由国务院办公厅以国办发〔2015〕46号发布。

（2）《国务院办公厅转发商务部等部门关于实施支持跨境电子商务零售出口有关政策意见的通知》，于2013年8月21日，国务院办公厅以国办发〔2013〕89号转发商务部、发展改革委、财政部、人民银行、海关总署、税务总局、工商总局、质检总局、外汇局《关于实施支持跨境电子商务零售出口有关政策的意见》。

（3）《财政部、国家税务总局关于跨境电子商务零售出口税收政策的通知》，于2013年12月30日由财政部、国家税务总局以财税〔2013〕96号发布，自2014年1月1日起执行。

（4）《财政部、海关总署、国家税务总局关于跨境电子商务零售进口税收政策的通知》，于2016年3月24日，由财政部、海关总署、国家税务总局以财关税〔2016〕18号发布，自2016年4月8日起执行。

（5）《海关总署关于跨境电子商务零售进出口商品有关监管事宜的公告》，于2016年4月6日由海关总署以2016年第26号发布，自2016年4月8日起施行。

（6）《财政部等11个部门关于公布跨境电子商务零售进口商品清单的公告》，于2016年4月6日由财政部、发展改革委、工业和信息化部、农业部（现为"农业农村部"）、商务部、海关总署、国家税务总局、质检总局、食品药品监管总局、濒管办、密码局以2016年第40号发布。

（7）《财政部等13部门关于公布跨境电子商务零售进口商品清单（第二批）的公告》，于2016年4月15日，由财政部、发展改革委、工业和信息化部、原环境保护部（现已改名为"生态环境部"）、农业部、商务部、中国人民银行、海关总署、国家税务总局、质检总局、新闻出版广电总局、食品药品监管总局、濒管办以2016年第47号发布，自2016年4月16日起实施。

（8）《财政部等13部门关于调整跨境电商零售进口商品清单的公告》，于2018年11月20日，由财政部　发展改革委　工业和信息化部　生态环境部　农业农村部　商务部　人民银行　海关总署　税务总局　市场监管总局　药监局　密码局　濒管办以财政部公告2018年第157号发布，自2019年1月1日起实施。

（9）《财政部 海关总署 税务总局关于完善跨境电子商务零售进口税收政策的通知》，于2018年11月20日，由财政部 海关总署 税务总局以财关税〔2018〕49号发布，自2019年1月1日起执行。

（10）《财政部 税务总局 商务部 海关总署关于跨境电子商务综合试验区零售出口货物税收政策的通知》，于自2018年9月28日，由财政部 税务总局 商务部 海关总署以财税〔2018〕103号发布，自2018年10月1日起执行。

（11）《国家税务总局关于跨境电子商务综合试验区零售出口企业所得税核定征收有关问题的公告》，于2019年10月26日，由国家税务总局以公告2019年第36号发布，自2020年1月1日起施行。

知识拓展

资料包/第8章/跨境电子商务主要法规的相关内容

关键术语

互联网广告　广告的行政管辖权　广告主体　虚假广告　电子邮件广告　垃圾邮件
跨境电子商务　跨境电子商务试验区　跨境电子商务主体。

基本知识

（1）互联网广告管辖权的法律法规。

（2）互联网广告主体的法律法规。

（3）互联网广告活动中不得有的行为规定。

（4）电子邮件广告的法律法规限制。

（5）跨境电子商务主体的法律法规。

（6）跨境电子商务通关的法律法规。

思考讨论

（1）虚假广告的法律界定和处罚及其社会效果。

（2）杭州跨境电子商务综合试验区的"六大体系"和"两个平台"。

（3）我国互联网广告内容的禁止和审查规定。

案例分析

❖◈❖

互联网广告，还是网络信息？

（1）基本案情。

2017年7月6日，辽宁省大连市工商局网监分局接到举报，称大连甘井子某培训学校在其自设网站上发布违法广告，要求工商部门调查处理。网监分局对举报情况立案调查。

经查实，当事人大连甘井子某培训学校系民办非企业单位，在互联网开设网站，主要用于发布与学校有关的课程信息、行业新闻、学生感言等内容。执法人员调查发现，当事人网站中的"学员感言"栏目有多个学员的姓名、所学专业、工作单位以及在该学校学习的收获和给学校的建议等内容。上述内容涉嫌以受益者的名义对学校所提供的培训服务等作推荐和证明。至被检查前，当事人并未对学员发布的感言等信息进行修改、编辑、下沉或删除。

（2）意见分歧。

围绕该案的定性处理，执法人员有4种不同的观点。

第1种观点认为，当事人系利用受益者的名义作推荐、证明，违反了《广告法》第二十四条规定，应当按照《广告法》第五十八条规定对当事人进行处罚。

第2种观点认为，当事人利用学员代言对产品或服务作推荐、证明，属于代言人发布广告的行为，违反《广告法》第三十八条规定，应当按照《广告法》第五十八条规定定性处罚。

第3种观点认为，培训学校在此过程中只是充当了类似微信、微博等互联网信息服务提供者的角色，应当对当事人是否尽到互联网信息服务提供者的责任进行调查处理。

第4种观点认为，该校学员在当事人网站上发表的感言不属于广告，应当予以销案。

网监分局采纳了第4种观点，认为举报人所举报的大连甘井子某培训学校在其自设网站发布违法广告的事实不成立，对案件作出销案决定。

资料来源：姜忠利. 把握特点 准确定性——从一起互联网广告案看商业广告与商业信息的区别[N]. 中国工商报，2018-02-06.

根据以上案例资料，依据《广告法》《互联网广告管理暂行办法》和相关法律法规，请你结合互联网广告的现实情况回答以下问题。

① 你选择第几种观点？为什么？

② 什么是互联网广告、网络信息？怎么区分？

电子商务知识产权的法律法规 | 第9章

【目标要求】

（1）掌握电子商务知识产权、域名、网络著作权、计算机软件著作权人的定义，电子商务对知识产权的挑战。

（2）熟悉域名注册和注销的法律法规、网络著作权侵权纠纷案件的管辖和计算机著作权的主要法律法规。

（3）了解著作权的主要法律法规、域名纠纷的法律法规。

【重点和难点】

（1）重点：电子商务知识产权、网络著作权的定义，电子商务对知识产权的挑战。

（2）难点：域名注册和注销的法律法规、网络著作权侵权纠纷案件的管辖和计算机著作权的主要法律法规。

9.1 电子商务知识产权概述

9.1.1 电子商务知识产权的定义和类别

1. 知识产权的定义

知识产权（Intellectual Property），又称为知识所有权、智慧所有权、智力成果权等，是指权利人对其智力劳动所创作的成果享有的财产权利。该词最早于17世纪中叶由法国学者卡普佐夫提出，后为比利时著名法学家皮卡第所发展，皮卡第将之定义为"一切来自知识活动的权利"。直到1967年《世界知识产权组织公约》签订以后，该词才逐渐为国际社会所普遍使用。

电子商务知识产权
定义和类别

2. 知识产权的类别

各种智力创造所取得的成果及其所形成的财产权利，都属于知识产权。例如发明、设计、文学、艺术、商标、产品或企业名称等，都属于知识产权的范围。各国法律在赋予知识产权范围时，有所不同。知识产权一般分为两类，即著作权（版权）和工业产权（产业产权）。

（1）著作权。

著作权，又称版权，是公民、法人或非法人单位按照法律享有的对自己文学、艺术、自然科学、工程技术等作品的专有权。不论公民、法人或者其他组织的作品是否发表，都依法享有著作权。通常我们说的知识产权主要是指计算机软件著作权和作品登记权。著作权是公民、法人依法享有的一种民事权利，属于无形财产权。

（2）工业产权。

工业产权，是指工业、商业、农业、林业和其他产业中具有实用经济意义的一种无形财产权。由此看来"产业产权"的名称更为贴切。主要包括专利权与商标权。

3. 电子商务知识产权的定义

电子商务知识产权，又称网络知识产权，是指电子商务活动中涉及的著作权和工业产权。为保护网络知识产权，2009年12月30日中国互联网协会网络版权工作委员会在北京正式成立。

【数据摘要】

2018年知识产权案件数据

2018年，人民法院共新收一审、二审、申请再审等各类知识产权案件334 951件，审结319 651件（含旧存，下同），比2017年分别上升41.19%和41.64%。

地方各级人民法院共新收和审结知识产权民事一审案件283 414件和273 945件，同比分别上升40.97%和41.99%。新收和审结知识产权民事二审案件27 621件和26 288件，同比分别上升26.60%和28.08%。新收和审结知识产权民事再审案件223件和221件，同比分别上升189.61%和301.82%。最高人民法院新收和审结知识产权民事案件913件和859件，同比分别上升81.51%和74.24%。地方各级人民法院共新收和审结知识产权行政一审案件13 545件和9 786件，同比分别上升53.57%和53.15%。新收和审结知识产权行政二审案件3 565件和3 217件，同比分别上升304.2%和180.72%。最高人民法院新收和审结知识产权行政案件642件和581件，同比分别上升64.19%和41.02%。地方各级人民法院共新收和审结侵犯知识产权罪一审案件4 319件和4 064件，同比分别上升19.28%和11.59%。新收和审结涉知识产权的刑事二审案件683件和668件，同比分别上升28.14%和23.70%。

2018年的知识产权司法保护工作呈现出5个重要特点：一是案件的数量增幅较大；二是案件的影响显著提升；三是审理的难度不断加大；四是审判的质效稳步向好；五是保护的力度持续加强。

资料来源：最高人民法院民三庭（知识产权审判庭）. 2018年中国法院知识产权司法保护概况[EB/0L].（2019-06-06）[2019-12-24].

知识拓展

资料包/第9章/最高人民法院民三庭（知识产权审判庭）《2018年中国法院知识产权司法保护概况》

9.1.2 电子商务对知识产权的挑战

1. 电子商务对传统知识产权概念的挑战

网络知识产权是一个整体性的多项内容的产权权利，而传统知识产权是单个知识产权权利问题，电子商务对传统知识产权的概念提出了挑战。例如，专利的"即发侵权"的制止问题，域名问题迫使人们将商标、厂商名称、商誉、不正当竞争结合起来考虑，甚至提出了"一体保护"的方法；而传统的知识产权保护认为，权利尚未形成，则无权利保护可言，权利的保护有一定的界限并遵循单个法律判断。

2. 电子商务对传统知识产权特点的挑战

知识产权具有与有形财产产权不同的一些特点，如垄断性、地域性、时间性、无形性、政府确认性等。知识产权应当保证权利人的专有权利。如果地域性被彻底打破，权利就有可能成为世界通行的"全球权利"或者产生世界性统一的制度。电子商务活动建立在互联网上，网络的传输表现出"公开"的开放性和"无国界"的全球性特点及状态。"公开"可能成为"公知""公用"。"无国界"又使得地域性的知识产权受到了严峻的挑战。

3. 电子商务对知识产权法院管辖的挑战

传统知识产权纠纷案件，多采用被告所在地或者侵权行为地法院管辖。但是，互联网上的侵权行为，行为主体难以确定、行为地点难以界定、行为的跨时空性、跨国性等特点，对传统的诉讼程序也形成了挑战。

4. 电子商务对证据及其保留的挑战

《中华人民共和国民事诉讼法》和《最高人民法院关于适用中华人民共和国民事诉讼法若干问题的意见》中规定，证据材料的"原件"是基本要求，在认定事实的根据时，非原件的复制品在没有其他证据的情形下不被认可。而数据电文存储在计算机内，其打印出来的"书面形式"是一种复制件，不能满足原件的要求。

5. 电子商务对具体知识产权的挑战

（1）电子商务对商标权和域名的挑战。

在传统商务中，商标起着识别商品的来源、品质、社会声誉等功能。而在电子商务环境中，商标的使用除了传统商标的功能外，还起着域名、网络声誉等功能。传统的商标是以平面的形式存在的、相对固定不变的文字、图形、字母、数字等元素的组合，而在电子商务中的商标可能是动态化的视频、音频等，这使网络上商标和域名的侵权行为，更难以确定。

（2）电子商务对著作权的挑战。

传统的著作权客体包括认可的发明、设计、文学、艺术等作品。但是，在电子商务中，计算机软件、数据库、多媒体技术给著作权的客体带来了新的内容。在涉及电子商务的著作权侵权问题时，法律界线不清楚，判断难度大。

（3）电子商务对专利权的挑战。

电子商务对专利权也提出了大量新问题。例如，计算机软件能否成为专利制度保护的客体，互联网的广泛性和开放性对专利"三性（新颖性、创造性、实用性）"中"新颖性"特点提出了挑战，专利的电子申请方式中涉及的法律问题等，都需要在网络环境中得到解决的办法。

【案例分析】

商丘市睢县韩某销售商标侵权化妆品案

2017年8月，商丘市睢县工商局执法人员接到上海市长宁区市场监督管理局案件线索移送函，称睢县居民韩某在网上销售商标侵权化妆品。

经查，韩某于2017年3月在上海某信息技术有限公司运营的第三方交易平台"×××商城"以个人名义开办了一家名为"×××小屋"的网店，销售化妆品。今年4—5月，韩某共销售"百雀羚"化妆品100套。经"百雀羚"商标持有人上海百凤投资有限公司鉴定，韩某销售的化妆品属侵犯了该公司注册商标专用权的商品。

商丘市睢县工商局认为：当事人上述销售假冒"百雀羚"注册商标专用权化妆品的行为，属于《中华人民共和国商标法》（以下简称《商标法》）第五十七条第一款第三项"销售侵犯注册商标专用权商品的"所指侵犯注册商标专用权行为。依照《商标法》第六十条第二款的规定，责令当事人停止侵权行为，并处罚款。

资料来源：原三门峡市工商行政管理局. 2017 年网络违法典型案例[EB/OL].（2017-11-11）[2017-11-11].

9.2 | 域名知识产权的法律法规

9.2.1 域名概述

1. 域名的定义

域名（Domain Name），又称为国际互联协议（Internet Protocol，IP）地址，是在国际互联网上为了区分主机，对每台主机分配的一个专门的"地址"，用于在数据传输时标识计算机的电子方位。IP 地址是互联网主机作为路由寻址用的数字型标识，由于不容易记忆，所以产生了域名这一种字符型标识。

2. 我国法定域名的定义

工业和信息化部《互联网域名管理办法》[①]第五十五条第一款规定，域名，指互联网上识别和定位计算机的层次结构式的字符标识，与该计算机的 IP 地址相对应。

【法规简要】

《互联网域名管理办法》

为了规范互联网域名服务，保护用户合法权益，保障互联网域名系统安全、可靠运行，推动中文域名和国家顶级域名发展和应用，促进中国互联网健康发展，根据《中华人民共和国行政许可法》《国务院对确需保留的行政审批项目设定行政许可的决定》等规定，参照国际上互

---

① 工业和信息化部. 互联网域名管理办法[EB/OL].（2017-08-24）[2017-11-01].

联网域名管理准则，工业和信息化部制定了《互联网域名管理办法》。该办法于2017年8月24日以工业和信息化部令第43号公布，自2017年11月1日起施行，共六章五十八条。主要内容：第一章总则，第二章域名管理，第三章域名服务，第四章监督检查，第五章罚则，第六章附则。

知识拓展

资料包/第9章/工业和信息化部《互联网域名管理办法》

---

3. 域名的产生和发展

世界上第一个域名是在 1985 年 1 月注册的。域名最早于 1983 年由保罗·莫卡派乔斯（Paul Mockapetris）发明，域名原始的技术规范在第 882 号因特网标准草案（RFC882）中发布。1987 年发布的第 1034 号和 1035 号草案修正了域名技术规范，并废除了之前的第 882 和 883 号草案。在此之后对因特网标准草案的修改基本上没有涉及域名技术规范部分。在世界各地每处域名注册服务机构注册的每一个域名都是独一无二、不可重复的，所以，在网络上域名是一种相对有限的资源。2014年 8 月 6 日，国际顶级中文域名".网址"正式向全球开放注册。

9.2.2 域名知识产权的相关法律法规

1. 域名注册服务机构的法律法规

域名注册服务机构，是指依法获得许可、受理域名注册申请并完成域名在顶级域名数据库中注册的机构。按照国家有关法律法规、《互联网域名管理办法》的规定，在我国境内从事域名注册服务机构必须具备规定的条件，并申请经过工业和信息化部或者省、自治区、直辖市通信管理局（统称"电信管理机构"）的许可。未经许可擅自设立域名注册服务机构的，电信管理机构应当根据《中华人民共和国行政许可法》第八十一条的规定，采取措施予以制止，并视情节轻重，予以警告或者处1 万元以上 3 万元以下罚款。

（1）具备的条件。

《互联网域名管理办法》第十二条规定，申请设立域名注册服务机构的，应当具备以下条件：第一，在境内设置域名注册服务系统、注册数据库和相应的域名解析系统；第二，是依法设立的法人，该法人及其主要出资者、主要经营管理人员具有良好的信用记录；第三，具有与从事域名注册服务相适应的场地、资金和专业人员以及符合电信管理机构要求的信息管理系统；第四，具有进行真实身份信息核验和用户个人信息保护的能力、提供长期服务的能力及健全的服务退出机制；第五，具有健全的域名注册服务管理制度和对域名注册代理机构的监督机制；第六，具有健全的网络与信息安全保障措施，包括管理人员、网络与信息安全管理制度、应急处置预案和相关技术、管理措施等；第七，法律、行政法规规定的其他条件。

（2）申请许可。

① 申请。申请设立域名注册服务机构的，应当向住所地省、自治区、直辖市通信管理局提交申请

材料。申请材料应当包括：第一，申请单位的基本情况及其法定代表人签署的依法诚信经营承诺书；第二，对域名服务实施有效管理的证明材料，包括相关系统及场所、服务能力的证明材料、管理制度、与其他机构签订的协议等；第三，网络与信息安全保障制度及措施；第四，证明申请单位信誉的材料。

② 受理。申请材料齐全、符合法定形式的，电信管理机构应当向申请单位出具受理申请通知书；申请材料不齐全或者不符合法定形式的，电信管理机构应当场或者在 5 个工作日内一次性书面告知申请单位需要补正的全部内容；不予受理的，应当出具不予受理通知书并说明理由。

③ 批准许可。电信管理机构应当自受理之日起 20 个工作日内完成审查，作出予以许可或者不予许可的决定。20 个工作日内不能作出决定的，经电信管理机构负责人批准，可以延长 10 个工作日，并将延长期限的理由告知申请单位。需要组织专家论证的，论证时间不计入审查期限。予以许可的，应当颁发相应的许可文件；不予许可的，应当书面通知申请单位并说明理由。域名注册服务机构的许可有效期为 5 年。

为未经许可的域名注册管理机构提供域名注册服务，或者通过未经许可的域名注册服务机构开展域名注册服务的，以及未按照许可的域名注册服务项目提供服务的，由电信管理机构依据职权责令限期改正，并视情节轻重，处 1 万元以上 3 万元以下罚款，向社会公告。

（3）域名注册服务。

域名注册服务机构应当向用户提供安全、方便、稳定的服务。在注册服务前，应当根据工业和信息化部《互联网域名管理办法》的规定制定域名注册实施细则并向社会公开。域名注册服务机构应当按照电信管理机构许可的域名注册服务项目提供服务，不得为未经电信管理机构许可的域名注册管理机构提供域名注册服务。

（4）变更和终止服务。

域名注册服务机构的名称、住所、法定代表人等信息发生变更的，应当自变更之日起 20 日内向原发证机关办理变更手续。

在许可有效期内，域名注册服务机构拟终止相关服务的，应当提前 30 日书面通知用户，提出可行的善后处理方案，并向原发证机关提交书面申请。原发证机关收到申请后，应当向社会公示 30 日。公示期结束 60 日内，原发证机关应当完成审查并作出决定。

2. 域名注册和注销的法律法规

按照国家有关法律法规、工业和信息化部《互联网域名管理办法》的规定，自然人、法人和其他组织申请、注册域名应注意以下内容。

（1）域名注册的原则。

域名注册，原则上实行"先申请先注册"，相应域名注册实施细则另有规定的，从其规定。域名注册服务机构不得采用欺诈、胁迫等不正当手段要求他人注册域名。

（2）域名注册时不得包含的内容。

《互联网域名管理办法》第二十八条规定，任何组织或者个人注册、使用的域名中，不得含有下列内容：第一，反对宪法所确定的基本原则的；第二，危害国家安全，泄露国家秘密，颠覆国家政权，破坏国家统一的；第三，损害国家荣誉和利益的；第四，煽动民族仇恨、民族歧视，破坏民族团结的；第五，破坏国家宗教政策，宣扬邪教和封建迷信的；第六，散布谣言，扰乱社会秩序，破坏社会稳定的；第七，散布淫秽、色情、赌博、暴力、凶杀、恐怖或者教唆犯罪的；第八，侮辱或者诽谤他人，侵害他人合法权益的；第九，含有法律、行政法规禁止的其他内容的。域名注册管理机构、域名注册服务机构不得为含有以上所列内容的域名提供服务。任何组织或者个人违反以上规定注册、使用域名，构成犯罪的，依法追究刑事责任；尚不构成犯罪的，由有关部门依法予以处罚。

（3）提供真实准确完整的信息。

域名注册服务机构提供域名注册服务，应当要求域名注册申请者提供域名持有者真实、准确、完整的身份信息等域名注册信息。域名注册管理机构和域名注册服务机构应当对域名注册信息的真实性、完整性进行核验。域名注册申请者提供的域名注册信息不准确、不完整的，域名注册服务机构应当要求其予以补正。申请者不补正或者提供不真实的域名注册信息的，域名注册服务机构不得为其提供域名注册服务。

域名注册服务机构未对域名注册信息的真实性、完整性进行核验的，由电信管理机构依据职权责令限期改正，并视情节轻重，处 1 万元以上 3 万元以下罚款，向社会公告。

（4）信息公开和保护。

域名注册服务机构应当公布域名注册服务的内容、时限、费用，保证服务质量，提供域名注册信息的公共查询服务。域名注册服务机构应当依法存储、保护用户个人信息。未经用户同意不得将用户个人信息提供给他人，但法律、行政法规另有规定的除外。

（5）域名注册变更。

域名持有者的联系方式等信息发生变更的，应当在变更后 30 日内向域名注册服务机构办理域名注册信息变更手续。域名持有者将域名转让给他人的，受让人应当遵守域名注册的相关要求。域名持有者有权选择、变更域名注册服务机构。变更域名注册服务机构的，原域名注册服务机构应当配合域名持有者转移其域名注册相关信息。无正当理由的，域名注册服务机构不得阻止域名持有者变更域名注册服务机构。电信管理机构依法要求停止解析的域名，不得变更域名注册服务机构。

（6）应急处理。

域名注册服务机构应当遵守国家相关法律、法规和标准，落实网络与信息安全保障措施，配置必要的网络通信应急设备，建立健全网络与信息安全监测技术手段和应急制度。域名系统出现网络与信息安全事件时，应当在 24 小时内向电信管理机构报告。因国家安全和处置紧急事件的需要，域名根服务器运行机构、域名注册管理机构和域名注册服务机构应当服从电信管理机构的统一指挥与协调，遵守电信管理机构的管理要求。

（7）域名注销。

《互联网域名管理办法》第四十三条规定，已注册的域名有下列情形之一的，域名注册服务机构应当予以注销，并通知域名持有者：第一，域名持有者申请注销域名的；第二，域名持有者提交虚假域名注册信息的；第三，依据人民法院的判决、域名争议解决机构的裁决，应当注销的；第四，法律、行政法规规定予以注销的其他情形。

3. 域名纠纷的法律法规

在我国境内发生域名纠纷的解决方法有仲裁和司法两种，即可以向域名争议解决机构申请裁决，也可依法向人民法院提起诉讼。《互联网域名管理办法》第四十二条规定，任何组织或者个人认为他人注册或者使用的域名侵害其合法权益的，可以向域名争议解决机构申请裁决或者依法向人民法院提起诉讼。

根据《最高人民法院关于审理涉及计算机网络域名民事纠纷案件适用法律若干问题的解释》[①]，关于域名的侵权纠纷案件的司法内容主要如下。

（1）管辖。

涉及域名的侵权纠纷案件，一般由侵权行为地或者被告住所地的中级人民法院管辖。对难以确定侵权行为地和被告住所地的，原告发现该域名的计算机终端等设备所在地可以视为侵权行为地。但是，如当事人一方或者双方是外国人、无国籍人、外国企业或组织、国际组织，或者域名注册地在外国的域名纠纷案件等在中华人民共和国领域内发生的涉外域名纠纷案件，依照民事诉讼法第四编的规定确定管辖。

【法律简要】

《最高人民法院关于审理涉及计算机网络域名民事纠纷案件适用法律若干问题的解释》

该解释于2001年6月26日由最高人民法院审判委员会第1182次会议通过，以法释〔2001〕24号公布，自2001年7月24日起施行。

知识拓展

资料包/第9章/《最高人民法院关于审理涉及计算机网络域名民事纠纷案件适用法律若干问题的解释》

（2）注册、使用域名侵权或不正当竞争。

人民法院审理域名纠纷案件，对符合以下各项条件的，应当认定被告注册、使用域名等行为构成侵权或者不正当竞争。第一，原告请求保护的民事权益合法有效。第二，被告域名或其主要部分构成对原告驰名商标的复制、模仿、翻译或音译；或者与原告的注册商标、域名等相同或近似，足以造成相关公众的误认。第三，被告对该域名或其主要部分不享有权益，也无注册、使用该域名的正当理由。第四，被告对该域名的注册、使用具有恶意。

---

① 最高人民法院. 最高人民法院关于审理涉及计算机网络域名民事纠纷案件适用法律若干问题的解释[EB/OL].（2001-06-26）[2010-04-14].

（3）域名的注册、使用具有恶意。

被告的行为被证明具有下列情形之一的，人民法院应当认定其具有恶意：第一，为商业目的将他人驰名商标注册为域名的；第二，为商业目的注册、使用与原告的注册商标、域名等相同或近似的域名，故意造成与原告提供的产品、服务或者原告网站的混淆，误导网络用户访问其网站或其他在线站点的；第三，曾要约高价出售、出租或者以其他方式转让该域名获取不正当利益的；第四，注册域名后自己并不使用也未准备使用，而有意阻止权利人注册该域名的；第五，具有其他恶意情形的。

被告举证证明在纠纷发生前其所持有的域名已经获得一定的知名度，且能与原告的注册商标、域名等相区别，或者具有其他情形足以证明其不具有恶意的，人民法院可以不认定被告具有恶意。

【案例分析】

"去哪儿（qunar.com）"和"去哪网（quna.com）"域名之争

（1）案情。

2005年5月9日，庄某某注册了"qunar.com"域名并创建了"去哪儿"网。北京趣拿信息技术有限公司（以下简称"趣拿公司"）于2006年3月17日成立后，"qunar.com"域名由庄某某转让给该公司。经过多年使用，"去哪儿""去哪儿网""qunar.com"等服务标记成为知名服务的特有名称。

广州市去哪信息技术有限公司（以下简称"去哪公司"）的前身成立于2003年12月10日，后于2009年5月26日变更为现名，经营范围与趣拿公司相近。2003年6月6日，"quna.com"域名登记注册，后于2009年5月转让给去哪公司。去哪公司随后注册了"123quna.com""mquna.com"域名，并使用"去哪""去哪儿""去哪网""quna.com"名义对外宣传和经营。

趣拿公司以去哪公司上述行为构成不正当竞争为由，请求判令去哪公司停止不正当竞争行为并赔偿损失300万元等。

（2）一审。

广州市中级人民法院一审认为，去哪公司使用"去哪""去哪儿""去哪网""quna.com"服务标记的行为构成对趣拿公司知名服务特有名称的侵害，去哪公司在其企业字号中使用"去哪"字样的行为构成不正当竞争，去哪公司使用"quna.com""123quna.com""mquna.com"域名的行为构成对趣拿公司域名权益的侵害。遂判决去哪公司停止使用上述企业字号、服务标记、域名，并限期将上述域名移转给趣拿公司；去哪公司赔偿趣拿公司经济损失35万元。

（3）二审。

去哪公司不服一审判决提出上诉。

广东省高级人民法院二审认为，去哪公司使用"去哪"企业字号和"去哪"标记等构成不正当竞争行为。去哪公司对域名"quna.com"享有合法权益，使用该域名有正当理由，根据《最高人民法院关于审理涉及计算机网络域名民事纠纷案件适用法律若干问题的解释》第四条规定，不构成不正当竞争，去哪公司随后注册"123quna.com""mquna.com"域名也应当允许注册和使用。双方均享有来源合法的域名权益，需要彼此容忍、互相尊重、长期共存，一方不能因为在经营过程中知名度提升，就剥夺另一方的生存空间；另一方也不能恶意攀附知名度较高一方的商誉，以谋取不正当的商业利益。据此，去哪公司虽然有权继续使用"quna.com"等域名，但是也有义务在与域名相关的搜索链接及网站上加注区别性标记，以使消费者将上述域名与趣拿公司"去哪儿""去哪儿网""qunar.com"等知名服务特有名称相区分。

二审法院维持了一审判决关于去哪公司停止使用"去哪"企业字号及"去哪"等标记的判项；撤销了去哪公司停止使用"quna.com"等域名并限期将上述域名移转给趣拿公司的判项，并把赔偿数额相应调整为25万元。

（4）意义。

本案区分了域名近似与商标近似判断标准的不同，以及权利冲突处理原则。去哪公司使用了先注册的域名"quna.com"。趣拿公司经营的"去哪网"属于知名服务的特有名称，并注册了域名"qunar.com"。两个域名仅相差一个字母"r"，构成相近似的域名，但法院认为可以长期共存，依据：一是域名具有全球唯一性，由于域名有长度限制，全球域名注册的最大容量不超过43亿，如果规定近似域名不得注册，从经济学角度来看是没有效益的；二是域名由计算机系统识别，计算机对非常相似的域名也可以精确地区分开来，绝不会出现混淆情况。电子技术手段和感觉感官在精确性上的巨大差异是造成域名近似与商标近似判断标准不同的主要原因。

资料来源：最高人民法院. 2014 年中国法院 10 大知识产权案件[EB/OL]. （2015-04-20）[2018-03-26].

> **知识拓展**
>
> 资料包/第9章/知识产权案例资料

（4）法律责任。

人民法院认定域名注册、使用等行为构成侵权或者不正当竞争的，可以判令被告停止侵权、注销域名，或者依原告的请求判令由原告注册、使用该域名；给权利人造成实际损害的，可以判令被告赔偿损失。

人民法院在审理域名纠纷案件中，对符合使用域名等行为构成侵权或者不正当竞争的规定的情形的，依照有关法律规定构成侵权的，应当适用相应的法律规定；构成不正当竞争的，可以适用《中华人民共和国民法通则》第四条、《反不正当竞争法》第二条第一款的规定。涉外域名纠纷案件，依照《中华人民共和国民法通则》第八章的有关规定处理。

9.3 网络著作权的法律法规

9.3.1 网络著作权概述

1. 网络著作权的定义

网络著作权，又称网络版权，是公民、法人或非法人单位按照法律享有的对

网络版权概述

自己文学、艺术、自然科学、工程技术等作品，在网络环境下所享有的专有权。网络著作权包括传统著作在网络上的著作权人所享有的专有权和网络著作在网络上的著作权人所享有的专有权。

在《中华人民共和国著作权法》[①]（以下简称《著作权法》）第十条关于著作权包括的人身权和财产权中，提到"信息网络传播权，即以有线或者无线方式向公众提供作品，使公众可以在其个人选定的时间和地点获得作品的权利"。

【法律简要】

《中华人民共和国著作权法》

该法于1990年9月7日经第七届全国人民代表大会常务委员会第十五次会议通过，根据2001年10月27日第九届全国人民代表大会常务委员会第二十四次会议通过的《关于修改〈中华人民共和国著作权法〉的决定》进行第1次修正，根据2010年2月26日第十一届全国人民代表大会常务委员会第十三次会议通过的《关于修改〈中华人民共和国著作权法〉的决定》进行第2次修正。

《著作权法》旨在保护文学、艺术和科学作品作者的著作权，以及与著作权有关的权益，鼓励有益于社会主义精神文明、物质文明建设的作品的创作和传播，促进社会主义文化和科学事业的发展与繁荣，共六章六十一条。主要内容：第一章总则；第二章著作权（第一节著作权人及其权利，第二节著作权归属，第三节权利的保护期，第四节权利的限制）；第三章著作权许可使用和转让合同；第四章出版、表演、录音录像、播放（第一节图书、报刊的出版，第二节表演，第三节录音录像，第四节广播电台、电视台播放）；第五章法律责任和执法措施；第六章附则。

> **知识拓展**
>
> 资料包/第9章/《中华人民共和国著作权法》

《最高人民法院关于审理涉及计算机网络著作权纠纷案件适用法律若干问题的解释》[②]第二条中，指出受著作权法保护的作品，包括著作权法规定的创作的文学、艺术和自然科学、社会科学、工程技术等各类作品的数字化形式。在网络环境下无法归于著作权法列举的作品范围，但在文学、艺术和科学领域内具有独创性并能以某种有形形式复制的其他智力创作成果，人民法院应当予以保护。

2. 网络著作权的侵权情形

（1）网络上对传统著作权的侵权。

网络上对传统著作权的侵权，是未经传统著作权人许可，又无法律依据，擅自在网络上上传、下载、转载、使用或其他不正当的方式行使传统著作权人享有的权利的行为。目前，很多在网络上使用、复制、上传、下载作品，就是一种比较普遍的网络上对传统著作权的侵权行为。

---

① 全国人民代表大会常务委员. 关于修改《中华人民共和国著作权法》的决定[EB/OL].（2010-02-26）[2010-04-01].

② 最高人民法院. 关于修改《最高人民法院关于审理涉及计算机网络著作权纠纷案件适用法律若干问题的解释》的决定（二）[EB/OL].（2006-11-22）[2010-06-04].

（2）传统媒体对网络著作权的侵权。

传统媒体对网络著作权的侵权，是未经网络上著作权人许可，又无法律依据，擅自在传统媒体上发表、使用、转载或其他不正当的方式行使网络上著作权人享有的权利的行为。目前，传统媒体从网络上转载、使用、复制、下载作品，就是传统媒体对网络著作权的侵权行为。

（3）网络上对网络著作权的侵权。

网络上对网络著作权的侵权，是未经网络上著作权人许可，又无法律依据，擅自在网络上发表、使用、转载或其他不正当的方式行使网络上著作权人享有的权利的行为。目前，在网络上对网络作品进行转载、使用、复制，就是网络上对网络著作权的侵权行为。

【法律简要】

《最高人民法院关于审理涉及计算机网络著作权纠纷案件适用法律若干问题的解释》

该解释于2000年11月22日经最高人民法院审判委员会第1144次会议通过，根据2003年12月23日最高人民法院审判委员会第1302次会议通过的《关于修改〈最高人民法院关于审理涉及计算机网络著作权纠纷案件适用法律若干问题的解释〉的决定》进行第1次修正，根据2006年11月20日最高人民法院审判委员会第1406次会议通过的《关于修改〈最高人民法院关于审理涉及计算机网络著作权纠纷案件适用法律若干问题的解释〉的决定（二）》进行第2次修正。

> **知识拓展**
>
> 资料包/第9章/《最高人民法院关于审理涉及计算机网络著作权纠纷案件适用法律若干问题的解释》

3. 著作权的专有权利的内容

《著作权法》第十条规定了著作权的专有权利的内容，包括相关的人身权利和财产权利17项权利。著作权包括下列人身权和财产权。

第一，发表权，即决定作品是否公之于众的权利。

第二，署名权，即表明作者身份，在作品上署名的权利。

第三，修改权，即修改或者授权他人修改作品的权利。

第四，保护作品完整权，即保护作品不受歪曲、篡改的权利。

第五，复制权，即以印刷、复印、拓印、录音、录像、翻录、翻拍等方式将作品制作一份或者多份的权利。

第六，发行权，即以出售或者赠与方式向公众提供作品的原件或者复制件的权利。

第七，出租权，即有偿许可他人临时使用电影作品和以类似摄制电影的方法创作的作品、计算机软件的权利，计算机软件不是出租的主要标的的除外。

第八，展览权，即公开陈列美术作品、摄影作品的原件或者复制件的权利。

第九，表演权，即公开表演作品，以及用各种手段公开播送作品的表演的权利。

第十，放映权，即通过放映机、幻灯机等技术设备公开再现美术、摄影、电影和以类似摄制电影的方法创作的作品等的权利。

第十一，广播权，即以无线方式公开广播或者传播作品，以有线传播或者转播的方式向公众传播广播的作品，以及通过扩音器或者其他传送符号、声音、图像的类似工具向公众传播广播的作品的权利。

第十二，信息网络传播权，即以有线或者无线方式向公众提供作品，使公众可以在其个人选定的时间和地点获得作品的权利。

第十三，摄制权，即以摄制电影或者以类似摄制电影的方法将作品固定在载体上的权利。

第十四，改编权，即改变作品，创作出具有独创性的新作品的权利。

第十五，翻译权，即将作品从一种语言文字转换成另一种语言文字的权利。

第十六，汇编权，即将作品或者作品的片段通过选择或者编排，汇集成新作品的权利。

第十七，应当由著作权人享有的其他权利。

9.3.2 网络著作权的相关法律法规

1. 承担停止侵害、消除影响、赔礼道歉、赔偿损失等民事责任

停止侵害，是指侵权人停止著作权的侵权行为；消除影响，是指侵权人给著作权人造成社会影响的，应当采取措施消除影响的活动；赔礼道歉，是指侵权人采取一定的形式向著作权人赔礼道歉的活动；赔偿损失，是指侵权人给著作权人造成损失的，应当给予赔偿的活动。这些都是对侵权人侵犯著作权所采取的较轻的处罚。

《著作权法》第四十七条规定，有下列侵权行为的，应当根据情况，承担停止侵害、消除影响、赔礼道歉、赔偿损失等民事责任：第一，未经著作权人许可，发表其作品的；第二，未经合作作者许可，将与他人合作创作的作品当作自己单独创作的作品发表的；第三，没有参加创作，为谋取个人名利，在他人作品上署名的；第四，歪曲、篡改他人作品的；第五，剽窃他人作品的；第六，未经著作权人许可，以展览、摄制电影和以类似摄制电影的方法使用作品，或者以改编、翻译、注释等方式使用作品的，本法另有规定的除外；第七，使用他人作品，应当支付报酬而未支付的；第八，未经电影作品和以类似摄制电影的方法创作的作品、计算机软件、录音录像制品的著作权人或者与著作权有关的权利人许可，出租其作品或者录音录像制品的，本法另有规定的除外；第九，未经出版者许可，使用其出版的图书、期刊的版式设计的；第十，未经表演者许可，从现场直播或者公开传送其现场表演，或者录制其表演的；第十一，其他侵犯著作权以及与著作权有关的权益的行为。

2. 侵犯著作权较严重的处罚

《著作权法》第四十八条规定，有下列侵权行为的，应当根据情况，承担停止侵害、消除影响、赔礼道歉、赔偿损失等民事责任；同时损害公共利益的，可以由著作权行政管理部门责令停止侵权行为，没收违法所得，没收、销毁侵权复制品，并可处以罚款；情节严重的，著作权行政管理部门还可以没收主要用于制作侵权复制品的材料、工具、设备等；构成犯罪的，依法追究刑事责任：第

一，未经著作权人许可，复制、发行、表演、放映、广播、汇编、通过信息网络向公众传播其作品的，本法另有规定的除外；第二，出版他人享有专有出版权的图书的；第三，未经表演者许可，复制、发行录有其表演的录音录像制品，或者通过信息网络向公众传播其表演的，本法另有规定的除外；第四，未经录音录像制作者许可，复制、发行、通过信息网络向公众传播其制作的录音录像制品的，本法另有规定的除外；第五，未经许可，播放或者复制广播、电视的，本法另有规定的除外；第六，未经著作权人或者与著作权有关的权利人许可，故意避开或者破坏权利人为其作品、录音录像制品等采取的保护著作权或者与著作权有关的权利的技术措施的，法律、行政法规另有规定的除外；第七，未经著作权人或者与著作权有关的权利人许可，故意删除或者改变作品、录音录像制品等的权利管理电子信息的，法律、行政法规另有规定的除外；第八，制作、出售假冒他人署名的作品的。

【案例分析】

涉及快播公司著作权行政处罚案

（1）案情摘要。

腾讯公司从权利人处获得涉案24部作品信息网络传播权的独家许可之后，又将其中13部作品的信息网络传播权以直接分销或版权等值置换等方式非独家许可第三方使用。根据腾讯公司提交的合同显示，该13部作品的分销或者置换价格总计为人民币8 671.6万元。

2014年3月18日，腾讯公司向深圳市市场监督管理局（简称市场监管局）投诉称，快播公司侵害了其享有的涉案作品信息网络传播权，请求予以查处。

市场监管局向深圳市盐田公证处申请证据保全公证。公证书显示，在手机上登录快播客户端搜索涉案24部影视作品，每一部影视作品首选链接均为"腾讯视频"，点击"腾讯视频"旁的下拉选项，均有其他链接（多数伪造成乐视网、优酷、电影网等知名视频网站）；点击其他链接播放具体集数，视频显示的播放地址均是一些不知名的、未依法办理备案登记的网站。

2014年6月26日，市场监管局作出深市监稽罚字〔2014〕123号《行政处罚决定书》，决定：一、责令立即停止侵权行为；二、处以非法经营额3倍的罚款26 014.8万元人民币。

快播公司申请行政复议，广东省版权局于2014年9月11日作出《行政复议决定书》，维持市场监管局的行政处罚决定。

快播公司起诉至深圳市中级人民法院，请求判令撤销《行政处罚决定书》。深圳市中级人民法院驳回快播公司的诉讼请求，广东省高级人民法院维持一审判决。

（2）典型意义。

本案社会关注度高。腾讯公司、快播公司均为互联网领域受众较多的企业，案件涉及的处罚金额亦高达2.60148亿元，受到社会各界的高度关注。案件的法律适用不仅涉及知识产权民事、行政以及破产等多部门法的交织，程序及实体问题繁杂，还涉及著作权民事侵权行为是否同时损害公共利益、如何认定互联网企业存在非法获利以及非法经营额的计算等法律问题的适用。该案的判决起到了惩处侵权、净化版权市场的良好社会效果，对于促进依法行政与加强知识产权保护、规范互联网市场的竞争秩序均有积极的导向作用。

资料来源：最高人民法院. 2018 年中国法院 10 大知识产权案件和 50 件典型知识产权案例. [EB/OL]（2019-04-22）[2019-12-24].

> **知识拓展**
>
> 资料包/第9章/最高人民法院《2018年中国法院10大知识产权案件和50件典型知识产权案例》

3. 赔偿损失的额度确定

侵犯著作权或者与著作权有关的权利的，侵权人应当按照权利人的实际损失给予赔偿；实际损失难以计算的，可以按照侵权人的违法所得给予赔偿。赔偿数额还应当包括权利人为制止侵权行为所支付的合理开支。权利人的实际损失或者侵权人的违法所得不能确定的，由人民法院根据侵权行为的情节，判决给予 50 万元以下的赔偿。

4. 保全的法规

著作权人或者与著作权有关的权利人有证据证明他人正在实施或者即将实施侵犯其权利的行为，如不及时制止将会使其合法权益受到难以弥补的损害的，可以在起诉前向人民法院申请采取责令停止有关行为和财产保全的措施。为制止侵权行为，在证据可能灭失或者以后难以取得的情况下，著作权人或者与著作权有关的权利人可以在起诉前向人民法院申请保全证据。申请人在人民法院采取保全措施后 15 日内不起诉的，人民法院应当解除保全措施。

5. 复制品的侵权确认

复制品的出版者、制作者不能证明其出版、制作有合法授权的，复制品的发行者、电影作品或者以类似摄制电影的方法创作的作品、计算机软件、录音录像制品的复制品的出租者不能证明其发行、出租的复制品有合法来源的，应当承担法律责任。

6. 网络服务提供者的责任确认

网络服务提供者通过网络参与他人侵犯著作权行为，或者通过网络教唆、帮助他人实施侵犯著作权行为的，人民法院应当根据《中华人民共和国民法通则》第一百三十条的规定，追究其与其他行为人或者直接实施侵权行为人的共同侵权责任。网络服务提供者明知专门用于故意避开或者破坏他人著作权技术保护措施的方法、设备或者材料，而上载、传播、提供的，人民法院应当根据当事人的诉讼请求和具体案情，依照著作权法的规定，追究网络服务提供者的民事侵权责任。

7. 提供内容服务的网络服务提供者的责任确认

提供内容服务的网络服务提供者，明知网络用户通过网络实施侵犯他人著作权的行为，或者经著作权人提出确有证据的警告，但仍不采取移除侵权内容等措施以消除侵权后果的，人民法院应当根据《中华人民共和国民法通则》第一百三十条的规定，追究其与该网络用户的共同侵权责任。提供内容服务的网络服务提供者，对著作权人要求其提供侵权行为人在其网络的注册资料以追究行为人的侵权责任，无正当理由拒绝提供的，人民法院应当根据《中华人民共和国民法通则》第一百零六条的规定，追究其相应的侵权责任。

8. 网络著作权侵权纠纷案件的管辖

网络著作权侵权纠纷案件，一般由侵权行为地或者被告住所地人民法院管辖。侵权行为地包括实施被诉侵权行为的网络服务器、计算机终端等设备所在地。《最高人民法院关于审理涉及计算机网络著作权纠纷案件适用法律若干问题的解释》第一条规定，网络著作权侵权纠纷案件由侵权行为地或者被告住所地人民法院管辖。侵权行为地包括实施被诉侵权行为的网络服务器、计算机终端等设备所在地。对难以确定侵权行为地和被告住所地的，原告发现侵权内容的计算机终端等设备所在地可以视为侵权行为地。

【案例分析】

韩寒诉百度文库侵犯著作权案

（1）案情摘要。

韩寒是当代知名青年作家，其在百度文库中发现有多位网友将其代表作《像少年啦飞驰》（下称"《像》书"）上传至百度文库，供用户免费在线浏览和下载，其多次致函经营百度文库的北京百度网讯科技有限公司（下称"百度公司"）协商处理未果。

韩寒认为百度公司侵犯了其《像》书的信息网络传播权，向北京市海淀区人民法院提起了诉讼，请求立即停止侵权、采取有效措施制止侵权，关闭百度文库，赔礼道歉，赔偿经济损失25.4万元等。

海淀区人民法院经审理，判决百度公司赔偿韩寒经济损失3.98万元。一审判决后，双方均未上诉。

（2）典型意义。

本案广受各界关注。判决肯定了百度公司为文库这一商业模式预防侵权所做的积极努力，但也指出其制止侵权应注重规范化管理，而不能依赖于应急措施和尚不完善的技术措施。本案判决意在平衡文化产品创作者、传播者以及公众的利益，促成权利人与网络企业的合作，实现互联网文化的繁荣。

资料来源：最高法院. 2012 年度十大知识产权案例[EB/OL].（2013-02-22）[2013-04-25].

知识拓展

资料包/第9章/知识产权案例资料

9.4 计算机软件著作权的法律法规

9.4.1 计算机软件著作权概述

1. 计算机软件的定义

根据《计算机软件保护条例》第三条第一、二项规定，计算机软件，是指计算机程序及其有关文档。计算机程序，是指为了得到某种结果而可以由计算机等具有信息处理能力的装置执行的代码化指令序列，或者可以被自动转换成代码化指令序列的符号化指令序列或者符号化语句序列；文档，是指用来描述程序的内容、组成、设计、功能规格、开发情况、测试结果及使用方法的文字资料和图表等，如程序设计说明书、流程图、用户手册等。

【法规简要】

《计算机软件保护条例》

为了保护计算机软件著作权人的权益，调整计算机软件在开发、传播和使用中发生的利益关系，鼓励计算机软件的开发与应用，促进软件产业和国民经济信息化的发展，根据《著作权法》，国务院制定了《计算机软件保护条例》。该条例于2001年12月20日以国务院令第339号公布，根据2011年1月8日《国务院关于废止和修改部分行政法规的决定》进行第1次修订，根据2013年1月30日《国务院关于修改〈计算机软件保护条例〉的决定》进行第2次修订。

《计算机软件保护条例》共五章三十三条，主要内容：第一章总则，第二章软件著作权，第三章软件著作权的许可使用和转让，第四章法律责任，第五章附则。

知识拓展

资料包/第9章/《计算机软件保护条例》

2. 计算机软件著作权的所有者

（1）计算机软件著作权人。

根据《计算机软件保护条例》[1]第三条第三、四项规定，计算机软件著作权人，是指按照规定，对软件享有著作权的自然人、法人或者其他组织。计算机软件著作权属于软件开发者，另有规定的除外。计算机软件开发者，是指实际组织开发、直接进行开发，并对开发完成的软件承担责任的法人或者其他组织；或者依靠自己具有的条件独立完成软件开发，并对软件承担责任的自然人。如无相反证明，在软件上署名的自然人、法人或者其他组织为开发者。

（2）计算机软件著作权人的特殊情形。

① 多人开发计算机软件的情形。由两个以上的自然人、法人或者其他组织合作开发的软件，其著作权的归属由合作开发者签订书面合同约定。无书面合同或者合同未作明确约定，合作开发的软件可以分割使用的，开发者对各自开发的部分可以单独享有著作权；但是，行使著作权时，不得扩展到合作开发的软件整体的著作权。合作开发的软件不能分割使用的，其著作权由各合作开发者共同享有，通过协商一致行使；不能协商一致，又无正当理由的，任何一方不得阻止他方行使除转让权以外的其他权利，但是所得收益应当合理分配给所有合作开发者。

② 委托开发计算机软件的情形。接受他人委托开发的软件，其著作权的归属由委托人与受托人

---

[1] 国务院. 关于修改《计算机软件保护条例》的决定[WB/OL]. （2013-01-16）[2013-02-08].

签订书面合同约定；无书面合同或者合同未作明确约定的，其著作权由受托人享有。

③ 由国家机关下达任务开发的计算机软件的情形。由国家机关下达任务开发的软件，著作权的归属与行使由项目任务书或者合同规定；项目任务书或者合同中未作明确规定的，软件著作权由接受任务的法人或者其他组织享有。

④ 在职开发计算机软件的情形。《计算机软件保护条例》第十三条规定，自然人在法人或者其他组织中任职期间所开发的软件有下列情形之一的，该软件著作权由该法人或者其他组织享有，该法人或者其他组织可以对开发软件的自然人进行奖励：第一，针对本职工作中明确指定的开发目标所开发的软件；第二，开发的软件是从事本职工作活动所预见的结果或者自然的结果；第三，主要使用了法人或者其他组织的资金、专用设备、未公开的专门信息等物质技术条件所开发并由法人或者其他组织承担责任的软件。

3. 计算机软件著作权的内容

《计算机软件保护条例》第八条规定，软件著作权人享有下列各项权利。

第一，发表权，即决定软件是否公之于众的权利。

第二，署名权，即表明开发者身份，在软件上署名的权利。

第三，修改权，即对软件进行增补、删节，或者改变指令、语句顺序的权利。

第四，复制权，即将软件制作一份或者多份的权利。

第五，发行权，即以出售或者赠与方式向公众提供软件的原件或者复制件的权利。

第六，出租权，即有偿许可他人临时使用软件的权利，但是软件不是出租的主要标的的除外。

第七，信息网络传播权，即以有线或者无线方式向公众提供软件，使公众可以在其个人选定的时间和地点获得软件的权利。

第八，翻译权，即将原软件从一种自然语言文字转换成另一种自然语言文字的权利。

第九，应当由软件著作权人享有的其他权利。

软件著作权人可以许可他人行使其软件著作权，并有权获得报酬。软件著作权人可以全部或者部分转让其软件著作权，并有权获得报酬。

9.4.2 计算机软件著作权的相关法律法规

1. 计算机软件的合法复制品所有人享有的权利

《计算机软件保护条例》第十六条规定，软件的合法复制品所有人享有下列权利。第一，根据使用的需要把该软件装入计算机等具有信息处理能力的装置内。第二，为了防止复制品损坏而制作备份复制品。这些备份复制品不得通过任何方式提供给他人使用，并在所有人丧失该合法复制品的所有权时，负责将备份复制品销毁。第三，为了把该软件用于实际的计算机应用环境或者改进其功能、性能而进行必要的修改；但是，除合同另有约定外，未经该软件著作权人许可，不得向任何第三方提供修改后的软件。

《计算机软件保护条例》第十七条规定，为了学习和研究软件内含的设计思想和原理，通过安装、显示、传输或者存储软件等方式使用软件的，可以不经软件著作权人许可，不向其支付报酬。

2．计算机软件著作权的保护期限

《计算机软件保护条例》第十四条规定，软件著作权自软件开发完成之日起产生。自然人的软件著作权，保护期为自然人终生及其死亡后 50 年，截止于自然人死亡后第 50 年的 12 月 31 日；软件是合作开发的，截止于最后死亡的自然人死亡后第 50 年的 12 月 31 日。法人或者其他组织的软件著作权，保护期为 50 年，截止于软件首次发表后第 50 年的 12 月 31 日，但软件自开发完成之日起 50 年内未发表的，本条例不再保护。

《计算机软件保护条例》第十五条规定，软件著作权属于自然人的，该自然人死亡后，在软件著作权的保护期内，软件著作权的继承人可以依照《中华人民共和国继承法》的有关规定，继承国务院《计算机软件保护条例》第八条规定的除署名权以外的其他权利。软件著作权属于法人或者其他组织的，法人或者其他组织变更、终止后，其著作权在本条例规定的保护期内由承受其权利义务的法人或者其他组织享有；没有承受其权利义务的法人或者其他组织的，由国家享有。

3．计算机软件著作权的许可使用和转让

许可他人行使软件著作权的，应当订立许可使用合同。许可使用合同中软件著作权人未明确许可的权利的，被许可人不得行使。许可他人专有行使软件著作权的，当事人应当订立书面合同。没有订立书面合同或者合同中未明确约定为专有许可的，被许可行使的权利应当视为非专有权利。

转让软件著作权的，当事人应当订立书面合同。订立许可他人专有行使软件著作权的许可合同，或者订立转让软件著作权合同，可以向国务院著作权行政管理部门认定的软件登记机构登记。中国公民、法人或者其他组织向外国人许可或者转让软件著作权的，应当遵守《中华人民共和国技术进出口管理条例》的有关规定。

4．侵犯计算机著作权情节较轻的处罚

《计算机软件保护条例》第二十三条规定，除《中华人民共和国著作权法》或者本条例另有规定外，有下列侵权行为的，应当根据情况，承担停止侵害、消除影响、赔礼道歉、赔偿损失等民事责任：第一，未经软件著作权人许可，发表或者登记其软件的；第二，将他人软件作为自己的软件发表或者登记的；第三，未经合作者许可，将与他人合作开发的软件作为自己单独完成的软件发表或者登记的；第四，在他人软件上署名或者更改他人软件上的署名的；第五，未经软件著作权人许可，修改、翻译其软件的；第六，其他侵犯软件著作权的行为。

5．侵犯计算机著作权情节较严重的处罚

《计算机软件保护条例》第二十四条规定，除《中华人民共和国著作权法》、本条例或者其他法律、行政法规另有规定外，未经软件著作权人许可，有下列侵权行为的，应当根据情况，承担停止侵害、消除影响、赔礼道歉、赔偿损失等民事责任；同时损害社会公共利益的，由著作权行政管理部门责令停止侵权行为，没收违法所得，没收、销毁侵权复制品，可以并处罚款；情节严重的，著作权行政管理部门并可以没收主要用于制作侵权复制品的材料、工具、设备等；触犯刑律的，依照刑法关于侵犯著作权罪、销售侵权复制品罪的规定，依法追究刑事责任：第一，复制或者部分复制著作权人的软件的；第二，向公众发行、出租、通过信息网络传播著作权人的软件的；第三，故意避开或者破坏著作权人为保护其软件著作权而采取的技术措施的；第四，故意删除或者改变软件权利管理电子信息的；第五，转让或者许可他人行使著作权人的软件著作权的。有上述第一项或者第二项行为的，可以并处每件100元或者货值金额1倍以上5倍以下的罚款；有上述第三项、第四项或者第五项行为的，可以并处20万元以下的罚款。

6. 计算机软件复制品的法律责任

《计算机软件保护条例》第二十八条规定，软件复制品的出版者、制作者不能证明其出版、制作有合法授权的，或者软件复制品的发行者、出租者不能证明其发行、出租的复制品有合法来源的，应当承担法律责任。

《计算机软件保护条例》第三十条规定，软件的复制品持有人不知道也没有合理理由应当知道该软件是侵权复制品的，不承担赔偿责任；但是，应当停止使用、销毁该侵权复制品。如果停止使用并销毁该侵权复制品将给复制品使用人造成重大损失的，复制品使用人可以在向软件著作权人支付合理费用后继续使用。

7. 计算机软件著作权纠纷的解决途径

《计算机软件保护条例》第三十一条规定，软件著作权侵权纠纷可以调解。软件著作权合同纠纷可以依据合同中的仲裁条款或者事后达成的书面仲裁协议，向仲裁机构申请仲裁。当事人没有在合同中订立仲裁条款，事后又没有书面仲裁协议的，可以直接向人民法院提起诉讼。

【案例分析】

计算机中文字库著作权纠纷案

（1）案情。

北京北大方正电子有限公司（简称"北大方正公司"）是方正兰亭字库V5.0版中的方正北魏楷体GBK等5款方正字体的权利人。暴雪娱乐股份有限公司（简称"暴雪公司"）是网络游戏《魔兽世界》的版权所有人，其授权上海第九城市信息技术有限公司（简称"第九城市公司"）对网络游戏进行汉化，并由第九城市公司在我国大陆地区运营该网络游戏。九城互动信息技术（上海）有限公司（简称"九城互动公司"）从第九城市公司经营该游戏的收入中进行分成并作为2005年、2006年该游戏的会计核算主体。北京情文图书有限公司（简称"情文公司"）是第九城市公司授权的网络游戏《魔兽世界》客户端软件光盘经销商之一。

北大方正公司认为暴雪公司等在该游戏客户端中，未经许可复制、安装了北大方正公司享有著作权的上述5款字体；在该游戏运行过程中，各种游戏界面的中文文字分别使用了上述5款字体。前述行为侵犯了北大方正公司对上述5款字体的计算机软件著作权以及其中每个汉字的美术作品著作权，向北京市高级人民法院提起诉讼，请求判令其停止侵权、赔礼道歉并赔偿经济损失4.08亿元。

（2）一审。

一审法院认为，字库不属于计算机软件保护条例所规定的程序，但字库中每个字体的制作体现出作者的独创性，涉案字库中每款字体的字形是由线条构成的具有一定审美意义的书法艺术，属于受著作权法及其实施条例保护的美术作品。第九城市公司在《魔兽世界》客户端软件和相关补丁程序中使用涉案5款字体并进行销售的行为，以及通过计算机网络向游戏玩家提供相关客户端软件等的行为，分别侵犯了北大方正公司对涉案方正兰亭字库中的字体的美术作品著作权中的复制权、发行权以及信息网络传播权，暴雪公司、九城互动公司与其承担连带责任。

一审判决：暴雪公司等立即停止侵权并赔偿北大方正公司经济损失140万元及诉讼合理支出5万元。

（3）二审。

北大方正公司、暴雪公司、第九城市公司不服一审判决，向最高人民法院提出上诉。

最高人民法院经审理认为，本案诉争字库中的字体文件的功能是支持相关字体字形的显示和输出，其内容是字形轮廓构建指令及相关数据与字形轮廓动态调整数据指令代码的结合，其经特定软件调用后产生运行结果，属于《计算机软件保护条例》第三条第一项规定的计算机程序。

字库中的字体并非由线条、色彩或其他方式构成的有审美意义的平面或者立体的造型艺术作品，故其不属于著作权法意义上的美术作品。暴雪公司侵犯了北大方正公司对诉争字库计算机软件的复制权、发行权以及信息网络传播权。另外，经相关计算机软件调用运行后产生的汉字只有具有著作权法意义上的独创性时方能认定其构成美术作品。本案中暴雪公司、第九城市公司在其游戏运行中使用上述汉字是对其表达思想、传递信息等功能的使用，无论前述汉字是否属于著作权法意义上的美术作品，这种使用均不侵犯北大方正公司的相关权利。

二审判决：暴雪公司等停止侵权并赔偿北大方正公司经济损失200万元及诉讼合理支出5万元。

（4）意义。

本案涉及计算机中文字库的法律属性的认定。

最高人民法院在本案中认为：第一，方正兰亭字库应作为计算机软件而不是美术作品受到著作权法的保护；第二，计算机中文字库运行后产生的单个汉字，只有具有著作权法意义上的独创性时方能认定其为美术作品；第三，计算机中文字库运行后产生的单个汉字，无论其是否属于美术作品，均不能限制他人正当使用汉字来表达一定思想、传达一定信息的权利。

资料来源：最高人民法院. 2012 年度十大知识产权案例[EB/OL].（2013-02-22）[2013-04-25].

关键术语

知识产权　电子商务知识产权　著作权　工业产权　域名　网络著作权　计算机软件著作权人

基本知识

（1）电子商务对知识产权的挑战。

（2）域名注册和注销的法律法规。

（3）著作权的主要法律法规。

（4）计算机著作权的主要法律法规。

思考讨论

（1）网络著作权的侵权情形。

（2）域名纠纷的法律法规。

（3）网络著作权侵权纠纷案件的管辖。

案例分析

我国的知识产权保护

（1）知识产权案件情况。

1985年2月，人民法院受理第一宗专利权纠纷案件。

1985年至2016年，人民法院受理知识产权民事一审案件792 851件，审结766 101件。

知识产权行政案件从2002年开始单列统计，至2016年，人民法院受理知识产权行政一审案件44 401件，审结39 113件。知识产权刑事案件从1998年开始单列统计，至2016年，人民法院受理知识产权刑事一审案件77 116件，审结76 174件。

知识产权保护的范围涵盖了《与贸易有关的知识产权协议》所规定的各类知识产权以及不正当竞争行为。中华老字号、中医药、中国民间文学艺术、中文字库等方面的知识产权司法保护，令中华文明生机盎然。

（2）知识产权审判机制。

1995年10月，最高人民法院成立知识产权审判庭。

2014年11月起，北京、广州、上海知识产权法院相继成立。2017年初，南京、苏州、成都和武汉知识产权专门审判机构先后设立。

2016年7月，知识产权民事、行政和刑事案件审判"三合一"在全国法院推行。

（3）知识产权司法政策。

1985年至2016年，最高人民法院共制定涉知识产权司法解释34个、司法政策性文件40多件，有效发挥知识产权司法保护的主导作用。

（4）知识产权保护的基本原则。

最高人民法院提出的基本原则包括：服务大局、改革创新、司法主导、平等保护、严格保护、分类施策、比例协调、开放发展等。

（5）知识产权保护的重点措施。

第一，公正高效审理各类知识产权案件；第二，建立有效机制确保法律正确实施；第三，全面推进知识产权民事、行政和刑事审判"三合一"；第四，不断完善知识产权案件管辖制度；第五，适时制定知识产权诉讼证据规则；第六，不断完善技术事实查明机制；第七，构建以充分实现知识产权价值为导向的侵权赔偿制度；第八，开展知识产权诉讼特别程序法问题研究；第九，推动健全知识产权审判专门机构；第十，研究构建知识产权案件上诉机制。

资料来源：最高人民法院. 中国知识产权司法保护纲要（2016—2020）[EB/OL].（2017-04-20）[2017-04-20].

知识拓展

资料包/第9章/最高人民法院《中国知识产权司法保护纲要（2016—2020）》

根据以上案例资料，依据《著作权法》《中华人民共和国商标法》和《计算机软件保护条例》及相关知识产权保护的法律法规，结合实际情况及对网络相关资料的搜集回答以下问题。

① 你认为我国的知识产权保护现状怎样？原因是什么？

② 你认为我国的网络知识产权侵害主要有哪些情形？如何采取措施加强网络知识产权的保护？

第10章 | 电子商务消费者权益保护的法律法规

【目标要求】

（1）掌握电子商务消费者、消费者安全权、消费者知情权、消费者退货权、电子商务争议在线解决方式的定义和电子商务消费者的特点。

（2）熟悉电子商务消费者安全权和知情权的内容、电子商务争议在线解决方式的类别和优点及问题。

（3）了解电子商务消费者权益保护的难点、电子商务消费者索赔权的保护、电子商务消费者受尊重权及其保护。

【重点和难点】

（1）重点：电子商务消费者、电子商务争议在线解决方式的定义和电子商务消费者的特点、电子商务争议在线解决方式的类别、优点及问题。

（2）难点：电子商务消费者权益保护的难点、电子商务消费者索赔权的保护。

10.1 | 电子商务消费者权益保护概述

10.1.1 电子商务消费者的定义和特点

1. 消费者的定义

消费者（Consumer），是指为生活需要而购买、使用商品或接受服务的，由国家法律法规确定消费权益的单位和个人。

电子商务消费者的定义和特点

一般所说的消费者，是从法律意义上讲的。法律上的确认，更多的是强调消费者的权益及其保护。消费者是一个群体，体现的是为生活而消费的目的性，购买、使用商品以及接受服务所涉及的相关事项，国家法律法规予以确认，加以保护。《中华人民共和国消费者权益保护法》[①]（以下简称《消费者权益保护法》）第二条规定，消费者为生活消费需要购买、使用商品或者接受服务，其权益受本法保护；本法未作规定的，受其他有关法律、法规保护。

消费者应该包括单位和个人。凡是在消费领域中，为生产或生活目的消耗物质资料的人，都应该被称消费者，不论自然人还是法人，不论生活消费还是生产消费，不论生活资料类消费者还是生产资料类消费者。消费者的消费应该包括直接消费和间接消费。购买商品后，消费者直接用于自身的使用、消费，以及用于他人使用、消费或他人购买自己使用、消费，都属于消费范畴；消费者自

---

① 全国人民代表大会常务委员会. 中华人民共和国消费者权益保护法[EB/OL].（2013-10-25）[2014-03-25].

己付费自己接受服务，以及他人付费自己接受服务、自己付费他人接受服务，也属于消费的范畴。从《消费者权益保护法》对消费者的定义来看，其体现了对交易中消费者群体的正当权益的确认、保护，体现了公平原则。《消费者权益保护法》第四条规定，经营者与消费者进行交易，应当遵循自愿、平等、公平、诚实信用的原则。同时，这一定义与有关国际组织和其他国家的观点和做法相一致。例如，国际标准化组织（International Organization for Standardization，ISO）认为，消费者是以个人消费为目的而购买、使用商品和服务的个体社会成员。

【法律简要】

《中华人民共和国消费者权益保护法》

该法于1993年10月31日经第八届全国人民代表大会常务委员会第四次会议通过；根据2009年8月27日第十一届全国人民代表大会常务委员会第十次会议通过的《关于修改部分法律的决定》进行第1次修正；根据2013年10月25日第十二届全国人民代表大会常务委员会第五次会议通过的《关于修改〈中华人民共和国消费者权益保护法〉的决定》进行第2次修正。该决定以国家主席令第七号于2013年10月25日公布，自2014年3月15日起施行。

《消费者权益保护法》旨在保护消费者的合法权益，维护社会经济秩序，促进社会主义市场经济健康发展，共八章六十三条。主要内容：第一章总则，第二章消费者的权利，第三章经营者的义务，第四章国家对消费者合法权益的保护，第五章消费者组织，第六章争议的解决，第七章法律责任，第八章附则。

知识拓展

资料包/第10章/《中华人民共和国消费者权益保护法》

---

2. 电子商务消费者的定义

电子商务消费者，又称网络消费者、互联网消费者，是指通过网络、现代信息技术手段，为生活需要而购买、使用商品或接受服务的，由国家法律法规确定消费权益的单位和个人。

3. 电子商务消费者的特点

与传统商务的消费者相比较，电子商务消费者具有需求的个性化和差异性、选择的理性化和主动性、购物的快捷化和体验性等主要特点。

（1）需求的个性化和差异性。

电子商务消费者需求的个性化和差异性，是由网络消费的特殊性决定的。网络更大限度地对不同消费者的个性予以伸张和实现。网络市场的可定制性，能满足个性化的需求。同时网络市场的可扩充性强，丰富的商品和服务内容及方式，为满足消费者个性化和差异性需求提供了条件。同时，电子商务消费者需求的个性化和差异性，促进了电子商务市场的发展。电子商务的经营者，必须考虑和满足电子商务消费者的个性化和差异性需求，在商品生产中的构思、设计、制造、包装、销售等方面，充分考虑消费者的个性化和差异性，以能采取的可行手段，满足消费者需求的同时，扩大销售，增加利润。

（2）选择的理性化和主动性。

电子商务消费者，能够充分利用所掌握的网络上的商品和服务的信息，进行比对、衡量、权衡，最后做出购买的决策。这种理性化和主动性的购买，不仅具有基础和条件，而且根据现在的网络技术，完全可以实现。电子商务消费者主动提出对商品和服务的需求，对商品和服务的制作、加工、包装要求，甚至是一些详细的规格型号、设计思路方法，都是可以实现的。

（3）购物的快捷化和体验性。

电子商务消费者在网络上购物和消费，不仅是满足一般的购物需求，更多的是追求购买的方便和购物乐趣。一方面，由于生活节奏加快，消费者会对购物的方便性有越来越高的要求，追求时间和劳动成本最大程度的节省，希望购物能用较少的时间获得更高的价值，希望少一点麻烦、多一些选择，特别是对需求和品牌选择都相对稳定的日常消费者；另一方面，由于劳动生产率的提高，人们可供自由支配的时间增加，网络购物已经成为电子商务消费者的一种生活乐趣。

10.1.2　电子商务消费者权益保护的意义和难点

1. 电子商务消费者权益保护的意义

最早提出消费者利益保护应该是在 1962 年 3 月 15 日美国前总统约翰·肯尼迪在美国国会发表的《关于保护消费者利益的总统特别咨文》中。当时提出了著名的消费者的"四项权利"，即有权获得安全保障、有权获得正确资料、有权自由决定选择、有权提出消费意见。"3·15"标志的四项权利，被世界各国消费者组织公认。因此，国际消费者联盟组织在 1983 年确定每年的 3 月 15 日为"国际消费者权益日"。

从 1987 年起，我国在"3·15 国际消费者权益日"开展一系列宣传活动，以各种形式和活动推动全国保护消费者权益，促进全社会都关心和支持消费者权益保护工作。经国务院批准，中国消费者协会于 1984 年 12 月成立，是对商品和服务进行社会监督的保护消费者合法权益的全国性社会组织。现在全国县以上消费者协会已达 3 000 多个，其中省、自治区、直辖市 31 个，并深入农村乡镇、城市街道，设立消费者协会分会和监督站。

【案例分析】

互联网服务投诉比重下降

据2018年1月23日中国消费者协会发布的《2018年全国消协组织受理投诉情况分析》报告显示，在服务类投诉中互联网服务比重下降，2018年投诉56 302件，占比重7.39%；比2017年162 825件，占比重22.40%，下降了15.01%；投诉比重由2017年的第一位下降到第三位，具体的服务大类投诉量变化见表10-1。

表 10-1 服务大类投诉量变化

服务大类	2018 年（件）	投诉比重（%）	2017 年（件）	投诉比重（%）	比重变化（%）
生活、社会服务类	98 358	12.90	60 415	8.31	↑4.59
销售服务	71 494	9.38	69 397	9.55	↓0.17
互联网服务	56 302	7.39	162 825	22.40	↓15.01
电信服务	36 591	4.80	27 937	3.84	↑0.96
文化、娱乐、体育服务	23 145	3.04	14 536	2.00	↑1.04
教育培训服务	20 521	2.69	10 338	1.42	↑1.27
房屋装修及物业服务	17 352	2.28	8 647	1.19	↑1.09
公共设施服务	15 028	1.97	8 943	1.23	↑0.74
邮政业服务	13 978	1.83	10 502	1.45	↑0.38
旅游服务	8 487	1.11	4 101	0.56	↑0.55
金融服务	3 255	0.43	2 679	0.37	↑0.06
卫生保健服务	2 201	0.29	1 507	0.21	↑0.08
保险服务	1 562	0.20	996	0.14	↑0.06

资料来源：中国消费者协会. 2018 年全国消协组织受理投诉情况分析[EB/OL]. （2019-01-23）[2019-12-27].

在投诉热点分析中，首先，家具类投诉较为突出，网购家具纠纷成为维权难点。在2018年受理的 62 346 件日用商品类投诉中，家具类商品投诉 14 276 件，占 22.90%。网络购物虽方便了消费者购买家具，但异地购买家具维权困难。主要投诉原因：有的网购家具涉及跨地域问题，受南北方湿度差异影响，家具厂家对实木家具平衡湿度等方面标准把握不好，导致家具在短时间内出现严重开裂、变形；有的收到实物与网络图片的材质、做工、颜色有明显差别。网购家具出现问题时，由于鉴定难，消费者的退换货诉求难以保障；即使消费者选择无理由退货，但因家具属大件物品，消费者要承担高额的物流及搬运费用。

其次，"海淘"商品鉴定难，成为消协组织和消费者维权的难点和痛点。跨境网购消费越来越呈现出普及化、常态化、品质化的特征。跨境网购尽管相对高端，但相关投诉也居高不下。"海淘"商品不同于国内生产和销售的商品，货品来源比较广，可能涉及多个国家或地区、多个产地、多个渠道，货源的复杂必然带来风险的增加。另外传统"海淘"模式要经过海外购物网站、转运公司、仓库、快递公司等多个环节，也会带来风险的加大。据有关媒体报道，跨境商品的假货问题存在三种现象。一是假物流卖假货。部分商品未经正规渠道生产，在没有获得品牌方授权的情况下，通过一些黑工厂、小作坊生产，之后贴上伪造的商标，并在网上标榜正品出售，而后通过虚假物流的方式，显示从国外发货。二是真物流卖假货。三是假物流卖真货。假物流卖真货即常说的走私。在跨境进口领域的走私一般是指在进出口过程中，不缴或少缴应该缴纳的关税等进口税金。同时，在实际"海淘"购物过程当中，跨境电子商务平台都会强调国内专柜正品与海外正品版本存在差异，但是经过多个环节才辗转到达消费者手中的"海淘"商品到底是不是正品、能去哪里鉴定，成为困扰各级消协组织和广大消费者的痛点和难点。此类问题，我们缺少实际成功解决的案例支撑，这也从侧面反映跨境网购领域商品鉴定的复杂和棘手，成为消费者协会和有关监管部门今后要重点攻克的方向。

> **知识拓展**
> 资料包/第10章/中国消费者协会《2018年全国消协组织受理投诉情况分析》

2. 电子商务消费者权益保护的难点

网络环境下消费者权益保护存在经营主体确定难、证据不明确、权益易受损害、购物后退货索赔难等难点。

（1）经营主体确定难。

对于网上购物来说，网络销售的经营主体不容易确认，电子商务消费者维权难度大。电子商务消费者的一次网上购物，涉及电子商务平台（网站）、网店（网站自营、他人在电子商务平台开户的网店）、网络销售的商品的供应商等。如果出现问题，找谁去解决？现在的电子商务消费者通常是先找网店，而网店很难按照相关法律法规解决问题，加之消费者对商品质量的认定比较困难，问题得到合法解决还是比较难的。向电子商务平台（网站）、当地工商部门投诉来解决问题也会有一些实际困难。多数网店与电子商务平台（网站）不在同一地区，很多网店和网络销售者并未在工商部门办理工商登记，生产地址、供应商地址比较分散，所以，电子商务平台（网站）、工商部门在受理消费者网购消费投诉时，也很难对经营主体的违法行为进行查处。

（2）证据不明确。

电子商务消费者在电子商务平台购物，目前小额交易，特别是在 C2C 电子商务平台，基本上不开具销售发票，交易双方真实身份认证难。在网上购物后，除了网站购物记录外，一般无其他实质性凭据，即使有凭据，也缺乏法律效力。因此，消费者无法提供有效购物证据，维权比较难。

【案例分析】

大促红包使用难 售后遭推诿

王先生在"某某桂某"平台看到"双十一"会员活动，提示会员可于11月1日至11月3日开通会员抢会员专属红包。王先生在看到活动后于11月1日上午10时成功开通会员，然而开通会员后活动界面消失，无法参加活动，也无法找到参加活动的入口。王先生跟平台沟通协商，平台以名额有限为由，后又以系统推送为准为由，三次沟通协商无果。

网经社电子商务研究中心法律权益部分析师蒙慧欣表示，平台推出促销活动不仅是对平台用户的回馈，更是对平台良性宣传的方式，更甚是达到引流的重要手段。那么，相对应的，在用户积极参与活动的过程中，平台理应遵循所制定的活动规则进行开展，不能够只是"虚张声势"而"不切实际"，要真正做到实在、实惠。建议消费者在参加促销活动中可以对活动页面保留证据，避免不必要的消费纠纷。

资料来源：网经社. 饿了么"满意宝"也没辙？除了退款难，还有这些顽疾[EB/OL].（2019-12-26）[2019-12-76].

知识拓展

资料包/第10章/提供证据难案例的相关资料

（3）权益易受损害。

电子商务消费权益，比传统消费权益更容易受到损害，这是互联网的虚拟性、开放性和信息杂乱造成的。网上商品及其广告的相关信息的真实性、有效性难考证，有些商店相互抄袭商品信息，包括文字、图片、视频资料，电子商务消费者难以辨别，欺诈行为、无效信息、干扰信息比较普遍。因为电子商务消费者不能亲眼见到商品，商品夸大的宣传和广告很容易使人动心，消费者的选择权、安全权、退货权等容易受到迫害。另外，有些消费者维权意识差，所以电子商务消费者维权难。

（4）购物后退货索赔难。

网络购物后，消费者对商品的信息掌握主要是网店上的宣传和图片等资料，十分有限，对商品的内在质量和功能等了解较少，等到商品通过快递到手后，才能仔细查看和试用。如果发现问题，要么将就着用，要么退货，但是退货索赔比较困难。网络购物退货索赔难，原因是多方面的：一是电子商务平台（网站）上展示或提供的经营者的详细信息资料不可靠；二是经营者未明确真实的名称、地址、联系方式等资料；三是退货与物流公司联系，涉及手续、费用等具体问题的承担或分担；四是电子商务平台（网站）和商品经营者的相关退货赔偿的办法大多不健全，不能按照法律法规的规定解决消费者的问题。

10.2 电子商务消费者权益保护的相关法律法规

10.2.1 电子商务消费者安全权及其保护

1. 消费者安全权的定义

消费者的安全权，是指消费者购买商品或接受服务中所涉及的生命安全权、健康安全权、财产安全权等权利。消费者安全权包括生命安全权、健康安全权、财产安全权三方面内容，前两项称为人身权，第三项称为财产权。

电子商务消费者权益保护的法律法规

（1）消费者的生命安全权。

消费者的生命安全权，是指消费者的生命不受危害的权利。例如，因商品内含有的部件或整件爆炸而致使消费者身体乃至生命受到损害，就是侵害了消费者的生命安全权。

（2）消费者的健康安全权。

消费者的健康安全权，是指消费者的身体健康不受损害的权利。例如，因商品含有有毒物质超标而致使消费者身体受到损害，就是侵害了消费者的健康安全权。

（3）消费者的财产安全权。

消费者的财产安全权，是指消费者的财产不受损失的权利。例如，财产的外观损毁、财产的价值减少等，就是侵害了消费者的财产安全权。

《消费者权益保护法》第七条规定，消费者在购买、使用商品和接受服务时享有人身、财产安全不受损害的权利。消费者有权要求经营者提供的商品和服务，符合保障人身、财产安全的要求。《中华人民共和国民法总则》①第三条规定，民事主体的人身权利、财产权利以及其他合法权益受法律保护，任何组织或者个人不得侵犯。《民法总则》第一百一十条规定，自然人享有生命权、身体权、健康权、姓名权、肖像权、名誉权、荣誉权、隐私权、婚姻自主权等权利。法人、非法人组织享有名称权、名誉权、荣誉权等权利。

2. 消费者安全权的保护

人身权和财产权是民事主体的重要民事权利。人身权和人身紧密相连，包括人身健康权、姓名权、名誉权、肖像权等权利内容。财产权是与人身权相对的，与人身无关，含有财产内容的权利。侵犯消费者安全权的行为，主要有经营者出售过期的商品、出售变质的食品或食品中含有对身体有害的物质、出售伪劣产品等，这些行为会使消费者的人身和财产受到损害。

《消费者权益保护法》第十一条规定，消费者因购买、使用商品或者接受服务受到人身、财产损害的，享有依法获得赔偿的权利。对消费者安全权造成损害的，关于具体赔偿的内容，也有明确规定。《消费者权益保护法》第四十九条规定，经营者提供商品或者服务，造成消费者或者其他受害人人身伤害的，应当赔偿医疗费、护理费、交通费等为治疗和康复支出的合理费用，以及因误工减少的收入。造成残疾的，还应当赔偿残疾生活辅助具费和残疾赔偿金。造成死亡的，还应当赔偿丧葬费和死亡赔偿金。

10.2.2　电子商务消费者知情权及其保护

1. 消费者知情权的定义

消费者的知情权，是指消费者享有知悉其购买、使用的商品或者接受的服务的真实情况的权利。根据商品或者服务的具体情形不同，对商品或服务的信息的要求也会有所差别，在选择、购

---

① 全国人民代表大会. 中华人民共和国民法总则[EB/OL].（2017-03-15）[2017-10-01].

买、使用商品或服务过程中，与消费者做出正确的判断、选择、使用等有直接联系的信息，消费者都应有权了解。消费者知情权的内容包括商品或者服务的基本信息、技术信息和销售信息 3 个方面。

（1）基本信息。

基本信息主要包括商品名称、商标、产地、生产者名称、生产日期等。例如，电子商务平台上列示的商品的产地、生产者等，都应该是明确的。因为产地、生产者不同，可能决定着商品的品质和性能不同。

（2）技术信息。

技术信息主要包括商品用途、性能、规格、等级、所含成分、有效期限、使用说明书、检验合格证书等，如食品的生产日期、有效期限等。涉及商品在使用中可能出现不当的，在说明书中应该明确，如可能会给消费者的人身健康和安全带来危害的电器等。

（3）销售信息。

销售信息主要包括商品或服务的价格、运输、安装、售后服务等，如商品的价格，特别是服务的收费等。售后服务也是与消费者联系比较密切的事项，如保修期、服务站点、收费等内容，应该明确。

《消费者权益保护法》第八条规定，消费者享有知悉其购买、使用的商品或者接受的服务的真实情况的权利。消费者有权根据商品或者服务的不同情况，要求经营者提供商品的价格、产地、生产者、用途、性能、规格、等级、主要成分、生产日期、有效期限、检验合格证明、使用方法说明书、售后服务，或者服务的内容、规格、费用等有关情况。《消费者权益保护法》第二十八条规定，采用网络、电视、电话、邮购等方式提供商品或者服务的经营者，以及提供证券、保险、银行等金融服务的经营者，应当向消费者提供经营地址、联系方式、商品或者服务的数量和质量、价款或者费用、履行期限和方式、安全注意事项和风险警示、售后服务、民事责任等信息。

2. 消费者知情权的保护

生产者、经营者违反法律法规的规定，没有向消费者公开或宣告商品、服务相关信息的，应该受到处罚。《电子商务法》第十九条规定，电子商务经营者搭售商品或者服务，应当以显著方式提请消费者注意，不得将搭售商品或者服务作为默认同意的选项。国家工商行政管理总局《侵害消费者权益行为处罚办法》[①]第六条规定，经营者向消费者提供有关商品或者服务的信息应当真实、全面、准确，不得有下列虚假或者引人误解的宣传行为：第一，不以真实名称和标记提供商品或者服务；第二，以虚假或者引人误解的商品说明、商品标准、实物样品等方式销售商品或者服务；第三，作虚假或者引人误解的现场说明和演示；第四，采用虚构交易、虚标成交量、虚假评论或者雇佣他人等方式进行欺骗性销售诱导；第五，以虚假的"清仓价""甩卖价""最低价""优惠价"或者其他欺骗性价格表示销售商品或者服务；第六，以虚假的"有奖销售""还本销售""体验销售"等方式销售

---

① 国家工商行政管理总局. 侵害消费者权益行为处罚办法[EB/OL].（2015-01-05）[2015-01-14].

商品或者服务；第七，谎称正品销售"处理品""残次品""等外品"等商品；第八，夸大或隐瞒所提供的商品或者服务的数量、质量、性能等与消费者有重大利害关系的信息误导消费者；第九，以其他虚假或者引人误解的宣传方式误导消费者。经营者违反以上规定和其他法律、法规有规定的，依照法律法规的规定执行；法律法规未作规定的，由市场监督管理部门依照《消费者权益保护法》第五十六条予以处罚。

【法规简要】

《侵害消费者权益行为处罚办法》

为依法制止侵害消费者权益行为，保护消费者的合法权益，维护社会经济秩序，根据《消费者权益保护法》等法律法规，国家工商行政管理总局制定了《侵害消费者权益行为处罚办法》。

该办法于2015年1月5日以国家工商行政管理总局令第73号公布，自2015年3月15日起施行，共二十二条。

> **知识拓展**
>
> 资料包/第10章/国家工商行政管理总局《侵害消费者权益行为处罚办法》

《消费者权益保护法》第五十六条规定，经营者有下列情形之一，除承担相应的民事责任外，其他有关法律、法规对处罚机关和处罚方式有规定的，依照法律、法规的规定执行；法律、法规未作规定的，由工商行政管理部门或者其他有关行政部门责令改正，可以根据情节单处或者并处警告、没收违法所得、处以违法所得1倍以上10倍以下的罚款，没有违法所得的，处以50万元以下的罚款；情节严重的，责令停业整顿、吊销营业执照：第一，提供的商品或者服务不符合保障人身、财产安全要求的；第二，在商品中掺杂、掺假，以假充真，以次充好，或者以不合格商品冒充合格商品的；第三，生产国家明令淘汰的商品或者销售失效、变质的商品的；第四，伪造商品的产地，伪造或者冒用他人的厂名、厂址，篡改生产日期，伪造或者冒用认证标志等质量标志的；第五，销售的商品应当检验、检疫而未检验、检疫或者伪造检验、检疫结果的；第六，对商品或者服务作虚假或者引人误解的宣传的；第七，拒绝或者拖延有关行政部门责令对缺陷商品或者服务采取停止销售、警示、召回、无害化处理、销毁、停止生产或者服务等措施的；第八，对消费者提出的修理、重作、更换、退货、补足商品数量、退还货款和服务费用或者赔偿损失的要求，故意拖延或者无理拒绝的；第九，侵害消费者人格尊严、侵犯消费者人身自由或者侵害消费者个人信息依法得到保护的权利的；第十，法律、法规规定的对损害消费者权益应当予以处罚的其他情形。经营者有上述规定情形的，除依照法律、法规规定予以处罚外，处罚机关应当记入信用档案，向社会公布。

【案例分析】

买会员"跳广告"并不全兑现，某大女生状告爱奇艺要求退费

某大学法学院女学生孙欣（化名）观看爱奇艺视频时，看到"会员跳广告"字样，但是她购买会员后却发现只跳过了片头广告，片中广告并没有"跳过"。"较真"的她一纸诉状将爱奇艺告上了法院。

一年以后的10月24日，苏州市中级人民法院作出终审判决，维持一审判决，即判决被告爱奇艺公司赔偿孙欣30元，驳回其他诉讼请求。

苏州市中级人民法院认为，爱奇艺在网页上用了"会员跳广告"的宣传语，通常可以理解为会员可以跳过、免看视频内容里插播的全部广告，但实际上会员仅可跳过片头广告。而爱奇艺对"会员跳广告"实际含义的解释，则要点开里面的会员特权和会员协议才能看到。

法院认为，爱奇艺公司作为更有技术条件优势的网络公司，以带有误导性的宣传方式引导消费者购买会员，侵犯了孙欣的知情权。

关于承担责任，苏州市中级人民法院表示，爱奇艺没有履行诚信告知义务，侵害消费者的知情权，导致孙欣有一定的利益损失。不过，孙欣没有仔细看会员协议和会员特权里的具体条款，也有一定责任。最终，根据会员价相应比例酌定赔偿金额，一审判赔30元，应属合理。

资料来源：澎湃新闻记者邱海鸿. 买会员"跳广告"并不全兑现，某大女生状告爱奇艺要求退费. [EB/OL]（2019-11-08）[2019-12-22].

知识拓展

资料包/第10章/爱奇艺侵犯会员知情权案例的资料

10.2.3　电子商务消费者选择权及其保护

1. 消费者选择权的定义

消费者的选择权，是指消费者根据自己的需要，自主选择自己愿意购买的商品或接受的服务，然后决定是否购买或接受的权利。消费者有权根据自己的情况和意愿，包括收入、需要、意向、兴趣等来自主地选择自己愿意购买的商品或接受的服务。《消费者权益保护法》第九条规定，消费者享有自主选择商品或者服务的权利。消费者有权自主选择提供商品或者服务的经营者，自主选择商品品种或者服务方式，自主决定购买或者不购买任何一种商品、接受或者不接受任何一项服务。消费者在自主选择商品或者服务时，有权进行比较、鉴别和挑选。

2. 消费者选择权的保护

任何经营者、组织，乃至政府及其部门，强行或者违背消费者的意愿，销售、搭售商品或其他不合理的条件等，都是对消费者选择权的侵害。《电子商务法》第十七条规定，电子商务经营者应当全面、真实、准确、及时地披露商品或者服务信息，保障消费者的知情权和选择权。电子商

务经营者不得以虚构交易、编造用户评价等方式进行虚假或者引人误解的商业宣传，欺骗、误导消费者。《消费者权益保护法》第十六条第三款规定，经营者向消费者提供商品或者服务，应当恪守社会公德，诚信经营，保障消费者的合法权益；不得设定不公平、不合理的交易条件，不得强制交易。

10.2.4　电子商务消费者公平交易权及其保护

1. 消费者公平交易权的定义

交易公平性的保证，是维护消费者权益的重要内容。公平交易权是消费者在购买商品或者接受服务时所享有的与经营者进行公平交易的权利，具体包括获得质量保障和价格合理、计量正确等公平交易条件的权利。《消费者权益保护法》第十条规定，消费者享有公平交易的权利。消费者在购买商品或者接受服务时，有权获得质量保障、价格合理、计量正确等公平交易条件，有权拒绝经营者的强制交易行为。

2. 消费者公平交易权的保护

公平交易的关键是消费者以一定数量的货币换得同等价值的商品或服务。消费者有权拒绝经营者的强制交易行为。《消费者权益保护法》第十六条规定，经营者向消费者提供商品或者服务，应当依照本法和其他有关法律、法规的规定履行义务。经营者和消费者有约定的，应当按照约定履行义务，但双方的约定不得违背法律、法规的规定。经营者向消费者提供商品或者服务，应当恪守社会公德，诚信经营，保障消费者的合法权益；不得设定不公平、不合理的交易条件，不得强制交易。

10.2.5　电子商务消费者退货权及其保护

1. 消费者退货权的定义

消费者的退货权，是指消费者按照法律规定或者约定，在期限内对所购买商品无条件要求退货，而经营者应当无条件予以退货的权利。退货权是消费者的一种特殊权利，其实质上是消费者知情权和选择权的延伸，有人称之为"反悔权"，是对处于弱势地位的消费者的保护方法。

2. 消费者退货权的保护

《消费者权益保护法》第二十四条规定，经营者提供的商品或者服务不符合质量要求的，消费者可以依照国家规定、当事人约定退货，或者要求经营者履行更换、修理等义务。没有国家规定和当事人约定的，消费者可以自收到商品之日起七日内退货；七日后符合法定解除合同条件的，消费者可以及时退货，不符合法定解除合同条件的，可以要求经营者履行更换、修理等义务。依照上述规定进行退货、更换、修理的，经营者应当承担运输等必要费用。第二十五条规定，经营者采用网络、电视、电话、邮购等方式销售商品，消费者有权自收到商品之日起七日内退货，且无需说明理由，但下列商品除外：第一，消费者定作的；第二，鲜活易腐的；第三，在线下载或者消费者拆封的音像制品、计算机软件等数字化商品；第四，交付的报纸、期刊。除上述所列商品外，其他根据商品性质并经消费者在购买时确认不宜退货的商品，不适用无理由退货。消费者退货的商品应当完好。经营者应当自收到退回商品之日起七日内返还消费者支付的商品价款。退回商品的运费由消费者承担；经营者和消费者另有约定的，按照约定。

《网络购买商品七日无理由退货暂行办法》第三条规定，网络商品销售者应当依法履行七日无理由退货义务。网络交易平台提供者应当引导和督促平台上的网络商品销售者履行七日无理由退货义务，进行监督检查，并提供技术保障。

【案例分析】

打折"福袋"遭遇退货难

小赵被一网店的"反季促销，300元惊喜福袋"吸引，抱着捡漏心理，小赵一次性购买3个"福袋"，但收到福袋后他发现福袋中的衣服均已缩水，想要退换却被对方以"打折商品概不退换"为由拒绝。2017年10月9日，小赵决定通过新闻渠道为自己讨个公道。

小赵是该网店的忠实粉丝，几乎每个季度都会在这家网店买一批衣服，对商家的质量很有把握。当日，他看到对方挂出"福袋"活动十分惊喜。"每个福袋300元，里面有老板随意放置的3件衣服，我看了老板挂出的福袋，每件衣服单价都超过百元，买了自己穿、送朋友都可以。"小赵在向老板报了自己身高、体重后，一口气买了3个福袋。

2017年10月6日，小赵购买的福袋被送到。可小赵挨个上身试过后，才发现这些衣服的号码都"缩水"了。于是，小赵和老板沟通，想换下衣服的尺码，但对方却表示这些属于打折商品，不退不换，而且这一条例在网店宣传页上明确标注着，小赵购买前已经默认了。"以前店家推荐的尺码一直是对的，只有这次全部缩水，还不给换，这明显是在欺骗消费者。"小赵已经将店家投诉。

对此，山东某律师事务所律师黄鹏表示，"打折商品概不退换"本身就属于霸王条约，是对消费者退货权的侵害。小赵可以将这些商品退回，至于投诉迟迟没有得到解决，属于平台管理问题。

资料来源：中国改革报社. 电子商务领域信用风险"双十一"预警报告（2017年度）[EB/OL].（2017-10-31）[2017-10-31].

> **知识拓展**
>
> 资料包/第10章/退货难案例相关资料

10.2.6　电子商务消费者索赔权及其保护

1. 消费者索赔权的定义

消费者索赔权，是指消费者购买、使用商品或者接受服务，当合法权利受到损害时享有依法获得赔偿的权利。在《消费者权益保护法》和相关法律法规中，规定的消费者的索赔权主要包括：

消费者安全权（人身和财产）受到损害的索赔权、超时服务的索赔权（事后索赔、事中索赔）、产品存在缺陷造成损害的索赔权等。

2. 消费者索赔权的保护

《消费者权益保护法》第五十五条规定，经营者提供商品或者服务有欺诈行为的，应当按照消费者的要求增加赔偿其受到的损失，增加赔偿的金额为消费者购买商品的价款或者接受服务的费用的3倍；增加赔偿的金额不足500元的，为500元。法律另有规定的，依照其规定。经营者明知商品或者服务存在缺陷，仍然向消费者提供，造成消费者或者其他受害人死亡或者健康严重损害的，受害人有权要求经营者依照本法第四十九条、第五十一条等法律规定赔偿损失，并有权要求所受损失2倍以下的惩罚性赔偿。

《消费者权益保护法》第四十八条规定，经营者提供商品或者服务有下列情形之一的，除本法另有规定外，应当依照其他有关法律、法规的规定，承担民事责任：第一，商品或者服务存在缺陷的；第二，不具备商品应当具备的使用性能而出售时未作说明的；第三，不符合在商品或者其包装上注明采用的商品标准的；第四，不符合商品说明、实物样品等方式表明的质量状况的；第五，生产国家明令淘汰的商品或者销售失效、变质的商品的；第六，销售的商品数量不足的；第七，服务的内容和费用违反约定的；第八，对消费者提出的修理、重作、更换、退货、补足商品数量、退还货款和服务费用或者赔偿损失的要求，故意拖延或者无理拒绝的；第九，法律、法规规定的其他损害消费者权益的情形。经营者对消费者未尽到安全保障义务，造成消费者损害的，应当承担侵权责任。

《消费者权益保护法》第四十四条规定，消费者通过网络交易平台购买商品或者接受服务，其合法权益受到损害的，可以向销售者或者服务者要求赔偿。网络交易平台提供者不能提供销售者或者服务者的真实名称、地址和有效联系方式的，消费者也可以向网络交易平台提供者要求赔偿；网络交易平台提供者作出更有利于消费者的承诺的，应当履行承诺。网络交易平台提供者赔偿后，有权向销售者或者服务者追偿。网络交易平台提供者明知或者应知销售者或者服务者利用其平台侵害消费者合法权益，未采取必要措施的，依法与该销售者或者服务者承担连带责任。

【案例分析】

用餐时吃出异物　售后赔偿遇推诿

2018年8月14日，何女士在"某某某"平台订购茶千岁奶茶，并在彩色芋圆红茶奶茶的紫色芋圆中吃出塑料线头状异物，联系商家态度恶劣只做退单处理。联系平台，平台让她申请食品安全保险赔付，第一次赔付12.5元，申诉后赔付9.5元，答复为2倍赔偿。后与平台沟通，平台先是承诺与保险公司沟通5倍赔偿，后承诺给予何女士平台50元无门槛红包，现平台不承认红包问题，说是客服个人行为。

资料来源：网经社. 饿了么"满意宝"也没辙？除了退款难还有这些顽疾[EB/OL].（2019-12-26）[2019-12-76].

10.2.7　电子商务消费者个人信息权及其保护

1. 消费者个人信息权的定义

（1）个人信息。

个人信息，是指能够直接或间接地识别个人的信息属于个人所有的信息，包括个人的姓名、身份证号码（护照号）、年龄、血型、DNA、指纹、生活习性、婚姻状况、财产、病史、宗教信仰、职业、职务、学历、专业资格、工作经历、家庭住址、工作单位、手机号码、信用卡号、电子邮箱、网上登录账号和密码等。

《最高人民法院关于审理利用信息网络侵害人身权益民事纠纷案件适用法律若干问题的规定》[①]第十二条规定，网络用户或者网络服务提供者利用网络公开自然人基因信息、病历资料、健康检查资料、犯罪记录、家庭住址、私人活动等个人隐私和其他个人信息，造成他人损害，被侵权人请求其承担侵权责任的，人民法院应予支持。这是我国法律第一次明确个人信息的内涵。在法律上关于个人信息的定义，比较全面的是《中华人民共和国网络安全法》[②]（以下简称《网络安全法》）第七十六条第五项的规定：个人信息，是指以电子或者其他方式记录的能够单独或者与其他信息结合识别自然人个人身份的各种信息，包括但不限于自然人的姓名、出生日期、身份证件号码、个人生物识别信息、住址、电话号码等。

个人信息又称个人数据、个人资料等，与个人隐私的概念有差别。个人隐私包括私人信息、私人空间、私人活动。而个人信息包括隐私的信息（例如个人生理信息、财产信息等），也包括公开的信息（例如年龄、联系方式等）。所以，个人隐私与个人信息，范围存在交叉，但各有独立的内容。

【法律简要】

《中华人民共和国网络安全法》

该法于2016年11月7日经第十二届全国人民代表大会常务委员会第二十四次会议通过，以国家主席令第五十三号公布，自2017年6月1日起施行。

《中华人民共和国网络安全法》旨在保障网络安全，维护网络空间主权和国家安全、社会公共利益，保护公民、法人和其他组织的合法权益，促进经济社会信息化健康发展，共七章七十九条，主要内容：第一章总则，第二章网络安全支持与促进，第三章网络运行安全（第一节一般规定、第二节关键信息基础设施的运行安全），第四章网络信息安全，第五章监测预警与应急处置，第六章法律责任，第七章附则。

---

① 最高人民法院. 最高人民法院关于审理利用信息网络侵害人身权益民事纠纷案件适用法律若干问题的规定[EB/OL]. （2014-08-21）[2014-10-10].

② 全国人民代表大会常务委员会. 中华人民共和国网络安全法[EB/OL]. （2016-11-07）[2017-06-01].

知识拓展

资料包/第10章/《中华人民共和国网络安全法》

（2）个人信息权。

个人信息权，是指个人享有的对本人信息的支配、控制和排除他人侵害的权利。个人信息权利的内容，主要包括信息决定权、信息保密权、信息查询权、信息更正权、信息封锁权、信息删除权和信息报酬请求权等。

关于个人信息权利，《中华人民共和国民法总则》第一百一十一条规定，自然人的个人信息受法律保护。任何组织和个人需要获取他人个人信息的，应当依法取得并确保信息安全，不得非法收集、使用、加工、传输他人个人信息，不得非法买卖、提供或者公开他人个人信息。

【案例分析】

用户信息疑被泄露 高额费用被骗

2018年1月28日，许先生在"某某某"平台叫了份外卖。之后骗子冒充该平台商家说换保温打包盒，要补1元差价，并说出许先生的详细信息，要求其说出支付宝付款码号码，并转走1 024元。许先生当晚投诉该平台。第2天中午平台官方客服联系许先生，并要求其提供转账截图和银行卡账号，说后续会再联系商讨赔偿。当晚7点多骗子就冒充该平台客服打电话过来，说已经同意赔偿，要上门赔偿。当许先生核实不是平台客服之后，再次申请售后，但直到2018年2月4日仍没有回复。

资料来源：网经社. 饿了么"满意宝"也没辙？除了退款难还有这些顽疾[EB/OL]. （2019-12-26）[2019-12-76].

2. 消费者个人信息权的保护

国家工商管理总局《侵害消费者权益行为处罚办法》第十一条第二款规定，消费者个人信息，是指经营者在提供商品或者服务活动中收集的消费者姓名、性别、职业、出生日期、身份证件号码、住址、联系方式、收入和财产状况、健康状况、消费情况等能够单独或者与其他信息结合识别消费者的信息《消费者权益保护法》对个人信息的保护作出了明确的规定，对于消费者个人信息保护，特别是在网络环境下保护消费者个人信息，提供了重要的法律依据和支撑。

《电子商务法》第二十三条规定，电子商务经营者收集、使用其用户的个人信息，应当遵守法律、行政法规有关个人信息保护的规定。《电子商务法》第二十四条规定，电子商务经营者应当明示用户信息查询、更正、删除以及用户注销的方式、程序，不得对用户信息查询、更正、删除以及用户注销设置不合理条件。电子商务经营者收到用户信息查询或者更正、删除的申请的，应当在核实身份后及时提供查询或者更正、删除用户信息。用户注销的，电子商务经营者应当立即删除该用户的信息；依照法律、行政法规的规定或者双方约定保存的，依照其规定。《电子商务法》第二十五条规定，有关主管部门依照法律、行政法规的规定要求电子商务经营者提供有关电子商务数据信息的，电子商务经营者应当提供。有关主管部门应当采取必要措施保护电子商务经营者提供的数据信息的安全，并对其中的个人信息、隐私和商业秘密严格保密，不得泄露、出售或者非法向他人提供。

《消费者权益保护法》第二十九条规定，经营者收集、使用消费者个人信息，应当遵循合法、正当、必要的原则，明示收集、使用信息的目的、方式和范围，并经消费者同意。经营者收集、使用消费者个人信息，应当公开其收集、使用规则，不得违反法律、法规的规定和双方的约定收集、使用信息。经营者及其工作人员对收集的消费者个人信息必须严格保密，不得泄露、出售或者非法向他人提供。经营者应当采取技术措施和其他必要措施，确保信息安全，防止消费者个人信息泄露、丢失。在发生或者可能发生信息泄露、丢失的情况时，应当立即采取补救措施。经营者未经消费者同意或者请求，或者消费者明确表示拒绝的，不得向其发送商业性信息。第五十六条规定了"侵害消费者人格尊严、侵犯消费者人身自由或者侵害消费者个人信息依法得到保护的权利的"，除承担相应的民事责任外，其他有关法律、法规对处罚机关和处罚方式有规定的，依照法律、法规的规定执行；法律、法规未作规定的，由工商行政管理部门或者其他有关行政部门责令改正，可以根据情节单处或者并处警告、没收违法所得、处以违法所得 1 倍以上 10 倍以下的罚款，没有违法所得的，处以 50 万元以下的罚款；情节严重的，责令停业整顿、吊销营业执照。

《侵害消费者权益行为处罚办法》第十一条规定，经营者收集、使用消费者个人信息，应当遵循合法、正当、必要的原则，明示收集、使用信息的目的、方式和范围，并经消费者同意。经营者不得有下列行为：第一，未经消费者同意，收集、使用消费者个人信息；第二，泄露、出售或者非法向他人提供所收集的消费者个人信息；第三，未经消费者同意或者请求，或者消费者明确表示拒绝，向其发送商业性信息。

【案例分析】

电子商务个人信息保护

1. 电子商务用户信息大规模泄露

用户信息泄露是2017上半年电子商务行业较为敏感的话题之一。"小红书"出现用户信息大面积泄露事件，被泄露信息的用户接到诈骗电话，诈骗分子以退款为诱饵，通过蚂蚁借呗、来分期、马上金融等借贷平台进行诈骗，用户遭受不同程度的经济损失。据中国电子商务投诉与维权公共服务平台近年来接到的用户投诉案例表明，近年来互联网电子商务行业"泄密"事件频频出现，重大典型的事件包括：5173中国网络游戏服务网数次被"盗钱"、"小红书"疑似信息泄露致用户被骗、"当当网"多个用户账户遭盗刷、"1号店"员工内外勾结泄露客户信息、腾讯7 000多万个QQ群信息遭泄露、携程技术漏洞导致用户个人信息和银行卡信息等泄露、微信朋友圈小游戏窃取用户信息、快递单贩卖成"灰色产业链"、13万名"12306"用户信息外泄事件等。而无一例外的是，在这些"泄密"事件背后，消费者的权益都受到了不同程度的损害。

2. 顺丰"丰密运单"让个人信息不再随包裹被泄露

2017年10月21日，新华社记者在深圳的一家顺丰营业网点看到，"丰密运单"上的寄件人信息已全部隐藏，收件人只有地址和姓名信息，电话信息已隐藏；"丰密运单"上有条形码和二维码，用于分拣操作及必要时的信息查询需要。据顺丰速运有限公司（深圳）相关负责人文丽介绍，贴有"丰密运单"的快件，在派件时只有当班次出仓当票快件的收派员，可以通过手持智能终端扫描看到收件人的电话信息；而在快件运输环节中，包括顺丰公司员工在内，没有人能看到隐藏的信息，从而保证了收寄件人的信息安全。

2017年10月中旬，顺丰宣布"丰密运单"正式上线，目前已在全国各地实现全覆盖。现今所有通过顺丰快递员便携式打印机打印的寄付快件均为"丰密运单"，可以实现快递收寄件人姓名、手机、地址等信息的隐藏或加密化，让个人信息不再随着快递包裹被泄露。

资料来源：中国改革报社. 电子商务领域信用风险"双十一"预警报告（2017年度）[EB/OL].（2017-10-31）[2017-10-31].

10.2.8 电子商务消费者其他权利及其保护

消费者的其他权利，主要包括消费者的结社权、知识获取权、受尊重权、监督权和检举权等。

1. 消费者结社权及其保护

消费者的结社权是消费者为了维护自身的合法权益而依法组织社会团体的权利。《消费者权益保护法》第十二条规定，消费者享有依法成立维护自身合法权益的社会组织的权利。

2. 消费者知识获取权及其保护

消费者知识获取权，是指消费者享有获得有关消费和消费者权益保护方面的知识的权利。消费者知识获取权是消费者享有的权利，同时也是义务。《消费者权益保护法》第十三条规定，消费者享有获得有关消费和消费者权益保护方面的知识的权利。消费者应当努力掌握所需商品或者服务的知识和使用技能，正确使用商品，提高自我保护意识。

3. 消费者受尊重权及其保护

消费者受尊重权，是指消费者在购买、使用商品和接受服务时，享有其人格尊严、民族风俗习惯得到尊重的权利。经营者应该尊重消费者的姓名权、名誉权、肖像权等。消费者的人格权主要包括生命健康权、姓名权、肖像权、名誉权、荣誉权等。《宪法》第三十七条规定，公民的人身自由不受侵犯，禁止以非法拘禁和其他方法非法剥夺或限制公民的人身自由，禁止非法搜查公民的身体。公民的人格尊严不受侵犯，禁止以任何方法对公民进行侮辱、诽谤和诬告陷害。《民法通则》又对公民的各种人格权作了具体的规定。

《消费者权益保护法》第十四条规定，消费者在购买、使用商品和接受服务时，享有人格尊严、民族风俗习惯得到尊重的权利，享有个人信息依法得到保护的权利。《消费者权益保护法》第五十条规定，经营者侵害消费者的人格尊严、侵犯消费者人身自由或者侵害消费者个人信息依法得到保护的权利的，应当停止侵害、恢复名誉、消除影响、赔礼道歉，并赔偿损失。第五十一条规定，经营者有侮辱诽谤、搜查身体、侵犯人身自由等侵害消费者或者其他受害人人身权益的行为，造成严重精神损害的，受害人可以要求精神损害赔偿。

4. 消费者监督权和检举权及其保护

消费者监督权，是指消费者享有对商品和服务以及保护消费者权利工作进行监督的权利。监督权的内容主要包括消费者对商品和服务的质量、价格、计量、品种、供应、服务态度、售后服务等进行监督的权利。消费者检举权，是指消费者有权检举工作人员在保护消费者权益工作中的违法失职行为，同时有权对消费者权益工作提出批评和建议的权利。

《消费者权益保护法》第十五条规定，消费者享有对商品和服务以及保护消费者权益工作进行监督的权利。消费者有权检举、控告侵害消费者权益的行为和国家机关及其工作人员在保护消费者权益工作中的违法失职行为，有权对保护消费者权益工作提出批评、建议。

【数据摘要】

2018 年全国消协组织受理投诉情况

根据全国消费者协会（简称消协组织）受理投诉情况统计，2018 年全国消协组织共受理消费者投诉 762 247 件，解决 556 440 件，投诉解决率 73%，为消费者挽回经济损失 98 090 万元。其中，因经营者有欺诈行为得到加倍赔偿的投诉 2 976 件，加倍赔偿金额 1 483 万元。全年接待消费者来访和咨询 92 万人次。

（1）根据投诉性质，售后服务问题占 29.24%，质量问题占 25.69%，合同问题占 20.53%，虚假宣传问题占 7.73%，价格问题占 4.01%，安全问题占 3.25%，假冒问题占 3.17%，人格尊严问题占 1.06%，计量问题占 0.71%，其他问题占 4.62%。售后服务、产品质量和合同问题仍是引发投诉的主要原因，占投诉总量的七成以上。

（2）商品和服务类别分析：在所有投诉中，商品类投诉为 365 162 件，占总投诉量的 47.90%，与去年同期相比，比重上升 5.87 个百分点；服务类投诉为 368 274 件，占总投诉量的 48.31%，比重下降 4.36 个百分点；其他类投诉为 28 811 件，占总投诉数量的 3.78%。

（3）按服务大类看，其中 2018 年"互联网服务"投诉量 56 302 件，占服务大类投诉比重 7.39%，比 2017 年 162 825 件、22.40%，比重下降了 15.01%，由第一位退居第三位。

资料来源：中国消费者协会. 2018 年全国消协组织受理投诉情况分析[EB/OL].（2019-01-23）[2019-12-24].

知识拓展

资料包/第 10 章/中国消费者协会《2018 年全国消协组织受理投诉情况分析》

10.3 电子商务争议的在线解决方式

10.3.1 电子商务争议在线解决方式概述

1. 替代争议解决方式的定义

替代争议解决方式（Alternative Dispute Resolution，ADR），又称选择性争议解决方式，是指可以被法律程序接受的，通过协议而非强制性的有约束力的裁定解决争议的任何方式，是非诉讼、非仲裁的选择性争议解决方式的统称。替代争议解决方式，是指非诉讼、非仲裁的选择性争议解决方式，主要包括调解、调停、中立听者协议、小型审理、简易陪审团审判、租借法官、事实发现法。此外，还有特别主事人、法院附属仲裁、监察专员制度及少年庭等方式。替代争议解决方式起源于20 世纪 60 年代的美国，其产生的原因主要是当事人和律师意识到通过诉讼解决法律纠纷日益变得昂贵、费时、不保密，而法院面对"诉讼爆炸"亦感人力、财力难以为继，所以选择替代争议解决方式，从而减少了法院诉讼。

《电子商务法》第六十条规定，电子商务争议可以通过协商和解，请求消费者组织、行业协会或者其他依法成立的调解组织调解，向有关部门投诉，提请仲裁，或者提起诉讼等方式解决。

2. 在线争议解决方式的定义

在线争议解决方式（Online Dispute Resolution，ODR），是指运用计算机和网络技术，以替代争议解决方式的形式来解决争议的方式，是一种当前应用比较广泛的替代解决方式，又称在线争议解决机制。在线争议解决方式不是代替司法解决纠纷的机制，而是弥补传统司法机制的不足。在线争议解决方式产生于美国 1996 年的三个试验性的方案，分别是"The Virtual Magist rate"，此为一个在线仲裁项目；"The University of Maryland Online Mediation Project"，其主要指的是解决美国马里兰州家庭法律纠纷以及医疗保健方面纠纷；"The University of Massachusetts Online Ombuds Office"，这是最后一个实验性的方案，它对所有网络用户开放，此方案主要和网上拍卖网址 eBay、up Sale 合作以调解源自网上拍卖的争议。因此，美国可以算是最早出现 ODR 机制的国家，也是世界上发展 ODR 最主要的国家[①]。

3. 电子商务争议在线解决方式的定义

电子商务争议在线解决方式，是指通过网络用被法律程序接受的协议而非强制性的有约束力的裁定，来解决电子商务争议的非诉讼、非仲裁的选择性争议解决方式。电子商务争议在线解决方式，是一种网络化的快速解决电子商务争议、纠纷的模式。《电子商务法》第六十三条规定，电子商务平台经营者可以建立争议在线解决机制，制定并公示争议解决规则，根据自愿原则，公平、公正地解决当事人的争议。

---

① 刘媛. 刍议在线纠纷解决机制[J]. 河南省政法管理干部学院学报，2010，（6）.

电子商务争议和纠纷，之所以选择在线替代争议解决方式，主要是因为电子商务争议的双方当事人很可能相隔万里，无法当面解决问题，或者当面解决争议的费用较高，用时较多；电子商务争议当事人所在国的法律，与对方国家差别很大，无法找到解决争议的统一标准；电子商务争议数量大，如果选择正常途径，费时费力。

《电子商务法》第六十二条规定，在电子商务争议处理中，电子商务经营者应当提供原始合同和交易记录。因电子商务经营者丢失、伪造、篡改、销毁、隐匿或者拒绝提供前述资料，致使人民法院、仲裁机构或者有关机关无法查明事实的，电子商务经营者应当承担相应的法律责任。

4. 电子商务争议在线解决方式的类别

（1）在线清算。

在线清算，是指通过网络清算系统，进行电子商务清算的一种解决电子商务争议的在线替代方式。

（2）在线消费者投诉。

在线消费者投诉，是指通过网络上设置的投诉和处理系统，解决电子商务争议的一种替代方式。例如，我国消费者协会专门设立"中国消费者协会投诉和解监督平台"，消费者可以通过该平台直接向经营者提出诉求。消费者可以通过中国质量投诉网，在线进行"质量投诉""质量举报"等。

【知识要点】

中国消费者协会投诉和解监督平台

"中国消费者协会投诉和解监督平台"是中国消费者协会建立的网络维权站点。旨在疏通《中华人民共和国消费者权益保护法》所规定的"与经营者协商和解"的途径。当发生消费者权益争议时，消费者可以通过平台直接向经营者提出诉求。

平台通过减少消费争议处理环节，提高消费争议和解率，降低消费者维权成本，提升消费品质，营造安全放心的消费环境。同时，平台兼有听取、征求、分析消费者对商品和服务质量的意见和建议的责任，发挥社会监督作用。

（3）在线调解。

在线调解，是指双方当事人在共同选择的中立者的帮助下，通过网络和计算机技术，就争议的问题相互妥协与让步，以达成协议解决电子商务争议的方法。

适用于在线调解的争议是，有关电子商务消费者权益保护、租赁关系的民事争议；当事人相互依赖关系复杂，规格和实力相当，当事人不希望破坏彼此之间良好或长期的合作关系的情况；较大的特定的电子商务争议。

《消费者权益保护法》第三十九条规定，消费者和经营者发生消费者权益争议的，可以通过下列途径解决：第一，与经营者协商和解；第二，请求消费者协会或者依法成立的其他调解组织调解；第三，向有关行政部门投诉；第四，根据与经营者达成的仲裁协议提请仲裁机构仲裁；第五，向人民法院提起诉讼。

【案例分析】

电子商务消费纠纷调解平台

网经社"电诉宝"，全称是"电商消费纠纷调解平台（网购维权直通车）"，是国内专业的电子商务消费纠纷调解平台。运行近十年来，与全国数百家电子商务平台建立对接，致力于为广大用户解决网络消费纠纷。同时，公开发布客观的用户体验报告和相关评级榜单，成为用户网络消费选择"风向标"。

为更好地提升用户购物体验与售后服务，面向各大电子商务平台推出"售后顾问服务"，具体包括系统软件、人工、大数据、宣传四大类在内的19项服务，从而更好地建立起电子商务平台和消费者之间的沟通"桥梁"。

电子商务法律与求助服务平台，集结数十位在电子商务、互联网领域一线知名律师，以"互联网＋法律"的模式服务于零售电子商务、生活服务电子商务、跨境电子商务、消费金融服务电子商务、物流快递等领域。同时关注行业内售假、信息泄露、刷单、网络安全、不正当竞争、知识产权、新型模式陷阱等现象，为企业提供法律咨询、诉讼代理服务。

资料来源：网经社. 电诉宝——电子商务消费纠纷调解平台[EB/OL].（2019-12-26）[2019-12-26].

（4）在线仲裁。

在线仲裁，是指电子商务争议双方当事人，自愿将争议交给第三者通过网络评判、裁决，并约定自觉履行该裁决的一种方式。例如，中国国际经济贸易仲裁委员会域名争议解决中心暨网上争议解决中心网站，以"网上争议解决"的方式，解决域名、通用网址、无线网址、短信网址抢注纠纷的争议。

（5）网上法庭。

网上法庭，是指以网络服务平台为依托，进行在线的起诉、立案、举证、开庭、裁判等网上庭审的各项工作的一种网络司法方式。

例如，浙江法院电子商务网上法庭于2015年8月正式上线，这是我国电子商务争议在线解决方式的有益尝试，对快速、有效力地解决日益增多的电子商务争议和纠纷、规范电子商务交易秩序、促进法院改革、提高审判效率、充分利用司法资源，都具有重要意义。

【数据摘要】

中国法院的互联网司法

2019年12月4日下午，最高人民法院在其主办的世界互联网法治论坛（浙江乌镇），召开新闻发布会，发布了《中国法院的互联网司法》（白皮书），这是中国法院发布的首部互联网司法白皮书，也是世界范围内首部全面介绍互联网时代司法创新发展的白皮书。该白皮书约1.6万字，为中英文双语版。内容涵盖总体发展、专业审判体系、便民利民机制、在线诉讼机制、智能化应用、司法协同治理及裁判规则体系7个方面，总结回顾了中国互联网司法的创新举措和主要成效。

该白皮书显示，我国已先后在杭州、北京、广州设立了3家互联网法院。截至2019年10月31日，杭州、北京、广州互联网法院共受理互联网案件118 764件，审结88 401件；在线立案申请率为96.8%，全流程在线审结80 819件，在线庭审平均用时45分钟，案件平均审理周期约38天，比传统审理模式分别节约了约3/5和1/2的时间；一审服判息诉率达98.0%；法院通过电话、邮箱、微信、短信、公众号等方式在线送达文书96 857次，审判质量、效率和效果呈现良好态势。

各地法院广泛运用大数据、云计算、人工智能、区块链、物联网等前沿科技，全面推进信息技术在司法中的深度应用。在区块链领域，最高人民法院已建设"人民法院司法区块链统一平台"，完成超过1.94亿条数据上链存证固证，利用区块链技术分布式存储、防篡改的特点，有效保障证据的真实性，极大减轻法官认定证据的难度。在大数据领域，最高人民法院建设了人民法院大数据管理和服务平台，可以实时汇集全国3 507个法院的审判执行、人事政务、研究信息等数据。2019年10月31日，该平台已汇集全国法院1.925亿案件数据，目前已成为全世界最大的审判信息资源库。在人工智能领域，各地法院积极开发了各类智能化审判辅助系统，不同程度实现案件繁简甄别分流、案件智能画像、庭审自动巡查、法条及类案精准推送、自动生成文书、文书瑕疵自动纠错、裁判风险偏离度预警等功能，该系统成为法官办案和群众诉讼的有力辅助。

资料来源：[1] 刘泽.《中国法院的互联网司法》白皮书发布[EB/OL].（2019-12-04）[2019-12-29].
[2] 最高人民法院.《中国法院的互联网司法》白皮书新闻发布会[EB/OL].（2019-12-03）[2019-12-29].

知识拓展

资料包/第10章/最高人民法院《中国法院的互联网司法》

【知识要点】

浙江法院电子商务网上法庭

"浙江法院电子商务网上法庭"是浙江法院为了更好地为"中国（杭州）跨境电子商务综合试验区"建设提供司法保障，以"互联网＋司法"思维，积极应对互联网经济的发展，及时化解电子商务领域纠纷，便利当事人诉讼而特别设立的网络法庭。

网上法庭以网络服务平台为依托，把诉讼的每一个环节都搬到网络上，起诉、立案、举证、开庭、裁判都可在线上完成，使电子商务纠纷可以更加快捷地得到处理，提高审判效率，节约司法资源。

根据《浙江省高级人民法院关于同意杭州市中级人民法院等四家法院专设电子商务网上法庭的批复》（浙高法〔2015〕50号）：同意专设杭州市中级人民法院电子商务网上法庭、杭州市西湖区人民法院电子商务网上法庭、杭州市滨江区人民法院电子商务网上法庭，以及杭州市余杭区人民法院电子商务网上法庭。

目前入驻法院：杭州市中级人民法院、杭州市西湖区人民法院、杭州市余杭区人民法院、杭州市滨江区人民法院、丽水市遂昌县人民法院、马鞍山市雨山区人民法院。入驻法院正在不断增加。

"浙江法院电子商务网上法庭"目前尚处于探索试点阶段，目前网上法庭暂定仅受理五类纠纷：电子商务交易纠纷、电子商务著作权侵权纠纷、电子商务小额贷款诉讼、合同纠纷、商标侵权纠纷。

同时，向网上法庭提起诉讼的纠纷必须属于相关试点法院管辖范围，即具备地域管辖或协议管辖依据，且不违反级别管辖和专属管辖的规定。

> **知识拓展**
>
> 资料包/第10章/电子商务网上法庭的相关内容

10.3.2　电子商务争议在线解决方式的优点和问题

1. 电子商务争议在线解决方式的优点

（1）快速、便宜。

电子商务交易发生在网上，当事人双方不在一地，且互不见面，当出现争议和纠纷时，在线解决方式与传统方式的程序相比，更加迅速、便宜。

（2）方式多样。

电子商务争议在线解决方式灵活多样，在第三方协助下进行谈判到正式的仲裁，当事人可以根据争议的性质选择不同类型的解决方式，选择余地大，灵活多样。既能够充分体现当事人选择解决争议的意思，又可以通过确定最适合的争议解决方式获得最满意的结果。

（3）实现双赢。

电子商务争议在线解决方式，能最大限度地解决争议，而且双方或者多方都能够接受结果，实现双赢。所以，电子商务争议在线解决方式，又被称为"双赢的解决办法"，备受电子商务各方欢迎。

（4）维护声誉。

电子商务争议在线解决方式，突出的优势是能维护争议双方或者多方的个人或组织的声誉。因为发生电子商务争议后，当事人协商选择一种替代传统争议的解决方式，就能够将问题解决，并且不用公之于众，所以，能够维护当事人的名誉。

（5）解决跨国争议。

电子商务争议在线解决方式，能够有效地协调和解决跨境电子商务的争议和纠纷。因为，跨境电子商务涉及的跨境电子商务平台、电子商务经营者、代理人、消费者等，处于不同的国家、地区，生产、经营地址和国籍不同，电子商务争议所适用的法律存在差异。使用争议在线解决的方式，通过网络争议解决系统，可以有效地协调上述问题。

2. 电子商务争议在线解决方式的问题

（1）缺乏广泛性。

电子商务争议在线解决方式，在解决争议和纠纷问题上的突出表现，受到了广泛关注。但是，其法律效应和作为解决电子商务争议和纠纷的一般方式运用，还是存在一些法律上的难度的。

（2）没有强制力。

电子商务争议在线解决方式，有效地解决了电子商务方面的争议和纠纷。但是，涉及一些具体权利和义务的履行时，如果当事人遇到实际困难和问题，双方或者多方达到的一致解决办法并没有强制力。这是电子商务争议在线解决方式的难点。

（3）缺少透明度。

由于不公开的协商、商议等，电子商务争议在线解决方式透明度差。如果争议和纠纷的解决，缺少透明度，不被社会公众或者第三方所知，很大程度上存在公正性问题。这是在所难免和不容易解决的。

（4）收费过高。

由于电子商务争议在线解决方式用于不同的争议和纠纷时，涉及的情况比较复杂和多变，省时、省力、省钱并不能完全做到，仍然会出现相关费用高的现象。

（5）语言问题。

涉及不同国家、地区电子商务相关争议和纠纷的解决时，语言不同仍然是一个较大的障碍。不可否认，电子商务争议在线解决方式在跨境电子商务争议和纠纷的解决时起到了很大的作用，但是，需要关注和改进的是当事人语言的差异化。

关键术语

消费者　电子商务消费者　消费者安全权　消费者知情权　消费者选择权　消费者退货权

消费者索赔权　替代争议解决方式　在线争议解决方式　电子商务争议在线解决方式

基本知识

（1）电子商务消费者的特点。

（2）电子商务消费者安全权和知情权的内容。

（3）电子商务消费者受尊重权及其保护。

（4）电子商务争议在线解决方式的类别。

思考讨论

（1）电子商务消费者权益保护的难点。

（2）电子商务消费者索赔权的保护。

（3）电子商务争议在线解决方式的优点和问题。

案例分析

共享单车押金难退，群体投诉频发

（1）退还押金难。

共享单车快速发展。截至2017年7月，全国共有共享单车运营企业近70家，累计投放车辆超过1 600万辆，注册人数超过1.3亿人次，累计服务超过15亿人次。但随着共享单车市场竞争的加剧，悟空单车、3Vbike、町町单车等先后退出运营，引发了消费者对自己押金安全的担忧。消费者纷纷提出在退还押金时，出现了退款难等问题。

被投诉方主要是酷骑单车、小鸣单车、小蓝单车等被媒体报道倒闭的共享单车经营者。消费者主要反映向商家申请退还押金后，时隔一个星期，甚至一个月仍未收到押金。

（2）投诉特点。

一是投诉量大，共享单车的注册用户多，仅酷骑单车一家涉及的消费者就达上百万。二是个案金额小，共享单车的押金问题从99元到299元不等，仅就个案来说，单个消费者受损金额小，但因受众群体大，涉及总额非常大。三是有组织，共享单车事件社会影响大，社会上有律师、维权人士组织消费者进行集体维权。

（3）案例一。

江先生在2017年5月因使用小鸣单车交了199元押金，用完之后就申请退还押金。商家承诺7个工作日押金即可退还，结果过了一个月还未退回，商家的客服电话也一直打不通，微信公众号也未回复消费者的咨询。与江先生一样的众多消费者，投诉至深圳市消费者委员会。深圳市消费者委员会最高峰时期每日接收400多件同类投诉，基本都是反映商家迟迟不退押金的问题。

（4）案例二。

2017年8月起，酷骑（北京）科技有限公司（以下简称"酷骑公司"）因押金、预付资金退还出现严重问题，其先后关闭线上、线下网点等退款通道，虽然留了电话，但一直打不通，导致消费者大面积投诉，引发社会广泛关注。自2017年11月23日，中消协不断收到酷骑单车消费者来信，要求退还押金、预付费，控告酷骑公司涉嫌集资诈骗等。截至2018年1月3日，中国消费者协会共收到消费者关于共享单车的信件2 383封。经中消协调查，北京酷骑单车总部已人去楼空。2017年12月12日，中消协向酷骑公司发出公开信，要求酷骑公司相关责任人主动配合有关部门调查取证，依法承担企业及个人应负的法律责任，主动回应消费者关切和公众质疑，并向消费者公开道歉。

中消协对酷骑公司无视消费者权益的恶劣行径表示强烈愤慨，于2017年12月13日，向有关公安机关提交刑事举报书，举报酷骑公司及其主要负责人涉嫌刑事犯罪，申请公安机关立案侦查。

资料来源：中国消费者协会. 2017年全国消协组织受理投诉情况分析[EB/OL].（2018-01-29）[2018-01-29].

根据以上案例资料，依据《电子商务法》《消费者权益保护法》和相关法规，请你结合自己的实际情况及体验回答以下问题。

① 你认为共享单车押金难退的主要原因是什么？从保护消费者权益出发应当采取什么措施？

② 你注册使用过共享单车吗？是哪家的？交押金和使用情况怎么样？你认为我国共享单车应当如何管理（包括法律法规、行政、自律等）？

参考文献

[1] 张楚. 电子商务法[M]. 4 版. 北京：中国人民大学出版社出版，2016.

[2] 王芸. 电子商务法规[M]. 北京：高等教育出版社，2005.

[3] 杨坚争. 电子商务法教程[M]. 3 版. 北京：高等教育出版社，2016.

[4] 温希波，邢志良，薛梅. 电子商务法[M]. 北京：人民邮电出版社，2018.

[5] 网经社电子商务研究中心. 2019 年全球电子商务数据报告[EB/OL].（2019-11-05）[2019-11-18].

[6] 中国互联网络信息中心（CNNIC）. 中国互联网络发展状况统计报告（第 43 次）[EB/OL].（2019-2-28）[2019-11-26].

[7] 天下网商.《2018 阿里巴巴知识产权保护年度报告》发布[EB/OL].（2019-01-10）[2019-12-27].

[8] 澎湃新闻记者陈宇曦. 拼多多回应商家售假酒：实际售出 3 单，9 月已关闭店铺[EB/OL].（2019-12-18）[2018-12-18].

[9] 彭波. 电子商务法草案提请二审为消费者提供更有力保护[N]. 人民日报，2017-11-01（06）.

[10] 中国改革报社. 电子商务领域信用风险"双十一"预警报告（2017 年度）[EB/OL].（2017-10-31）[2017-10-31].

[11] 中国消费者协会. 2017 年"双 11"网络购物价格、质量、售后服务[EB/OL].（2018-02-07）[2018-02-07].

[12] 三门峡市工商行政管理局. 2017 网络违法典型案例[EB/OL].（2017-11-11）[2017-11-11].

[13] 胡英，汤铭. 电子认证服务四大纠结[J]. 计算机世界，2010（24）.

[14] 淘宝网. 淘宝平台规则总则[EB/OL].（2019-05-06）[2019-12-17].

[15] 最高人民法院. 人民法院充分发挥审判职能作用保护产权和企业家合法权益典型案例[WB/OL].（2018-01-30）[2018-01-30].

[16] 信陵神州. 盘点：2017 年支付行业大事记[EB/OL].（2018-01-04）[2018-01-04].

[17] 最高人民法院. 关于民事诉讼证据的若干规定[EB/OL].（2019-12-26）[2019-12-26].

[18] 艾媒咨询. 2017—2018 中国跨境电商市场研究报告[EB/OL].（2018-02-06）[2018-02-06].

[19] 中国广告门户网. 国家工商行政管理总局发布 2017 年全国广告行业数据，经营额 6896 亿元[EB/OL].（2018-02-06）[2018-02-06].

[20] 胡哲斐，傅凌波. 浙江工商公布十大违法广告案例，网络广告成监管主战场[EB/OL].（2017-08-30）[2017-08-30].

[21] 徐峰，沈雁. 全国互联网广告监测中心震慑作用显现[N]. 中国工商报，2018-02-09（1）.

[22] 王海锋, 丁清凌. 发布虚假网上广告, 广告公司老板被判刑一年[WB/OL]. （2016-08-08）[2016-08-08].

[23] 姜忠利. 把握特点准确定性——从一起互联网广告案看商业广告与商业信息的区别[N]. 中国工商报, 2018-02-06.

[24] 澎湃新闻记者邱海鸿. 买会员"跳广告"并不全兑现, 苏大女生状告爱奇艺要求退费.[EB/OL]（2019-11-08）[2019-12-22].

[25] 中国消费者协会. 2018 年全国消协组织受理投诉情况分析[EB/OL]. （2019-01-23）[2019-12-24].

[26] 最高人民法院. 2014 年中国法院 10 大知识产权案件简介[EB/OL]. （2015-04-20）[2015-04-20].

[27] 最高人民法院.《中国法院的互联网司法》白皮书新闻发布会[EB/OL]. （2019-12-03）[2019-12-29].

[28] 中国改革报社. 电子商务领域信用风险"双十一"预警报告（2017 年度）[EB/OL]. （2017-10-31）[2017-10-31].

[29] 网经社. 饿了么"满意宝"也没辙? 除了退款难, 还有这些顽疾[EB/OL]. （2019-12-26）[2019-12-76].